JN059780

■■ 内定獲得のメソッド

SPI

解法の極意

別冊 解答&解説

マイナビ

① 数表・図表
日目　練習問題 P.16~19

問題1(1) … **G** 280人
❶20歳代と40歳代を合わせる
20歳代の利用者と40歳代の利用者を合わせた割合は
$100-(11+19+20)=50(\%)$
❷40歳代の利用者を x(%)とする
40歳代の利用者を x として計算式を立てると
$x+1.5x=0.5(50\%)$
$2.5x=0.5$
$x=0.2(20\%)$
$1400\times0.2=280$人

(2) … **G** 9%
❶10歳代と30歳代を求める
10歳代の人数は $2500\times0.22(22\%)=550$人
30歳代の人数は $550+50=600$人
30歳代の割合は $\frac{600}{2500}=0.24$　　24%

❷50歳以上の割合を求める
よって50歳以上の割合は
$100-(22+35+24+10)=9(\%)$

問題2(1) … **A** 6%
❶回答した生徒数を仮に100人として考える
女子の生徒数が60%なので
男子 $100\times0.4=40$(人)
女子 $100\times0.6=60$(人)
❷女子で京都と回答した生徒の数を求める
女子の10%　$60\times0.1(10\%)=6$人
全体に対する割合は $\frac{6}{100}=0.06$
よって6%

(2) … **B** 27%
❶沖縄と回答した生徒の数を求める
男子40人 $\times0.3(30\%)=12$人
女子60人 $\times0.25(25\%)=15$人
合計27人

$\frac{27}{100}=0.27$
よって27%

(3) … **D** 27人
❶男子全体の数を求める
札幌と回答した男子の数48人から男子の全体数は
$48\div0.4(40\%)=120$人
❷札幌と回答した女子の率を求める
女子の数を x 人として男女比(40%：60%＝4：6)を使って
$120:4=x:6$
$4x=6\times120$
$4x=720$
$x=180$人
男女の合計は $120+180=300$人と分かる。
札幌の全体数は $300\times0.46(46\%)=138$人
女子の札幌の数は $138-48=90$人
女子の中での割合は $\frac{90}{180}=0.5$　よって50%

❸広島と回答した女子の数を求める
女子の広島の率は
$100-(50+10+25)=15(\%)$
広島の女子の人数は180人 $\times0.15(15\%)=27$人

問題3(1) … **E** 22人
❶表から読み解く
$1+4+10+5+1+1=22$人

(2) … **G** 16点
❶各合計点の人数を書き出してみる

合計点	人数
10点	1人
12点	4＋1＝5人
14点	6＋4＝10人
15点	10人
16点	2＋4＋5＋1＝12人
17点	3＋7＋1＝11人
20点	1人

よって、合計点の最頻値は16点である。

(3) … C 英語が0.3点高い

❶数学と英語の平均点を計算する

数学の平均点は7.44、英語の平均点は7.74となるので、英語の方が7.74－7.44＝0.3点高い

(4) … C 7.89点

❶表から人数を計算して平均点を求める

(35+88+9+10)÷18＝7.89

(小数第3位を四捨五入)

問題4(1) … H 40円

❶同じ成分を使用しているので、ほかの薬品の成分割合に比例する

表Iの薬品Aの空欄は

100－20－10－40＝30％

❷薬品Aの各成分コストを計算する

成分ア　45円(薬品Bの価格)×$\frac{30}{30}$＝45円

　　　　(成分割合が同じ30％なのですぐ45円としても可)

成分エ　60円(薬品Cの価格)×$\frac{20}{50}$＝24円

成分イ　薬品Aの合計117－45－24－8＝40円

(2) … E 119円

❶薬品Bの表Iの空欄を埋めて薬品Bの各成分コストを計算する

100－20－10－30＝40％

成分イ

40円(薬品Aの価格。前問から)×$\frac{10}{40}$＝10円

成分ウ　8円(薬品Aの価格)×$\frac{20}{10}$＝16円

(薬品C　40円×$\frac{20}{50}$も可)

成分エ　60円(薬品Cの価格)×$\frac{40}{50}$＝48円

合計　45＋10＋16＋48＝119円

問題5(1) … E 23.5％

❶各国の輸出割合を計算する

B機械の中国への会社全体に対する輸出割合は、

20％×40％＝8％

B機械のアメリカへの会社全体に対する輸出割合は、10％×20％＝2％

B機械のフランスへの会社全体に対する輸出割合は、40％×15％＝6％

B機械のその他の国への会社全体に対する輸出割合は、30％×25％＝7.5％

❷合計する

8＋2＋6＋7.5＝23.5％となる。

(2) … F 31.3％

❶フランス全体を1とした各機械の輸出割合を計算する

フランスのA機械は、25％

フランスのB機械は、15％

フランスのC機械は、40％

フランスのその他の機械は、20％

❷問題より、C機械の輸出額が半分になった場合だから、20％として計算する

25＋15＋20＋20＝80を新しい1としたA機械のフランス全体に対する割合は、

25÷80×100＝31.25…→31.3％

(小数第2位を四捨五入)

(3) … C 8.3％

❶上記(2)と同様に計算する

アメリカのA機械は、10％

アメリカのB機械は、20％

アメリカのC機械は、30％

アメリカのその他の機械は、40％

問題より、4年前のB機械は20×$\frac{1}{2}$＝10、

4年前のC機械は、30×2＝60

これを考慮し合計すると、

10＋10＋60＋40＝120となり、これを新しい1とした4年前のA機械のアメリカ全体に対する割合は

10÷120×100＝8.333…→8.3％

(小数第2位を四捨五入)

② 推理（論理）
日目 練習問題 P.22〜25

問題1 … F イとウの両方

❶それぞれのケースに数値を入れて矛盾しないか検討する

ア　W 51人
　　Z 50人　　　XとYで99人（X、Yどちらかが
　　X 49人　　　50人未満でなくなり、矛盾）
　　Y 50人

Zが単独第2位ではなくなり、明らかに誤り。

イ　W 53人
　　Z 50人　　　WとYで101人
　　X 49人
　　Y 48人

YをXより少ない48人とする。
成り立つ、必ずしも誤りとはいえない。

ウ　W 56人
　　Z 50人　　　WとXで105人
　　X 49人
　　Y 45人

XをZより少なくYより多い49人とする。
成り立つ、必ずしも誤りとはいえない。

問題2 … C ウだけ

❶順位付けしていく

①②③がそれぞれ異なった内容のものではなく、その詳しさに大小があるだけ。詳しさに合わせて順位付けをし、解答する。

1．①の内容　赤と黄色と白の花がある→確実その本数までは不明

2．②の内容　赤のバラ10本と白の百合12本ある→確実
　　　　　　　黄色の花は不明

3．③の内容　少なくとも2種類以上の花がある→確実
　　　　　　　その種類・本数は不明

どの発言にも不明点があり、推論ごとに検証する

ア　「③が正しければ、①も必ず正しい」は、③は花の色が不明なため、必ず正しいとはいえない。

イ　「②が正しければ、①も必ず正しい」は、黄色の花は不明なため、必ず正しいとは言えない。

ウ　「①が正しければ、③も必ず正しい」は、赤と黄色と白の花の3種類が残っているなら、少なくとも2種類以上の花が売れ残っていたは必ず正しい。

**問題3 … H アは誤りであるが、
　　　　　　　 イはどちらともいえない**

❶推論アを検討する

Ⅰ）4台の購入合計　$300000 \times 4 = 1200000$円
A、Bの購入額合計$250000 \times 2 = 500000$円
C、Dの購入額合計
$1200000 - 500000 = 700000$円　……①
CはDより50000円高い。　……②
①と②より以下の連立方程式が成り立つ。

$$\begin{array}{rl} ① & C + D = 700000 \\ ②\ +\ ) & C - D = 50000 \\ \hline & 2C = 750000 \\ & C = 375000円 \end{array}$$

Cの価額は以下の計算でも求められる。

$$平均額 + \frac{差額}{2}$$

$$350000 + \frac{50000}{2} = 375000$$

よって推論ア「Cの購入額は25万円である」は誤り。

Ⅱ）上記Ⅰ）よりDの購入額
$700000 - 375000 = 325000$円

A、Bの平均額は250000であるから、A、Bどちらもの額を下回る（例えば26万円と24万円）場合と、どちらかは375000円を下回る（例えば40万円と10万円）の両方が考えられる。
よって推論イ「Dの購入額が2番目に高い」はどちらともいえない。
したがって、アは誤り、イはどちらともいえない。

問題4(1)… **A** アもイも正しい

❶それぞれの食塩の重さを計算する

食塩水濃度の計算式は、濃度 $= \dfrac{食塩}{食塩水}$

式を変化させると、食塩水×濃度＝食塩

各食塩水の重さが不明であるが、問題文から
SとUの食塩水の重さは、Tの $\dfrac{2}{3}$ だから仮
にSとUの食塩水の重さを200gとするとTは
300gとなる。

食塩水	食塩水の重さ(g)	濃度	食塩の重さ(g)
S	200	0.05	10
T	300	0.10	30
U	200	0.10	20

❷SとUの食塩の重さの合計を計算する

$10+20=30$ g

Tの食塩水の重さと同一になる。

　従って推論ア　SとUの食塩水に含まれる食
　　　　　　　　塩の重さの合計はTの食塩の
　　　　　　　　重さと等しい→正しい

❸食塩水の濃度を計算する

SとUの2つの食塩水を混ぜたときの濃度を
計算する。

$\dfrac{10+20}{200+200}=0.075\to 7.5\%$

SとUは同じ食塩水の重さで10%と5%の中間
の7.5%の計算も可。

　従って推論イ　S、Uの2つの食塩水を混ぜた
　　　　　　　　濃度は、7.5%→正しい

(2)… **C** ウは正しいが、エは誤り

❶それぞれのケースに数値を入れて考える

①Uの食塩水200gに同じ重さの水200gを加
　えた濃度を計算する。

$\dfrac{20}{200+200}=0.05\to 5\%$

S食塩水と同じ濃度になる。

　推論ウ　Uの食塩水にその食塩水と同じ重
　　　　　さの水を入れるとSと同じ濃度に
　　　　　なる→正しい

②SとUの2つの食塩水を混ぜたときの濃度は

問題4(1)から7.5%

❷SとTの2つの食塩水を混ぜたときの濃度を計算する

$\dfrac{10+30}{200+300}=0.08\to 8\%$

　推論エ　S＋T食塩水を混ぜた濃度とS＋
　　　　　U食塩水を混ぜた濃度は同じ→誤り

問題5(1)… **A** アもイも正しい

❶人口密度の計算式を立てる

$\dfrac{人口}{面積}=$ 人口密度

式を変化させると

面積×人口密度＝人口

❷各都市の人口を計算する

各都市の面積が不明であるが、問題文からS
市の面積はU市の面積の $\dfrac{4}{5}$、T市の面積はS
市の面積の $\dfrac{2}{3}$ なので、S $=\dfrac{4}{5}$U、T $=\dfrac{2}{3}$S

仮にS市を3(km²)とするとT市は $3\times\dfrac{2}{3}=$
2(km²)となる。

U市の面積は $3=\dfrac{4}{5}$U から U $=3\times\dfrac{5}{4}=3.75$

従って、推論ア　U市の面積はT市の面積よ
り広い→正しい

❸S市とT市の人口を求める

S市　$3\times250=750$

T市　$2\times375=750$

従って、推論イ　S市の人口とT市の人口は
同じである→正しい

(2)… **C** ウは正しいが、エは誤り

❶各都市の人口を計算する

前問(1)と同様に

仮にU市を3.75(km²)、T市は2(km²)として
計算する。

U市　$3.75\times200=750$

T市　$2\times375=750$

従って、推論ウ　T市とU市の人口は同じで
ある→正しい

❷T市とU市を合わせた地域の人口密度を計算する

$\dfrac{750+750}{3.75+2}=260.869\cdots$

S市の人口密度は250(人/km²)

従って、推論エ　T市とU市を合わせた地域の人口密度はS市の人口密度より少ない→誤り

問題6 … H 7歳と9歳

❶情報アと情報イから推理する

3人の年齢の合計は24歳で
情報ア　長男と三男の年齢差が9歳、情報イ
同じ年齢はいない条件を満たす数値を推理する。

長男	年齢差9	三男		次男	合計
15歳	⇔	6歳	→	3歳	24歳
		次男と三男の年齢が逆転して矛盾			
14歳	⇔	5歳	→	5歳	24歳
		次男と三男の年齢が同じで矛盾			
13歳	⇔	4歳	→	7歳	24歳
				矛盾しない	
12歳	⇔	3歳	→	9歳	24歳
				矛盾しない	
11歳	⇔	2歳	→	11歳	24歳
		長男と次男の年齢が同じで矛盾			
10歳	⇔	1歳	→	13歳	24歳
		長男と次男の年齢が逆転して矛盾			

問題7 … B イだけでわかるが、
　　　　　　　　　　　アだけではわからない

❶情報アとイ、それぞれ検討する

情報ア

合計7本の鉛筆をBの数＝Cの数で分けるパターンは以下の3つ

	B		C		A
パターン1	1本	⇔	1本	→	5本
パターン2	2本	⇔	2本	→	3本
パターン3	3本	⇔	3本	→	1本

よって情報アだけでは3パターンあり、Aの数は確定できない。

情報イ

合計7本の鉛筆をAの数×3＝Cの数で分けるパターン

	A	3倍	C		B
パターン1	1本	⇔	3本	→	3本
	2本	⇔	6本	→	(7個を超えて矛盾)

よって情報イだけで確定する。

③ 3日目 推理（位置）
練習問題 P.28〜29

問題1 … B b

❶図を描いて考える

分かっていることを書き込む。靴店と宝石店は並んでいることと、クリーニング店は雑貨店の裏ということからa、dにクリーニング店と雑貨店が入り（どちらがa、dかは不明）、e、fに靴店と宝石店が入ることが分かる（どちらがe、fかは不明）。従って、残る場所はbのみとなり、玩具店はbの場所であることが分かる。

問題2 … C ウ

❶与えられた条件から図を描いて考える

①②の条件より、まず、A、E、Bの座席が決まる。
③の条件では、DとFの位置が決定できないので、座席は次の2パターンが考えられる。

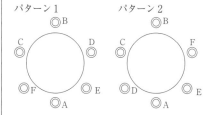

❷選択肢を検討する

この先は位置が決定できない。ここで、選択肢を検討する。

ア　パターン2の場合はいえるが、パターン1の場合はいえない。

イ　パターン1の場合はいえるが、パターン2の場合はいえない。

ウ　いずれの場合にもいえる。

問題3　B B家

❶順に見ていく

1．Eからスタートして、ロから2軒目はC（黒線ルート）とG（赤線ルート）が考えられる。

2．ハから3軒目は、CはF、GはDと決まる。

3．ニから4軒目は、F（黒線ルート）はEとGが考えられるがEは1軒目なので矛盾するためGのみが決まり、D（赤線ルート）も同様にCのみと決まる。

4．ホから5軒目はG（黒線ルート）はD、C（赤線ルート）はFと決まる。

5．ホから6軒目はD（黒線ルート）はAと決まるが、F（赤線ルート）はCになり矛盾するので黒線ルートのみが成立する。

よって訪問していないのはB。

A	B	C	D	E	F	G
					1	
		2				2
		3		3		
		4				4
		5			5	
6		矛盾				

問題4

「十の位がX、一の位がYを表し」とあり、この表と移動の規則を理解する。

十の位がX、一の位がYを表とあり、左から3番目、下から2番目は「32」と表す。

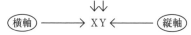

横軸 ――→ XY ←―― 縦軸

その「32」の位置には41と書かれており、次の

XY

移動先を示す。

よってX（横軸）の4番目、Y（縦軸）の1番目31と書かれた位置に移動する。

（1）… B「15」

❶順に移動していく

「54」の位置51から3回移動すると「51」の位置→「24」の位置→「15」の位置23。

ここが出発

③23	52	33	13	34
43	②15	53	42	51←
54	21	11	22	32
12	35	41	45	14
55	44	25	31	①24

（2）… D「32」

❶逆戻りで考える

最初→1回→2回→3回「25」52と書かれた位置

23	③52	33	13	34
43	15	53	42	51
54	21	11	22	32
12	35	→41	45	14
55	44	②25	①31	24

最初の位置

3回目「25」52と書かれた位置

2回目25と書かれているのは「31」の位置

1回目31と書かれているのは「41」の位置

最初41と書かれているのは「32」の位置

4日目 推理（順序）
練習問題 P.32~33

問題1(1) … F　EとF
❶図を描いて状況を整理する

待ち合わせ時間に来たGを基準にすると、Dはイより4分前、Eはその7分後、ウよりAが待ち合わせ時間より10分前でB・Cも決まる。この段階でCとDが同着だったことが分かる。なお、Fは確定しない。

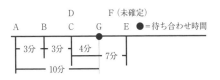

よって遅刻したのはEとF。

(2) … B　CとD
❶問題1(1)の図を使って考える

Dはイより待ち合わせ時間の4分前、ウよりAが待ち合わせ時間より10分前でCはその6分後でCとDが同着だったことが分かる。

(3) … C　Cは集合時間の4分前に来た
❶選択肢を問題1(1)の図で確認する

A　AはDの7分前に来た　誤り6分前

B　BはDの4分前に来た　誤り3分前

C　Cは集合時間の4分前に来た　正しい

D　EはFの後に来た
　　Fが Eより早いか遅いかは未確定

E　Gと同じ時間に着いた者がいる
　　誤り

F　Fは最後に来た
　　Fが Eより早いか遅いかは未確定

問題2 … C　3分
❶平均所要時間を0とし、そこからの時間差を±で表して考える

最初に2番目が平均時間より−6と分かり、次に1番目、5番目と決まる。相対値の総和は0

でなければならないから、4番目の位置を x とすると、$(-8)+(-6)+x+11=0$

∴　$x=3$

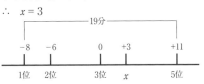

問題3 … E　cとeの差は最高6秒である
❶条件から関係を図示する

c、e、dの位置は幅があることに気を付けて選択肢を検討する。

A　aとcの差は8〜10秒なので誤り

B　aとdの差は1〜3秒なので誤り

C　bとdの差は2〜4秒なので誤り

D　bとeの差は1〜3秒なので誤り

E　cとeの差は4〜6秒なので正しい

F　cとdの差は5〜9秒なので誤り

問題4(1) … G　1と2と3
❶可能な順番を推定する

Ⅰ）　U＞S

Ⅱ）　V＝(S＋T)÷2(点)

全員の点数が異なることからVの点数はSとTの間と考えられる。よって順番は

①S＞V＞T

②T＞V＞S

Ⅰ）とⅡ）を合わせると上記①の方はU＞S＞V＞Tの1通りとなる。

上記②はUとT・Vの順番が分からないため、Uの位置が3通り考えられる。

U＞T＞V＞S

T＞U＞V＞S

T＞V＞U＞S

以上の4つの順番からUが可能なのは1・2・3番。

（2）… **C** 3だけ

❶Ⅳ)の条件を使う

Ⅳ)よりU＞Tが分かり、これより2つに絞られる。

U＞S＞V＞T

U＞T＞V＞S

問題文1のU＞Vは上記どちらもそうなので順番は確定しない。

問題文2のUが1番だったも上記どちらもそうなので順番は確定しない。

問題文3のT＞Vより、U＞T＞V＞Sの順番と確定する。

5日目 推理（勝ち負け）
練習問題 P.36〜37

問題1（1）… G DはBに負けた

❶問題文を整理して対戦表をつくる

	A	B	C	D
A		×	○	×
B	○		?	○
C	×	?		×
D	○	×	○	

Ⅱ〜ⅣによりAの2敗がBとDと分かり、1勝はCと確定する。

この段階ではBとCの対戦結果は不明である。

よって、Gの「DはBに負けた」が正解。

（2）… **B** ②だけ

❶情報を整理する

ⅠからⅣの情報のほか、「少なくとも」どれかの情報が加われば4人の勝敗が確定するかという問題だから、より少ないもので答えを探すことになる。

AがCに勝った　すでに確定している

BがCに勝った　Bが全勝したことが分かる

DがCに勝った　すでに確定している

よって②の条件が当てはまるので、Bが正解。

問題2 … **D** DはBと対戦した

❶問題文を整理する

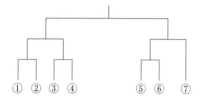

図のように、チームの位置に①〜⑦と番号をつける。

まず、条件ⅠとⅡより、Aは2勝1敗で、決勝戦で敗れていると分かる。これより、Aの位置は①〜⑥である。また、優勝はFとなる。

Aは、Cに勝ったEと対戦しているから、Aの位置は①から④のどれかになる。

そしてAを①とすると、③、④がC、Eになる。また、AはGと対戦し、勝っていることから、②がGとなる。

次に、残りのB、D、Fについて考える。条件Ⅲより、DとFは対戦していない。

これらを考慮すると、優勝のFの位置は⑦と確定する。

❷トーナメント表を完成させる

そして、残りの⑤、⑥がB、DとなりBが勝ちFと対戦、DとFの対戦はない。

よって、Dが正しい。

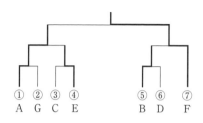

8

問題3 … C 和歌山チームは
　　　　　　　　　大阪チームに勝った

❶トーナメント表に書き込む

① 図Aのトーナメント表に、組み合わせを仮にA〜Eまでの記号で表す。A対BはA、C対DはCが勝ったと仮定する。

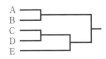

❷トーナメント表を完成させる

② Cが優勝するためには、3回試合をしなければならない。しかし、条件文より、3回試合をしたチームはなかったので、Cは優勝していない。従って、優勝したのはAまたはEのいずれかになる。決勝で対戦したのはAとEとなる。

③ 奈良チームは最初の試合で負けたので、BまたはDのいずれかになる。このときの対戦相手が優勝した（条件イより）ので、優勝したのはAチームになる（②より）。また、奈良チームはBチームになる。

④ ①〜③の検証と条件文より、優勝したのは、京都または滋賀チームのいずれかになる。
　条件アより、和歌山チームは優勝していない。
　条件イより、奈良チームは優勝していない。
　条件ウより、大阪チームは優勝していない。

⑤ 滋賀チームが優勝したとすると、③の項目より、Aに滋賀チームが入るが、これは条件アに反する。滋賀チームの最初の対戦相手をBとすれば、③の項目より、それは奈良チームでなければならないが、実際は条件アより、和歌山チームなので滋賀はAには入らない。従って優勝したのは、京都チームとなる。トーナメント表を確定すると、次のようになる。

A　京都
B　奈良
C　和歌山
D　大阪
E　滋賀

⑥ 推理（命題）
6日目　練習問題 P.40〜41

問題1 … D 数学が得意でないならば
　　　　　　　　　国語が得意だ

❶命題の対偶を求める

与えられた命題「aならばbである（a→b）」が真であるとき、その対偶「bでないならばaでない（b̄→ā）」は必ず真となる。
対偶とは、命題の前後を入れ換えてともに否定したものをいう。

❷三段論法を利用する

与えられた命題「国語が得意でないならば数学が得意だ（国語→数学）」が正しいのであれば、その対偶「数学が得意でないならば国語が得意だ（数学→国語）」も正しいといえる。

問題2 … E 山が好きでないならば
　　　　　　　　　自然が好きでない

❶命題の対偶を求める

与えられた命題「aならばbである（a→b）」が真であるとき、その対偶「bでないならばaでない（b̄→ā）」は必ず真となる。
対偶とは、命題の前後を入れ換えてともに否定したものをいう。

❷三段論法を利用する

与えられた命題「自然が好きならば山が好きだ（自然→山）」が正しいのであれば、その対偶「山が好きでないならば自然が好きでない（山→自然）」も正しいといえる。

解答＆解説　推理（勝ち負け）／推理（命題）

9

問題3 ··· C 旅行が好きならば
雪が好きである

❶三段論法を利用する

与えられた命題から「aならばbである(a→b)」
「bならばcである(b→c)」がいえるときは、
「aならばcである(a→b→c⇒a→c)」ということ
ができる。

「旅行」→「温泉」→「冬」→「雪」となるので、
「旅行」→「雪」が正しいといえる。

問題4 ··· F 日本に住んでいなければ
東京に住んでいない

❶命題の対偶を求める

与えられた命題「aならばbである(a→b)」が真
であるとき、その対偶「bでないならばaでない
(b̄→ā)」は必ず真となる。

対偶とは、命題の前後を入れ換えてともに否
定したものをいう。

また、「aならばbである(a→b)」「bならばcであ
る(b→c)」がいえるときは、「aならばcである
(a→b→c⇒a→c)」ということができる。

以上から命題の対偶を考えて解いていく。

❷三段論法を利用する

命題	対偶
「日本→関東」	「関東̄→日本̄」
「東京→関東」	「関東̄→東京̄」

以上より「日本→関東̄→東京̄」より「日本→東京̄」

問題5 ··· J 5と6

❶アとイの対偶を作成する

アの表
数学 → 英語̄ ←―― 逆 ――→ 英語 → 数学̄
裏　　　　　　対偶　　　　　　裏
数学̄ → 英語 ←―― 逆 ――→ 英語̄ → 数学

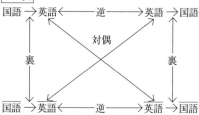

イの表
国語 → 英語̄ ←―― 逆 ――→ 英語 → 国語̄
裏　　　　　　対偶　　　　　　裏
国語̄ → 英語 ←―― 逆 ――→ 英語̄ → 国語

アの「数学 → 英語̄」の対偶は「英語 → 数学̄」、
イの「国語 → 英語̄」の対偶は「英語 → 国語̄」

❷三段論法を使う

上記で導いた4つでアの命題の結論とイの対
偶の仮定が英語になっており共通。

ア.「数学 → 英語̄」→「英語 → 数学̄」

イ.「国語 → 英語̄」→「英語 → 国語̄」

三段論法を利用して、「数学 → 英語̄ → 国語̄」
とつながり「数学 → 国語̄」

「国語 → 英語̄ → 数学̄」とつながり「国語 → 数̄
学̄」

1　数学が得意でなければ、英語が得意であ
る(アの命題の裏の位置で確実にはそう言え
ない)

2　英語が得意でなければ、数学が得意であ
る(アの命題の逆の位置で確実にはそう言え
ない)

3　国語が得意でなければ、英語も得意でな
い(イの命題の裏の位置で確実にはそう言え
ない)

4　英語が得意であれば、国語が得意でない
(イの命題からは分からない)

5　国語が得意であれば、数学が得意でない
(三段論法から正解)

6　英語が得意であれば、数学が得意でない
(アの対偶から正解)

順列・組み合わせ

7日目 練習問題 P.44〜45

問題1 … B 6通り

❶公式を使う

順列……並べる順番（順序）を考える $_nP_r$ 計算
組み合わせ…並べる順番（順序）を考えない $_nC_r$ 計算

＜順列・組み合わせの考え方＞

| A | B | C |

整数をつくる場合は、その3枚のカードの順番を考慮しなければならない。

| AB | AC | BA | BC | CA | CB |

上記6通りができる。順列 $_3P_2$ の計算。

$_3P_2 = 3 \times 2 = 6$ 通り

問題2 … D 60通り

❶順列の公式を使う

$_5P_3 = 5 \times 4 \times 3 = 60$ 通り

問題3 … B 56通り

❶組み合わせの公式を使う

本問は順番を考慮する必要がない
（8人から3人を選出）。

$_8C_3 = \dfrac{8 \times 7 \times 6}{3 \times 2 \times 1} = 56$ 通り

問題4 … A 12通り

❶Aが第1試合のパターンと第4試合のパターンを考える

1 Aが第1試合のパターン

第1試合

　　　A ——→ B、C、D　3人の順番 $_3P_3$

2 Aが第4試合のパターン

　　　　　　　　　　　　第4試合

　　　B、C、D 3人の順番 $_3P_3$ ——→ A

❷パターンを計算する

それぞれ $_3P_3 = 3 \times 2 \times 1 = 6$ 通り

2つのパターンの和を計算する

$6 + 6 = 12$ 通り

問題5 … F 48通り

❶順列で計算する

並び順を決める問題。

先頭は男子と決まっており、残り4つを4人から選ぶ順列を考える。

　　　　①　　　　　　　　　　　②③④⑤

男子2人のうちどちらか　　　□□□□

②③④⑤の選び方　 $_4P_4 = 4 \times 3 \times 2 \times 1 = 24$ 通り

男子は2人いるから、2通りある。

$24 \times 2 = 48$ 通り

問題6 … F 2880通り

❶女子3人、男子2人のリレー選手の選び方を計算する

女子4人から3人を選ぶ組み合わせの数

$_4C_3 = \dfrac{4 \times 3 \times 2}{3 \times 2 \times 1} = 4$ 通り

男子4人から2人を選ぶ組み合わせの数

$_4C_2 = \dfrac{4 \times 3}{2 \times 1} = 6$ 通り

$4 \times 6 = 24$ 通り

❷5人のリレーの順番の計算をする

$_5P_5 = 5 \times 4 \times 3 \times 2 \times 1 = 120$ 通り

よって $24 \times 120 = 2880$ 通り

問題7(1) … B 90通り

❶初日と2日目と順番があり、順列で計算する

$_{10}P_2 = 10 \times 9 = 90$ 通り

（初日は10人で10通り、2日目は初日に選ばれた1人を除く9人からで9通りと考える）

(2) … B 45通り

❶初日と2日目の順番がなく組み合わせで計算する

初日と2日目の順番がなく、組み合わせで計算

$_{10}C_2 = \dfrac{10 \times 9}{2 \times 1} = 45$ 通り

初日………A　　B

2日目 ……B　　A

（初日と2日目は同じAとBが選ばれ、同一と考える）

(3) … F 50通り

❶男女となる組み合わせを計算する

$_5C_1 \times _5C_1 = 25$通り

❷2日間の司会の順番は、男⇒女の順と女⇒男の順の2通りがある

$2 \times 25 = 50$通り

問題8(1) … C 12通り

両端が男子になる並び方は、

| 男 | 女 | 女 | 女 | 男 |

❶女子の位置は3カ所に3人の並び方を考える

$_3P_3 = 3 \times 2 \times 1 = 6$通り

❷男子の位置は2カ所に2人の並び方を考える

$_2P_2 = 2 \times 1 = 2$通り

❸その連続で5人の並び方があるので掛け算をして計算する

$6 \times 2 = 12$通り

(2) … B 48通り

❶隣り合う男子をまとめて1人として考える

| 男 男 | 女 | 女 | 女 |
| 女 | 男 男 | 女 | 女 |

❷4カ所に4人の並び方になる

$_4P_4 = 4 \times 3 \times 2 \times 1 = 24$通り

❸男子の並び方も2通りあるので掛け算する

$24 \times 2 = 48$通り

(3) … C 72通り

❶すべての場合から特定の場合を引く

$_5P_5 = 5 \times 4 \times 3 \times 2 \times 1 = 120$通りのすべての場合から、特定〈男子が隣り合う前問(2)〉の場合を引く。

$120 - 48 = 72$通り

8 日目 **確率**
練習問題 P.48〜51

<必須公式>

確率 = $\dfrac{\text{ある事柄が起こりうる場合の数}}{\text{起こりうるすべての場合の数}}$

AとBが連続して起きる確率 ＝Aの起こる確率×Bの起こる確率

問題1(1) … E $\dfrac{1}{4}$

❶1回目と2回目の奇数が出る確率を求める

1回目のサイコロで、奇数が出るパターンは1、3、5の3通り。

2回目も同様に3通り。

1回目に奇数が出る確率＝$\dfrac{3}{6}$

2回目も同様に$\dfrac{3}{6}$

❷連続して奇数が出る確率を計算する

$$\frac{3}{6} \times \frac{3}{6} = \frac{9}{36} = \frac{1}{4}$$

(2) … G $\dfrac{5}{12}$

❶表を基に考える

2回目

		1	2	3	4	5	6
	1	2	3	4	5	6	7
	2	3	4	5	6	7	8
1回目	3	4	5	6	7	8	9
	4	5	6	7	8	9	10
	5	6	7	8	9	10	11
	6	7	8	9	10	11	12

分母は表のマス全部で36、分子は2つの和が8以上の上記表の赤字の数15である。

$$\frac{15}{36} = \frac{5}{12}$$

(3) ··· G $\frac{4}{9}$

❶和の法則を用いる

サイコロの目が3の倍数は3か6。よって3の倍数が出る確率は$\frac{2}{6}$、出ない確率は$\frac{4}{6}$。どちらか一方のサイコロが3の倍数が出て、どちらか一方のサイコロが3の倍数が出ない（大サイコロが出るかつ小サイコロが出ない。大サイコロが出ないかつ小サイコロが出る）の2パターンがあり、和の法則を使う。

$$\frac{2}{6} \times \frac{4}{6} + \frac{4}{6} \times \frac{2}{6} = \frac{16}{36} = \frac{4}{9}$$

問題2(1) ··· F $\frac{7}{18}$

❶Aが3以上出して勝つ箇所に○を付ける

B

	1	2	3	4	5	6
1						
2						
3	○	○				
4	○	○	○			
5	○	○	○	○		
6	○	○	○	○	○	

（左端ラベル A）

分母は表のマス全部で36、分子はAが勝つパターンの○の数14

$$\frac{14}{36} = \frac{7}{18}$$

(2) ··· E $\frac{5}{18}$

❶表を基に考える

AがBとの差を2以上つけて勝つ箇所に○を付ける。

B

	1	2	3	4	5	6
1						
2						
3	○					
4	○	○				
5	○	○	○			
6	○	○	○	○		

（左端ラベル A）

分母は表のマス全部で36、分子はAが勝つパターンの○の数10

$$\frac{10}{36} = \frac{5}{18}$$

問題3(1) ··· C 0.72

❶2回とも成功するので、積の法則を使う

1回目成功する確率0.8
2回目成功する確率0.9
よって、0.8×0.9＝0.72

(2) ··· A 0.02

❶1回目と2回目の失敗する確率を掛ける

2回とも失敗するわけだから
1回目を失敗する確率1−0.8＝0.2
2回目を失敗する確率1−0.9＝0.1
よって、0.2×0.1＝0.02

(3) ··· D 0.26

❶どちらか1回成功するパターンは次の2パターン

①1回目成功、2回目失敗
　1回目成功の確率は0.8
　2回目失敗の確率は0.1
　よって0.8×0.1＝0.08

②1回目失敗、2回目成功
　1回目失敗の確率は0.2
　2回目成功の確率は0.9
　よって、0.2×0.9＝0.18

❷和の法則を使う

0.08＋0.18＝0.26

問題4(1) … A $\frac{1}{5}$

❶確率を求める

5本のくじの中で当たりくじは1本なので、$\frac{1}{5}$

(2) … A $\frac{1}{5}$

❶引いたくじを戻さないとき、Sが4番目に引いて当たる確率を考える

1人目　はずれる確率→　$\frac{4}{5}$

2人目　はずれる確率→　$\frac{3}{4}$

3人目　はずれる確率→　$\frac{2}{3}$

4人目　Sが当たる確率→　$\frac{1}{2}$

$$\frac{4}{5} \times \frac{3}{4} \times \frac{2}{3} \times \frac{1}{2} = \frac{1}{5}$$

(引く順番は何番目でも$\frac{1}{5}$)

(3) … A $\frac{16}{125}$

❶引いたくじを戻すとき、Sが3番目に引いて当たる確率を考える

1人目　はずれる確率→　$\frac{4}{5}$

2人目　はずれる確率→　$\frac{4}{5}$

3人目　Sが当たる確率→　$\frac{1}{5}$

$$\frac{4}{5} \times \frac{4}{5} \times \frac{1}{5} = \frac{16}{125}$$

問題5(1) … A $\frac{1}{21}$

❶SとTが連続して当たる確率を考える

1人目　Sが当たる確率→　$\frac{2}{7}$

2人目　Tがたる確率→　$\frac{1}{6}$

$$\frac{2}{7} \times \frac{1}{6} = \frac{1}{21}$$

(2) … G $\frac{10}{21}$

❶SとTのどちらか一方だけが当たるパターンは次の2つになる

①1人目　Sが当たる確率→　$\frac{2}{7}$

　　2人目　Tがはずれる確率→　$\frac{5}{6}$

$$\frac{2}{7} \times \frac{5}{6} = \frac{5}{21}$$

②1人目　Sがはずれる確率→　$\frac{5}{7}$

　　2人目　Tが当たる確率→　$\frac{2}{6}$

$$\frac{5}{7} \times \frac{2}{6} = \frac{5}{21}$$

❷2つのパターン（①または②）を和の法則で足し算する

$$\frac{5}{21} + \frac{5}{21} = \frac{10}{21}$$

(3) … G $\frac{11}{21}$

❶少なくともSかTが当たる確率を考える

Aが少なくとも1回起こる確率＝1−Aが1回も起こらない確率

(少なくともSかTが当たる)＝

$\left(\frac{すべての数}{すべての数} \right)$ −(S・Tどちらも当たらない)

S・Tどちらも当たらない

1人目　Sがはずれる確率→　$\frac{5}{7}$

2人目　Tがはずれる確率→　$\frac{4}{6}$

$$\frac{5}{7} \times \frac{4}{6} = \frac{10}{21} \qquad 1 - \frac{10}{21} = \frac{11}{21}$$

問題6(1) … E $\frac{10}{143}$

❶分母の組み合わせを求める

分母…起こりうるすべての場合の数は、14個
　　　（白球8個＋黒球6個）から4個を取り出す
　　　組み合わせなので、

$$_{14}C_4 = \frac{14 \times 13 \times 12 \times 11}{4 \times 3 \times 2 \times 1} = 1001 となる。$$

❷分子の組み合わせを求める

分子…指定された事柄（ここでは全部白球が出る）が起こりうる場合の数は、白球8個から4個を取り出すことになるので、

$$_8C_4 = \frac{8 \times 7 \times 6 \times 5}{4 \times 3 \times 2 \times 1} = 70 となる。$$

❸確率を求める

$$\frac{_8C_4}{_{14}C_4} = \frac{70}{1001} = \frac{10}{143}$$

(2) … D $\frac{60}{143}$

❶公式を用いる

分母は前問（1）と同じで$_{14}C_4 = 1001$

分子は白球8個から2個取り出す組み合わせ
の数と黒球6個から2個取り出す組み合わせ
の数の積で

$$_8C_2 \times _6C_2 = 28 \times 15 = 420$$

$$\frac{_8C_2 \times _6C_2}{_{14}C_4} = \frac{420}{1001} = \frac{60}{143}$$

(3) … F $\frac{986}{1001}$

❶4個とも黒が出る確率を求める

『余事象』

Aが少なくとも1回起こる確率 = $1 - A$が1回
も起こらない確率で計算する

少なくとも1個は白球が出る確率 = 1 − 1個も
白球が出ない確率

⇩

4個とも黒球が出る確率

$$\frac{_6C_4}{_{14}C_4} = \frac{15}{1001}$$

よって $1 - \frac{15}{1001} = \frac{986}{1001}$

(4) … E $\frac{826}{1001}$

❶2パターンを求める

『余事象』

少なくとも2個以上は白球が出る確率 =
1 − 白球が2球未満の確率

⇩

白球が2個未満の組み合わせは
以下の2パターン

①白球1×黒球3
②白球0×黒球4

① $\frac{_8C_1 \times _6C_3}{_{14}C_4} = \frac{160}{1001}$

② $\frac{_6C_4}{_{14}C_4} = \frac{15}{1001}$

よって $1 - (\frac{160}{1001} + \frac{15}{1001}) = \frac{826}{1001}$

<別解>

白球が2個以上出る組み合わせを計算しても
よい。

以下の3パターン

①白球2×黒球2　$_8C_2 \times _6C_2 = 420$
②白球3×黒球1　$_8C_3 \times _6C_1 = 336$
③白球4×黒球0　$_8C_4 = 70$

確率は　① $\frac{_8C_2 \times _6C_2}{_{14}C_4} = \frac{420}{1001}$

　　　　② $\frac{_8C_3 \times _6C_1}{_{14}C_4} = \frac{336}{1001}$

　　　　③ $\frac{_8C_4}{_{14}C_4} = \frac{70}{1001}$

よって $\frac{420}{1001} + \frac{336}{1001} + \frac{70}{1001} = \frac{826}{1001}$

問題7(1) … F $\frac{4}{9}$

❶BがAからセットを取る確率を出す

AがBからセットを取る確率は$\frac{1}{3}$だから、Bが
Aからセットを取る確率は

$$1 - \frac{1}{3} = \frac{2}{3}$$

Bが2セットを連続して取る確率は

$$\frac{2}{3} \times \frac{2}{3} = \frac{4}{9}$$

(2) … E $\frac{8}{27}$

❶1勝1敗の組み合わせで考える

2セット行った時点でBが1セット取った組み
合わせを考える。

$_2C_1 = 2$通り　（○×、×○、の2通り）

Bがセットを取る確率$\frac{2}{3}$、Bがセットを取られ
る確率$\frac{1}{3}$

2セット行った時点で、Bが1セット取った状
態から3回目でBが1セット取ることになるの
で、この場合の確率は、

2セット行った時点でBが1セットを取ってい
る確率　　　　　　　3セット目をBが取る確率

$$2通り \times (\frac{2}{3} \times \frac{1}{3}) \times \frac{2}{3} = \frac{8}{27}$$

(3) … G $\dfrac{20}{27}$

❶Bが2セット取る場合を考える

Bが2セット取る組み合わせを考える(以下の2パターン)

2セット連続で取る〈前問(1)で計算〉 $\dfrac{4}{9}$

3セット目をBが取る〈前問(2)で計算〉 $\dfrac{8}{27}$

この2パターンを和の公式により足し算する。

$\dfrac{4}{9}+\dfrac{8}{27}=\dfrac{20}{27}$

⑨ 速さ
日目 練習問題 P.54〜57

問題1 … F 30分
❶2人の動きを確認する

2人は逆方向に歩いているので、1分間に68m+62m=130mずつ近づく。

❷基本公式「時間＝$\dfrac{距離}{速さ}$」の公式を利用する

単位をそろえる。

km→m

$3.9\times1000=3900(m)$

$\dfrac{3900}{130}=30(分)$

問題2 … D 2.5時間
❶2人の速さの差から1分間に近づく距離を確認する

2人の距離は毎分68−62＝6mずつ近づくことになる。

900mを毎分6mで近づくと考える。

$\dfrac{900}{6}=150(分)$

❷分を時間に直す

$\dfrac{150}{60}=2.5(時間)$

問題3 … A 30分
❶Aの速さを分速 x(m)とし、Bの速さを分速y(m)とする($x>y$とする)

出会う場合には20分かかるので、

$(x+y)\times20=1800$ ……①

追い越す場合には60分かかるので、

$(x-y)\times60=1800$ ……②

①、②を連立して解くと、

$x+y=90$ ……①

$x-y=30$ ……②

$2x=120$

$x=60\quad y=30$

1周するのにかかる時間はAが$1800\div60=30$(分)、Bが$1800\div30=60$分となる。

よって、AとBの差は$60-30=30$分

問題4 … E 18km
❶A地点からB地点までの距離をx(km)とする

$\dfrac{x}{30}+\dfrac{30-x}{40}=\dfrac{54}{60}$

❷両辺に120をかける

$4x+3(30-x)=108$

$4x+90-3x=108$

$x=18km$

問題5 … C 午後3時30分
❶前半と後半で分けて考える

AからBまでの距離は30kmなので、

中間は15kmの地点である。前半は時速15kmで進んでいるので、15÷15=1時間かかる。

後半は時速10kmなので、15÷10=1.5時間かかる。1+1.5=2.5すなわち2時間30分かかる。午後1時に出発したので午後3時30分に到着する。

問題6 … **A** 5分

❶ バスに乗った距離をx(km)、歩いた距離をy(km)とする

$$90分 = \frac{90}{60} = \frac{3}{2}時間$$

x(km)の距離を時速40kmで進むとかかる時間は$\frac{x}{40}$時間、y(km)の距離を時速4kmで歩くとかかる時間は$\frac{y}{4}$時間となるので、

$$\begin{cases} x + y = 57 & \cdots\cdots① \\ \dfrac{x}{40} + \dfrac{y}{4} = \dfrac{3}{2} & \cdots\cdots② \end{cases}$$

という連立方程式ができる。

❷ 式を解いて計算する

$$y = \frac{1}{3}km$$

この距離を時速4kmで歩くので、

$$\frac{1}{3} \div 4 = \frac{1}{12}時間$$

$$60分 \times \frac{1}{12} = 5分$$

問題7 … **E** 12km

❶ 帰りの速さをx(km/h)とする

$$\frac{20}{15} + \frac{20}{x} = 3$$

$$x = 12km/h$$

問題8 … **C** 20km

❶ 式に当てはめる

$$\frac{1}{z} = \frac{1}{2}\left(\frac{1}{x} + \frac{1}{y}\right)$$

$$\frac{1}{24} = \frac{1}{2}\left(\frac{1}{30} + \frac{1}{y}\right) \quad 両辺に60を掛けて$$

$$2.5 = 30\left(\frac{1}{30} + \frac{1}{y}\right)$$

$$2.5 = 1 + \frac{30}{y}$$

両辺にyを掛けて

$$2.5y = y + 30$$

$$1.5y = 30$$

$$y = 20$$

<別解>

❶ P、Q間の距離を仮に60kmとして計算する

行き $\frac{60}{30} = 2時間$

往復の120kmを平均時速24kmで走ったので

$$\frac{120}{24} = 5時間$$

帰りは5−2=3時間

速さ $\frac{60}{3} = 20km/h$

問題9(1) … **E** 40km

❶ 単位を統一して基本公式を使う

P地点 発 9：40 ⎫
　　　　↓　　　⎬ 40分
Q地点 着 10：20 ⎭

※速さが時速(1時間単位)で表されているため、40分を時間に統一して$\frac{40}{60} = \frac{2}{3}$時間。
基本公式から 距離=速さ×時間に数値を入れ、

$$60km/h \times \frac{2}{3}時間 = 40km$$

(2) … **I** 72km

❶ 単位を統一して基本公式を使う

　　　発 10：30 ⎫
　　　　↓　　　⎬ 1時間15分
R地点 着 11：45 ⎭

※時速を問われているため、15分を時間に統

一して$1\frac{15}{60}$時間→$1\frac{1}{4} = \frac{5}{4}$時間

基本公式から 速さ$= \dfrac{距離}{時間}$に数値を入れ、

$$90km \div \frac{5}{4}時間 = 90 \times \frac{4}{5} = 72km/h$$

問題10(1) … **H** 150km

❶ 単位を統一して基本公式を使う

O駅 発 8：20 ⎫ 1時間40分→時速(1時
　　　↓　　　⎬ 間単位)で表されている
P駅 着 10：00 ⎭ ので、単位を統一して

$1\frac{40}{60} = 1\frac{2}{3} = \frac{5}{3}$時間

基本公式から、距離=速さ×時間に数値を入

れて$90km/h \times \frac{5}{3}$時間$= 150km$

（2）… **D** 84km

❶単位を統一して基本公式を使う

P駅　着 10：00

発 10：05 ┐

↓ ├ 1時間20分→※時速を問われているため、単位を統一して

Q地点　着 11：25 ┘ $1\frac{20}{60}=1\frac{1}{3}=\frac{4}{3}$時間

基本公式から、速さ＝$\dfrac{距離}{時間}$に数値を入れて

112km÷$\dfrac{4}{3}$時間＝112×$\dfrac{3}{4}$＝84km/h

（3）… **B** 48km

❶x電車が追いつくまでの時間を求める

$\dfrac{20}{80}=\dfrac{1}{4}$時間→60分×$\dfrac{1}{4}$＝15分

x電車は11：30に出発し、15分後に追いついたので、11：45に追いついたことになる。

y電車は11：20発だから、25分（$\dfrac{25}{60}$時間）後に追いつかれたことになる。

❷y電車の時速を求める

20km÷$\dfrac{25}{60}$時間＝20×$\dfrac{60}{25}$＝48km/h

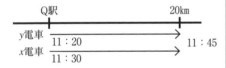

問題11(1) … **H** 90km

❶距離と時間を計算する

L駅～K駅間の距離　35－20＝15km

L駅～K駅間の時間　7：57－7：47＝10分

→$\dfrac{10}{60}=\dfrac{1}{6}$時間

❷基本公式　速さ＝$\dfrac{距離}{時間}$に数値を入れる

15÷$\dfrac{1}{6}$＝15×6＝90km/h

（2）… **F** 52

❶M駅～L駅間の時間を計算する

7：47－7：35＝12分

→$\dfrac{12}{60}=\dfrac{1}{5}$時間

❷基本公式　距離＝速さ×時間に数値を入れる

85×$\dfrac{1}{5}$＝17km

アはJ駅からの距離を示しているから

35＋17＝52km

（3）… **D** 31

❶時速を求める

J駅～M駅間の距離　52km＜前問(2)から＞

速さは時速104km

❷基本公式　時間＝$\dfrac{距離}{速さ}$に数値を入れる

J駅～M駅間の時間　52÷104＝0.5時間

0.5×60分＝30分

8：01＋0：30＝8：31

（4）… **E** 100km

❶x電車が中央10kmに到着する時間を計算する

x電車のK駅～J駅の平均時速は

20km÷$\dfrac{20}{60}$時間＝60km/h

K駅～J駅間の中央10kmまでの時間は

10÷60＝$\dfrac{10}{60}$時間

＝10分　時刻表から20分÷2で求めてもよい。

x電車は中央に8：07に到着する。

❷y電車の速さを計算する

y電車はJ駅を8：01に出るため、中央で6分後にすれ違うことになる。よって速さは

10÷$\dfrac{6}{60}$＝100km/h

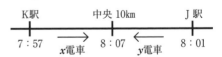

10日目 集合（ベン図）
練習問題 P.60～61

問題1 … C 16人
❶問題よりベン図を作成する
集合の問題はベン図を描くと分かりやすくなる。

＜必須公式＞

①集合の<u>全体</u>を長方形で書く。
②その中に<u>それぞれ</u>の集合を円で描く。
③円の重なる部分が両方に該当。
④両方に該当しないものは、全体から控除。

ベン図を作成する。

❷円の中の人数を求める
$$50-(28+35-x)=3$$
$$x=16$$

問題2 … D 24人
❶問題よりベン図を作成する

❷円の中の人数を求める
$$41-\{(21+x)-7\}=3$$
$$x=41-21+7-3$$
$$x=24$$

問題3(1) … C 18人
❶問題よりベン図を作成する

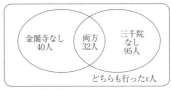

$$160人-142人=18人$$

(2) … E 97人
❶問題よりベン図を作成する

「金閣寺」と「三千院」の両方とも行ったことのない人数
$$40人×0.8=32人$$
$$200-(40+95-32)=97人$$

問題4 … A 14人
❶問題よりベン図を作成する
題意をベン図に描くと次のようになる。

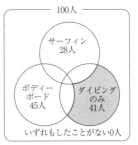

ダイビングのみというのは、図の網目部分である。

❷円の中の人数を求める
この網目部分が41人だから、
$$(28+45)-(100-41)=14人$$

問題5 ··· A 20世帯
❶問題よりベン図を作成する
題意をベン図に描くと次のようになる。

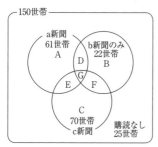

❷式を立てる
b新聞またはc新聞（両紙を含む）を購読しているは上記B、D、E、G、F、C。
105世帯から105－B22－C全体（E、G、F、C）
70＝D
105－22－70＝13
❸E、Gを求める
全体150－（a＋c－E・G）＝B＋購読なし
150－（61＋70－E・G）＝22＋25
E・G＝28
よってa新聞全体61からD、E、Gを引いてa新聞のみ購読Aを計算。
61－13－28＝20

問題6(1) ··· B 1人
❶問題よりベン図を作成する

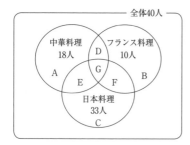

❷式を立てる
フランス料理だけの経験者（B）は中華料理と日本料理経験者以外なので、
40－（18＋33－12）＝1人

(2) ··· C 2人
❶Aを求める
すべての料理経験者（G）を計算するため、まずAを計算する。
A（中華料理のみ経験者）40－（33＋10－6）＝3
❷全体から人数を引く
中華料理経験者18人からA（3人）とD＋G（5人）を引くと、Eは10人。
E＋G（中華料理と日本料理の両方とも経験がある者12人）－E（10人）＝2人

料金の割引
11日目
練習問題 P.64～65

問題1(1) ··· F 556000円
❶割引制度に沿った団体申し込みの金額を求める
100人まで　10％引きの金額
2000円×（1－0.1）×100人＝180000円
101 ～ 300人　20％引きの金額
2000円×（1－0.2）×（300人－100人）
＝320000円
301 ～ 340人　30％引きの金額
2000円×（1－0.3）×（340人－300人）
＝56000円
合計　556000円

(2) ··· G 1560円
❶割引制度に沿った3つの区分の団体申し込みの金額を求める
100人まで　10％引きの金額
2000円×（1－0.1）×100人＝180000円
101 ～ 300人　20％引きの金額
2000円×（1－0.2）×（300人－100人）
＝320000円
301 ～ 500人　30％引きの金額
2000円×（1－0.3）×（500人－300人）
＝280000円

合計　180000＋320000＋280000
＝780000円
❷均一料金を計算する
780000円÷500人＝1560円

問題2(1)… F 1232000円
❶割引制度に沿った団体申し込みの金額を求める
100人まで　10％引きの金額
8000円×(1－0.1)×100人＝720000円
101～180人　20％引きの金額
8000円×(1－0.2)×(180人－100人)
＝512000円
合計　1232000円

(2)… B 125人
❶利用者が100人以下だと全員1割引きとなる
8000×(1－0.1)＝7200円だから利用者は100人を超えている。
❷1割引き対象者の金額を計算する
100人×8000円×(1－0.1)＝720000円
❸2割引き対象者の金額を計算する
利用者全員をxとする。
$(x－100)×8000×(1－0.2)＝(x－100)6400$
$＝6400x－640000$
❹人数を計算する
1割引き対象者の金額＋2割引き対象者の金額
＝7040×利用者全員
$720000＋6400x－640000＝7040x$
$640x＝80000$
$x＝125$人

問題3(1)… G 11600円
❶1～4日間の通常料金(4日間)を求める
12000円×4日＝48000円
❷5～6日間の10％引き(2日間)を求める
12000円×0.9×2日＝21600円
❸1日当たりの平均を計算する
(48000＋21600)円÷6日＝11600円

(2)… C 15日
❶156000円になるまで順次計算する
1～4日間　通常料金(4日間)
12000円×4日＝48000円
5～9日間　10％引き(5日間)
12000円×0.9×5日＝54000円
合計で48000＋54000＝102000

まだ合計金額156000円に達していない

10日目からは25％引き(1日当たり12000円×0.75＝9000円)になり、残金を9000円で割る。
156000－102000＝54000円
54000÷9000＝6(日)
合計日数　4＋5＋6＝15(日)

問題4(1)… C 81000円
❶大人の割引料金を計算する
10人×5000×(1－0.1)＝45000円
❷子供の割引料金を計算する
24人×3000×(1－0.5)＝36000円
合計　45000＋36000＝81000円

(2)… D 63000円
❶通常料金の総額を計算する
大人　5000円×24人＝120000円
子供　3000円×34人＝102000円
合計　120000＋102000＝222000円
❷割引対象金額を計算する
大人の割引料金
24人×5000×(1－0.1)＝108000円
子供の割引料金
34人×3000×(1－0.5)＝51000円
合計　108000＋51000＝159000円
❸割引額を計算する
222000－159000＝63000円

(3)… F 25人
❶大人の人数をx、子供の人数をyとして算式を立てる
①人数の合計
$x＋y＝40$　$x＝40－y$
②入園料の合計
$5000×(1－0.1)×x＋3000×(1－0.5)×y＝$

105000

$4500x \times 1500y = 105000$

①を②に代入して、

$4500(40-y)+1500y=105000$

$180000-4500y+1500y=105000$

$3000y=75000$

$y=25人$

⑫ 割合
12日目 練習問題 P.68〜69

問題1 … F 1200人

❶利用者数全体をxとする

全体の$\frac{5}{8}$（男女比率から$3+5$を分母に女性の5を分子に計算）が女性だから

$\frac{5}{8}x=540$

$x=540\div\frac{5}{8}=864人$

❷回答者全体yを求める

$0.72y=864$

$y=864\div0.72=1200人$

問題2 … F 4000円

❶最初の所持金をx円とする

書籍の代金$\frac{2}{5}x-300$円

❷書籍を買った残りの金額を計算する

$x-\left(\frac{2}{5}x-300\right)=\frac{3}{5}x+300$円

❸アルバイトをした後の所持金を計算する

$\frac{3}{5}x+300+1500=\frac{3}{5}x+1800$円

❹CDの代金を計算する

$\frac{3}{7}\left(\frac{3}{5}x+1800\right)+500=\frac{9}{35}x+\frac{8900}{7}$円

❺残りの金額を計算する

$\frac{3}{5}x+1800-\left(\frac{9}{35}x+\frac{8900}{7}\right)=1900$

これを解いて、$x=4000$円

問題3(1)　　G 2500人

❶問題文を図にする

県内　60%		県外　40%	
男子　3 (900人)		男子　4	
女子　2		女子　1	

県内高校卒の男女比率は3：2だから

両方を足して　$3+2=5$

県内高校卒の$\frac{3}{5}$が男子、$\frac{2}{5}$が女子。

❷学生全体をxとして算式を立てる

$x\times0.6\times\frac{3}{5}=900人$　　$x\times\frac{6}{10}\times\frac{3}{5}=900$

$\frac{9}{25}x=900$

$x=900\times\frac{25}{9}=2500人$

(2) … F 25%

❶県外の女子数を求める

県外高校卒は$2500\times0.4=1000人$

県外の女子は男女比率4：1から$\frac{1}{5}$

県外の女子数　$1000\times\frac{1}{5}=200人$

❷県内の女子数を求める

県内の女子数　$2500\times0.6\times\frac{2}{5}=600人$

（$1500-900=600$でもよい）

❸女子学生のうち県外高校卒の割合を求める

$\frac{200}{600+200}=0.25\to25\%$

問題4(1) … A 24%

❶白色の出荷数を計算する

白色の出荷数は$5000本\times60\%\times40\%=1200本$

❷白色の総出荷数に対する割合を求める

$\frac{1200}{5000}=0.24\to24\%$

(2) … C 1872本

❶増加後の総出荷数を計算する

$5000本\times1.2=6000本$

❷ピンク色の本数を計算する

$6000本\times80\%\times(1-0.4)\times0.65=1872本$

(3) … **F** 52.3%

❶ 従来のピンク色の本数を計算する

5000本×0.6×(1−0.4)×0.65＝1170本

❷ 増加後の本数を計算する

1170＋400＝1570本

❸ 割合を計算する

$\dfrac{1570}{5000 \times 0.6}=0.5233\cdots \rightarrow 52.3\%$

問題5(1) … **D** 24%

❶ 問題文を図にする

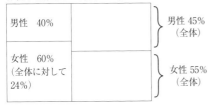

日本人が40%を占め、その60%が女性なので、

0.4×0.6＝0.24　よって24%

(2) … **G** 31%

❶ 全体の女性の割合から、日本人女性の割合を引く

前問(1)から日本人女性は全体の24%で、

全体の女性の割合が55%なので、外国人女性は

55%−24%＝31%

(3) … **C** 600人

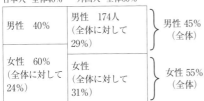

❶ 外国人男性の全体に対する割合を計算する

60%−31%＝29%

❷ 乗客全員の数をxとする

0.29x＝174

x＝174÷0.29＝600人

⑬ 売買損益
日目　練習問題 P.72～73

問題1 … **F** 1300円

❶ 売価を計算する

95円の損になるということは、

1200−95＝1105円が売価となる。

❷ 定価をx円とする

売価は定価の15%引きなので、

x×(1−0.15)＝1105円となる。

x＝1105÷(1−0.15)＝1300円

問題2 … **D** 18円

❶ 仕入れ値を計算する

仕入れ値は150÷(1＋0.25)＝120円

❷ 仕入れ値の1割の利益を得るための売価を計算する

120×(1＋0.1)＝132円で売ることになる。

150−132＝18円引きならば1割の利益となる。

問題3(1) … **E** 9000円の損失

❶ 1個当たりの定価を求める

仕入れの総額は200×500＝100000円

1個当たりの定価は200×(1＋0.3)＝260円

定価で350個売れ、定価での売上総額は、

260×350＝91000円

❷ 利益(損失)を求める

利益(損失)＝売価−原価から

91000−100000＝−9000円

9000円の損失になる。

(2) … **C** 18300円の利益

❶ 定価30%引きの売価を求める

前問(1)より、1個当たりの定価は260円で、

定価の30%引きの売価は、

260×(1−0.3)＝182円

この売価で150個全部売ると、定価で売った額との総売上は、

182×150＋91000＝118300円

利益(損失)＝売価−原価から

118300−100000＝18300円

18300円の利益になる。

問題4 ··· A 120円

❶全体の $\frac{1}{2}$、$\frac{1}{3}$、残りの個数を検討する

全体の $\frac{1}{2}$ は、$180 \times \frac{1}{2} = 90$ 個

全体の $\frac{1}{3}$ は、$180 \times \frac{1}{3} = 60$ 個

残りは、$180 - (90 + 60) = 30$ 個

❷商品1個の原価を x 円とする

90個と60個の売価の合計は

$90 \times x \times \frac{125}{100} + 60 \times x \times \frac{130}{100}$ 円

ここから仕入れ総額を引いた金額が利益になる。

$90 \times x \times \frac{125}{100} + 60 \times x \times \frac{130}{100} - 180x = 1260$

$x = 120$ 円

問題5 ··· E 1800円

Pの仕入れ値を x 円、
Qの仕入れ値を y 円とすると、

$x + y = 3000$ ……①

$0.3x + 0.2y = 780$ ……②

という連立方程式ができる。

$\begin{array}{r} 2x + 2y = 6000 \cdots\cdots ① \times 2 \\ -\underline{)3x + 2y = 7800 \cdots\cdots ② \times 10} \\ x = 1800 \end{array}$

問題6 ··· C 20%

❶原価をA円、定価を原価のP%増しとする

定価は $A(1 + \frac{P}{100})$ 円になる。

この定価の10%引きで売っても原価の8%の利益が出るということから、

$A(1 + \frac{P}{100}) \times (1 - \frac{10}{100}) = A(1 + \frac{8}{100})$

$(1 + \frac{P}{100}) \times \frac{9}{10} = \frac{108}{100}$

両辺に1000を掛けて、

$(100 + P) \times 9 = 1080$

$100 + P = 120$

$P = 20\%$

問題7(1) ··· C 500円

❶定価の2割引きの売価を計算する

$750 \times (1 - 0.2) = 600$ 円

❷原価を x 円として計算式を立てる

600円で販売して、原価の2割の利益が出るから、

$600 - x = 0.2x$

$1.2x = 600$

$x = 500$ 円

(2) ··· E 1200円

❶利益＝売価－原価で計算式を立てる

$800 \times 0.2 = $ 売価 $- 800$　　売価 $= 960$

売価＝定価×（1－割引率）から

$960 = x \times (1 - 0.2)$

$0.8x = 960$

$x = 1200$

(3) ··· F 0.5

❶定価＝原価×（1＋利益率）から前問(2)の値を入れる

$1200 = 800 \times (1 + x)$

$1200 = 800 + 800x$

$800x = 400$

$x = 0.5$

---

⑭ グラフ（領域と不等式）
日目 練習問題 P.76～79

問題1 ··· C adef
❶範囲を調べる

y は x^2 より小さい→放物線 $y = x^2$ より下となる。

問題2 ··· C ace
❶範囲を調べる

y は $x + 2$ より大きい→直線 $y = x + 2$ より上となる。

（別解）不等式に具体的な数値を代入する。代入するのはどの数値でもよいが、分かりやす

く計算しやすいものがよいので、$x=0$、$y=0$を代入してみると、$0<0+2$となり、$y>x+2$とは不等号が逆になってしまう。よって、$x=0$、$y=0$の点は$y>x+2$の領域に含まれないことが分かるので、グラフの直線よりも、上側の領域を表すことが分かる。

問題3 … A ア
❶範囲を調べる
領域①は放物線よりも下にあるので、
ア：$y<-x^2+2$
直線よりも上にあるので、イ：$y>x$
y軸よりも右にあるので、ウ：$x>0$
よって、右開きの不等号がつくのはアだけとなる。

問題4 … F ⑤
❶範囲を調べる

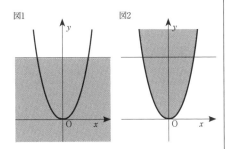

図1　図2

$y<4$は、図1の赤い部分を表す。
$y>x^2$は、図2の赤い部分を表す。
よって、求める領域は、これらの共通部分を表すから、⑤の領域となる。

問題5（1）… A ア
❶それぞれの式をグラフに書き込み領域を求める

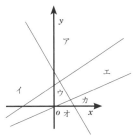

$y>x+3$はアイの領域を示す
$y>-x+5$はアエカの領域を示す
$y>\dfrac{1}{2}x$はアイウエの領域を示す
よって共通部分はアとなる。

（2）… A ①
❶それぞれの式をグラフに書き込み領域を求める
上記左開きの不等号は以下の領域を示している。
①$y>x+3$はアイの領域を示す。
②$y>-x+5$はアエカの領域を示す。
③$y>\dfrac{1}{2}x$はアイウエの領域を示す。
②と③はエを含んでいるが、①は含んでいない。
よって、$y<x+3$に変えるとウエオカに領域は変わり、共通部分がエになる。

問題6（1）… E ②と③
❶それぞれの式をグラフに書き込み領域を求める
①ウは$y=|x|-3$よりyが小さい領域で$y<|x|-3$
　右開きの不等号。
②ウは$x=-3$よりyが大きい領域で$x>-3$
　左開きの不等号。
③ウは$y=\dfrac{1}{2}x$よりyが大きい領域で$y>\dfrac{1}{2}x$
　左開きの不等号。

よって正解はEとなる。

（2）… C キ

❶それぞれの式をグラフに書き込み領域を求める

$y<x-3$はウオカキクの領域を示す。

$x<-3$はアキカキの領域を示す。

$y<\frac{1}{2}x$エオキクの領域を示す。

よって共通部分はキ。

問題1（1）… A ア

❶点bと点eの共通点を探す

点bはソフトAが5時間、ソフトBが10時間、
点eはソフトAが5時間、ソフトBが20時間、
共通点はソフトA≧5時間。

よって条件アのソフトAが5時間以上に該当する。

（2）… D エ

❶点dと点eの共通点を探す

点dはソフトAが10時間、ソフトBが20時間、
点eはソフトAが5時間、ソフトBが20時間、
共通点はソフトB＝20時間。

よって条件エのソフトBが20時間以下に該当する。

（3）… D 点cと点d

❶ソフトAあるいはソフトBどちらかが最高時間の時にソフトA＋ソフトB≦30時間となる点を探す

条件オはソフトAとソフトBの合計時間は30時間以下にすること。

点cはソフトAが最高の15時間でソフトBも15時間、合計30時間、
点dはソフトBが最高の20時間でソフトAが10時間、合計30時間。
両者の最高時間のとき、もう1つは合計30時間を守るため時間を順次減少させている。
共通点はソフトA＋ソフトB＝30時間。よって点cと点dでつくる直線は条件オとなる。

（4）… B 点aと点e

❶点fにおけるソフトAとソフトBの合計時間を求める

点fはソフトAが12時間、ソフトBが13時間、合計25時間。

❷同じ合計25時間の点を探す

点aはソフトAが15時間でソフトBは10時間、合計25時間。
点eはソフトAが5時間でソフトBは20時間、合計25時間。
よって正解はB。

（5）… E 点cと点d

❶点a～eそれぞれの合計金額を計算する

点aはソフトAが15時間でソフトBは10時間より、
$15×1000=15000$、$10×1500=15000$で合計30000円となる。
点bはソフトAが5時間でソフトBは10時間より、
$5×1000=5000$、$10×1500=15000$で合計20000円となる。
点cはソフトAが15時間でソフトBは15時間より、
$15×1000=15000$、$15×1500=22500$で合計37500円となる。
点dはソフトAが10時間でソフトBが20時間より、
$10×1000=10000$、$20×1500=30000$で合計40000円となる。
点eはソフトAが5時間でソフトBは20時間より、
$5×1000=5000$、$20×1500=30000$で合計35000円となる。

問題2(1) … E オ

❶2つの点の部品A、Bの個数を数えて、その共通点からどの条件による直線なのかを検討する

点aの個数は部品Aが18個、部品Bが22個
点bの個数は部品Aが11個、部品Bが15個
よって両方とも部品Bと部品Aの差が4になっており、条件オに該当する。

(2) … D 5000円

❶点fにおける部品A、Bの個数を出す

部品Aが15個×200円＝3000円
部品Bが25個×80円＝2000円
合計5000円。
よって答えはD。

(3) … I 点bと点cと点e

❶部品A12g、部品B10gの重量を各点の個数に入れて合計重量を計算する

点fの重量
部品Aが15個×12g＝180g
部品Bが25個×10g＝250g　　　合計430g
点b・c：A、B部品とも点fより少なく、計算を行わなくても必ず軽い。
点d：A、B部品とも点fより多く、計算を行わなくても必ず重い。
点a：部品Aが18×12＝216g
　　　部品Bが22×10＝220g　　　合計436g
点e：部品Aが5×12＝60g
　　　部品Bが30×10＝300g　　　合計360g
よって点b、c、eになる。

(4) … C

❶部品A、Bそれぞれの上限個数で計算した際、＝40となる点を探す

Aの数は18個が上限で、そうするとBは22個になり、Bの数は30個が上限でAは10個にしなければ条件カに合致しない。
グラフの点dでは合計48個で、条件カを満たさないことが分かる。

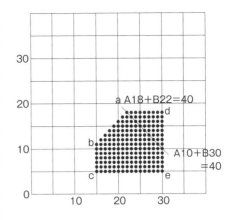

問題3(1) … E オ

❶点aとbのりんごとみかんの個数を求める

点aの個数はりんごが15個、みかんが15個
点bの個数はりんごが12個、みかんが12個
両点とも同じ個数だと分かる。よって、示すは条件オのりんごの数はみかんの個数以下にするという条件の境界線を表すことが分かる。

(2) … F カ

❶点dとeのりんごとみかんの個数を求める

点dの個数はりんごが15個、みかんが17個
点eの個数はりんごが12個、みかんが20個
両点とも合計が32個で、条件カ、りんごとみかんの合計は32個以下にすることの境界線であることが分かる。

(3) … E 点e

❶すべての点を計算するのではなく、2番目に高い点を求める

個数の一番多い点dと点eのどちらかが1番でどちらかが2番になる。
点d　りんご　15×120＝1800円、
みかん17×80＝1360円　　　合計3160円
点e　りんご　12×120＝1440円、
みかん20×80＝1600円　　　合計3040円
よって点e。

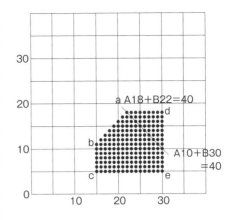

a A18＋B22＝40
A10＋B30 ＝40

（4）… E

❶条件キの「りんごとみかんの合計を22個以上とする」を加えて範囲外になる点を探す

一番少ない点cは合計17個で22個を下回っている。りんごは最低5個で22個以上にするにはみかんは17個必要。みかんは最低12個でりんごが10個必要。よって以下の図の線が新しい境界線になる。

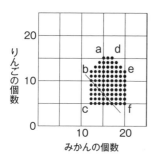

りんごの個数 / みかんの個数

16 日目 経路と比率
練習問題 P.88〜89

問題1（1）… A ア

❶Qに集まる2ルートの1番近いOとPで表現する

$Q = cP + aO$

❷経由（後ろがある）OとPを別の表現に替える

$Q = \dfrac{cP}{dR} + \dfrac{aO}{bS}$

よってcdR+aO　アは正解。

イ　$Q = abS + cP + dR$はdRが不要。Pに替え、dRはよいが、cPが前にあり重複して間違い。

ウ　$Q = cP + abO$はOに後ろの比率bをかけており、間違い。cP+abSまたはcP+aOであれば正解。

（2）… A 15％

❶S社からの出荷はabSで表現される

比率を代入すると0.3×0.5＝0.15

よって15％

問題2（1）… C ウ

❶Qに集まる3ルートの1番近いP・R・Sで表現する

$Q = bP + eR + aS$

❷経由（後ろがある）P・R・Sを別の表現に替える

$Q = \dfrac{bP}{cO} + \dfrac{eR}{dO} + \dfrac{aS}{fR}$

よって、Q＝bc0+edO+afRが成り立つ。

ア　$Q = afR + eR + bcP$はPに後ろの比率cを掛けており、間違い。afR+eR+bPまたはafR+eR+bcOであれば正解になる。

イ　$Q = bP + cO + eR + aS$は、cOが不要で間違い。

ウ　$Q = (bc + afd + ed)O$を展開する。Q＝bcO+afdO+edO　3ルートが表現されており、正解。

（2）… B 37.5％

❶O社からQ社への出荷のルートをa〜fで表現する

O社からの出荷は3ルートすべてに絡んでいる。bcO+edO+afdOで表現されている。

❷比率を代入する

0.3×0.5＋0.3×0.5＋0.3×0.5×0.5＝0.375

よって、37.5％

（3）… F 400％

❶S社を経由するルートと経由しないルートを検討する

O社から出荷される商品のうちS社を経由するのはafdOの1ルート。経由しないのはbcOとedOの2ルートである。

❷それぞれの算式に比率を入れる

S社を経由する　0.3×0.5×0.5＝0.075
S社を経由しない　0.3×0.5＋0.3×0.5＝0.3
その比率は、0.3÷0.075＝4
よって、400％

17日目 分割払い
練習問題 P.92〜93

問題1 … A $\frac{2}{5}$

❶旅行直前までの支払額を計算する

$$\frac{4}{15}+\frac{1}{3}=\frac{4}{15}+\frac{5}{15}=\frac{9}{15}=\frac{3}{5}$$

旅行前の支払額 $\frac{3}{5}$	残金 $1-\frac{3}{5}$

全体（総額）を1と考える

❷旅行残金は全体の1から引く

$$1-\frac{3}{5}=\frac{5}{5}-\frac{3}{5}=\frac{2}{5}$$

求める値はその残金の総額に対する割合。
総額は1だから1で割っても変わらない。

$$\frac{2}{5}\div 1=\frac{2}{5}$$

問題2(1) … C $\frac{7}{9}$

❶旅行直前までの支払額を計算する

$$\frac{2}{15}+\frac{2}{15}\times\frac{2}{3}=\frac{6}{45}+\frac{4}{45}=\frac{10}{45}=\frac{2}{9}$$

❷旅行残金を計算する

$$1-\frac{2}{9}=\frac{7}{9}$$

求める値はその残金の総額に対する割合。
総額は1だから $\frac{7}{9}\div 1=\frac{7}{9}$

(2) … E 4倍

❶旅行直前までの支払額を計算する

$$\frac{2}{15}+\frac{1}{3}=\frac{2}{15}+\frac{5}{15}=\frac{7}{15}$$

❷残金を計算する

$$1-\frac{7}{15}=\frac{8}{15}$$

求める値はその残金の契約時支払額に対する割合。

$$\frac{8}{15}\div\frac{2}{15}=\frac{8}{15}\times\frac{15}{2}=\frac{8}{2}=4$$

問題3(1) … D $\frac{3}{40}$

❶残金を求めて計算する

均等払いにする残金は全体の1から
頭金を引き算して　$1-\frac{1}{4}=\frac{3}{4}$

その残金 $\frac{3}{4}$ を10で割る。

$$\frac{3}{4}\div 10=\frac{3}{4}\times\frac{1}{10}=\frac{3}{40}$$

(2) … D $\frac{9}{20}$

❶均等払いを4回終えた時点の、均等払いした総額を計算する

$$\frac{3}{40}\times 4=\frac{12}{40}=\frac{3}{10}$$

❷頭金と均等払いで支払った金額の合計額を計算する

$$\frac{1}{4}+\frac{3}{10}=\frac{5}{20}+\frac{6}{20}=\frac{11}{20}$$

残金は$1-\frac{11}{20}=\frac{9}{20}$

問題4(1) … D $\frac{13}{20}$

❶手付金の総額に対する割合を求める

購入総額の $\frac{1}{4}$ を手付金として支払い、受け渡し時の初回の支払額はその手付金の $\frac{2}{5}$ なので手付金の総額に対する割合は

$$\frac{1}{4}\times\frac{2}{5}=\frac{1}{10}$$

❷全体から引く

支払い後の残高は購入総額のどれだけかを求めるので、全体から引くことで計算できる。

$$1-\left(\frac{1}{4}+\frac{1}{10}\right)=\frac{13}{20}$$

(2) … C $\frac{37}{50}$

❶全体に対する1回当たりの額を求める

前問（1）の解答から、受け渡し時の支払い後の残高は全体に対して $\frac{13}{20}$ 残っている。

その額を20回の均等払いにすると、1回当たりの額は全体に対して

$$\frac{13}{20} \times \frac{1}{20} = \frac{13}{400}$$

❷分割払いの額を求める

12回分の支払った後の全体に対する割合を求める。

$$\frac{13}{400} \times 12 = \frac{156}{400} = \frac{39}{100}$$

❸合計する

受け渡し時までの支払い額 $\frac{7}{20}$ と合計して、

$$\frac{7}{20} + \frac{39}{100} = \frac{35}{100} + \frac{39}{100} = \frac{74}{100} = \frac{37}{50}$$

18日目 記号
練習問題 P.96〜97

問題1 … F 1500円
❶採用時の時給を計算する

$k(0) = 1200$

❷1年後の時給を計算する

$k(1) = \underline{k(1-1)} + 10 \times 1 + 80$
　　　　↳$k(0) = 1200$より

$k(1) = 1200 + 10 + 80 = 1290$円

❸2年後の時給を計算する

$k(2) = \underline{k(2-1)} + 10 \times 2 + 80$
　　　　↳$k(1) = 1290$より

$k(2) = 1290 + 20 + 80 = 1390$円

❹3年後の時給を計算する

$k(3) = \underline{k(3-1)} + 10 \times 3 + 80$
　　　　↳$k(2) = 1390$より

　　　$= 1390 + 30 + 80$

　　　$= 1500$円

問題2 … E 1350円
❶問題1を参考にする

問題1から $k(3) = k(2) + 110$ ……①

この金額が1650円だから

$k(2) = k(1) + 100$ を①に代入する。

$k(1) + 100 + 110 = 1650$ ……②

$k(1) = k(0) + 90$ を②に代入する。

$k(0) + 90 + 100 + 110 = 1650$

$k(0) = 1650 - 300 = 1350$円

問題3 … B 52個
❶初めの個体数を考える

初めの個体数 $f(0)$ は2なので

$f(0) = 2$ ……①

❷1年後の個体数を計算する

1年後はnを1として

$f(1) = 3f(1-1) - f(1-3)$

$f(1) = 3f(0) - f(-2)$ となり、

$f(-2)$ は0として計算する。

従って $f(1) = 3f(0) - 0$ になる。

また、①より $f(0) = 2$ を代入して、$f(1) = 3 \times 2 - 0$

計算結果　$f(1) = 6$ ……②

❸2年後の個体数を計算する

2年後はnを2として

$f(2) = 3f(2-1) - f(2-3)$

$f(2) = 3f(1) - f(-1)$ となり、

$f(-1)$ は0として計算する。

従って $f(2) = 3f(1) - 0$ になる。

②より、$f(1) = 6$

$f(2) = 3 \times 6$

計算結果　$f(2) = 18$ ……③

❹3年後の個体数を計算する

3年後はnを3として

$f(3) = 3f(3-1) - f(3-3)$

$f(3) = 3f(2) - f(0)$ となり、③より $f(2) = 18$、

①より $f(0) = 2$ を代入して

$f(3) = 3 \times 18 - 2$

計算結果　$f(3) = 52$

従って3年後の個体数は52個。

問題4 … B 16個
❶与式より f(1)、f(2) を求める

$f(1) = 3f(1-1) - f(1-3)$

問題文より $f(-2)$ は0とする。

$f(1) = 3f(0)$ ……①

$f(2) = 3f(2-1) - f(2-3)$

問題文より $3f(1)$ に①を代入。

$f(2) = 3f(1)$ ……②

❷3年後の個体数から最初の個体数を計算する

3年後は、$f(3)=3f(3-1)-f(3-3)$
$$=3f(2)-f(0)$$

②を代入する。

$f(3)=3\times3f(1)-f(0)$
$$=3\times9f(0)-f(0)$$
$$=27f(0)-f(0)$$
$$=26f(0)$$

これが416なので、

$26f(0)=416$
$$f(0)=16$$

問題5 … E 5年後

❶順次式に代入して計算する

Aは2年前から働いているので、$k(0)=1000$

$k(1)=k(1-1)+10\times1+80=1090$

順次式に代入して求めていく。

❷AとBの時給を比較する

A採用から2年後

A：$k(2)=k(2-1)+10\times2+80=1190$

B：$k(0)=1150$

A採用から3年後

A：$k(3)=k(3-1)+10\times3+80=1300$

B：$k(1)=k(1-1)+10\times1+80=1240$

A採用から4年後

A：$k(4)=k(4-1)+10\times4+80=1420$

B：$k(2)=k(2-1)+10\times2+80=1340$

A採用から5年後

A：$k(5)=k(5-1)+10\times5+80=1550$

B：$k(3)=k(3-1)+10\times3+80=1450$

よって時給が100円差になるのは5年後である。

問題6(1) … F 525個

❶3年後の個体数を求めるので、$f(3)$ を計算する

$f(3)=3f(3-1)-f(3-2)$
$$=3f(2)-f(1)\quad\cdots\cdots①$$

❷数値を求めるためには$f(2)$、$f(1)$ の値が必要なため、同様にして求める

$f(2)=3f(2-1)-f(2-2)$
$$=3f(1)-f(0)$$
$$=3f(1)-25(問題よりf(0)=25のため)\quad\cdots\cdots②$$

$f(1)=3f(1-1)-f(1-2)$
$$=3f(0)-f(-1)$$
$$=3\times25-0$$
$$=75\quad\cdots\cdots③$$

❸3年後の個体数を計算する

③を②に代入し、

$f(2)=3\times75-25=200\quad\cdots\cdots②'$

③、②'を①に代入し、

$f(3)=3\times200-75=525$

(2) … E 20個

❶式で表す

3年後の個体数が420個なので、

$f(3)=3f(2)-f(1)=420$と表すことができる。

❷3年後の個体数から最初の個体数を計算する

(1)より、$f(2)=3f(1)-f(0)$、$f(1)=3f(0)$なので、これを前述の式に代入して、$f(0)$に変化させる。

$3\{3f(1)-f(0)\}-3f(0)=420$

$9f(1)-3f(0)-3f(0)=420$

$27f(0)-6f(0)=420$

$21f(0)=420$

$f(0)=20$

19日目 ブラックボックス
練習問題 P.100~103

問題1 … C 49

❶問題の例よりP装置とQ装置の規則を調べる

P装置は$3\times3+1=10$のように3倍して1を加える装置。

Q装置は$3\times2+2=8$のように2倍して2を加える装置（または1を加えて2倍）。

❷問題のPとQをつないだ場合の数を確認する

$$2 \rightarrow \boxed{P} \rightarrow \boxed{Q} \rightarrow \boxed{P} \rightarrow X$$
$$\qquad\quad 7 \qquad 16 \qquad 49$$

問題2 … F 6

❶問題の例よりP装置とQ装置の規則を調べる

P装置……入力した数を3倍して1を加えた数が
出力される。

Q装置……入力した数を2倍して2を加えた数、
または1を加えて2倍した数が出力さ
れる。

❷各装置での出力前の数を順を追って確認する

$Y \rightarrow \boxed{Q} \rightarrow \boxed{P} \rightarrow \boxed{P} \rightarrow 130$
$\quad C \qquad B \qquad A$

A×3+1=130であるから、
A＝(130−1)÷3=43となる。
B×3+1=43であるから、
B＝(43−1)÷3=14となる。
C×2+2=14であるから、C＝(14−2)÷2=6となる。

問題3 … A ア だけ

❶問題の例よりP装置、Q装置、R装置の規則を整理する

P装置→0を入力すると1に、1を入力すると0になる→逆を出力

Q装置→どちらか一方が0の場合は0となる。2つとも1の場合は1になる→小を出力

R装置→どちらか一方が1の場合は1となる。2つとも0の場合は0になる→大を出力

❷ア、イ、ウの場合のYの数値を確認する

【アの場合】

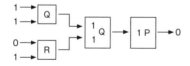

【イの場合】

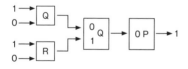

【ウの場合】

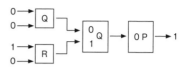

問題4 … D ア と イ

❶装置の変化を記号化する

P装置→0を入力すると1に、1を入力すると0になる→逆を出力(0→1、1→0)

Q装置→どちらか一方が0の場合は0となる。2つとも1の場合は1になる→小を出力

R装置→どちらか一方が1の場合は1となる。2つとも0の場合は0になる→大を出力

❷各装置の変化を記入し、数値を入れて変化させ計算する

【アの場合】

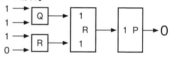

【イの場合】

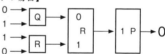

【ウの場合】

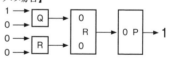

問題5 … E ア と ウ

❶問題の例よりP装置とQ装置の規則を調べる

装置Pは、

8+5=13→3

13+2=15→5

−3+1=−2

つまり、両者の和の1の位の数を出す装置。

装置Qは、

$8 \times 3 = 24$

$2 \times (-9) = -18$

つまり、両者を掛ける装置。

❷装置に数値を入れる

【アの場合】

$6 + 7 = 13 \rightarrow 3$

$-5 \times 0 = 0$

$3 \times 0 = 0$　Rに0を入れると0

【イの場合】

$-3 + 0 = -3$

$-1 \times (-3) = 3$

$-3 \times 3 = -9$　Rに−9を入れると−1

【ウの場合】

$-6 + 6 = 0$

$4 \times 4 = 16$

$0 \times 16 = 0$　Rに0を入れると0

20日目 フローチャート
練習問題 P.106〜109

問題1(1) … F X＝5　M＝3

❶問題の数値、X＝41、Y＝12で考えていく

1回目の判断は41＞12なので「いいえ」

$\rightarrow 41 - 12 = 29$（新しいX）、M＝0＋1＝1

2回目の判断は29＞12で「いいえ」

$\rightarrow 29 - 12 = 17$（新しいX）、M＝1＋1＝2

3回目の判断は17＞12で「いいえ」

$\rightarrow 17 - 12 = 5$（新しいX）、M＝2＋1＝3

4回目の判断は5＜12で「はい」

$\rightarrow$X＝5、M＝3が出力される。

(2) … F X＝30　M＝6

❶問題の数値X＝540、Y＝85で考えていく

最初の判断は540＞85なので「いいえ」

$\rightarrow 540 - 85 = 455$

2回目の判断は445＞85なので「いいえ」

$\rightarrow 455 - 85 = 370$

3回目の判断は370＞85なので「いいえ」

$\rightarrow 370 - 85 = 285$

4回目の判断は285＞85なので「いいえ」

$\rightarrow 285 - 85 = 200$

5回目の判断は200＞85なので「いいえ」

$\rightarrow 200 - 85 = 115$

6回目の判断は115＞85なので「いいえ」

$\rightarrow 115 - 85 = 30$

7回目の判断は30＜85で「はい」

「いいえ」と判断したのは6回だからM＝6

従って、X＝30、M＝6が出力される。

問題2 … G ア 900≦p

　　　　　　 イ 700≦p

❶問題での「以上」と「未満」に注意しながら選択肢を検討する

問題の図において、＜円形＞は判断を示し、＜四角形＞は作業内容を示している。

この問題はフローチャートの基本的な問題。アの判断では、前月の売上が900万円以上であるか（はい）、900万円未満であるか（いいえ）を見る。「以上」というときには、その数も含む（「未満」では、その数は含まれない）。

次に判断イにおいて、さらに前月の売上金額が700万円以上か、700万円未満であるかを調べる。選択肢において、900万円の項が＞または＜とされているB・D・F・Hは消す。説明文に「900万円以上は…」とあることに注目する。

次に、900万円以上であるか否かを判断するため、A・Eは消す。

よって、この両方を満たすGが正解となる。

問題3 … D ア…N−300　イ…N

❶各チャートの式が問題文のどの箇所を示しているかを把握する

問題文の3にあるように、購入総数Nが300を超えると300冊を超えた冊数分は2割引き（$0.8 \times$定価）となる。

[ア] は300冊を超えた冊数分なので、算式に直すとN−300である。

次に、[イ] について、N＞100に対して、"No"ということはNが100以下であることを意味する。Nが100以下のときは、その定価$x \times$購入総数Nがノートの購入総額Mとなる。

問題4(1) … **F** Y2　38162円

❶N=25830としてフローチャートを確認する

使用枚数25830枚は最初の判断(N＞20000)がYesで、次の判断(N＞30000)はNoで、Y2の箇所に出力。

金額は

$30000＋(25830－20000)×1.4＝38162$円

(2) … **C** N－30000

❶xの計算箇所が何を示しているかを把握する

xの計算箇所はN＞30000の判断がYes、料金計算は3段階である。

定額30000円＋20000枚超30000枚までの10000枚が1.4円の計算。残りの30000枚超の枚数×1.2円の計算をするので

$(N－30000)×1.2$円となる。

問題1 … **E** 13人

❶大人の人数をx人、子供の人数をy人として、連立方程式を立てる

$$\begin{cases} x+y=19 & \cdots\cdots① \\ 1800x+700y=19900 & \cdots\cdots② \end{cases}$$

①×1800－②

$$\begin{aligned} 1800x+1800y&=34200 \\ -)\underline{1800x+\ 700y}&\underline{=19900} \\ 1100y&=14300 \\ y&=13人 \end{aligned}$$

問題2 … **B** 8枚

❶50円の切手の枚数をx枚、80円の切手の枚数をy枚として、連立方程式を立てる

$$\begin{cases} x+y=30 & \cdots\cdots① \\ 50x+80y=2160 & \cdots\cdots② \end{cases}$$

①×80－②

$$80x+80y=2400$$

$$\begin{aligned} -)\underline{50x+80y}&\underline{=2160} \\ 30x&=240 \\ x&=8枚 \end{aligned}$$

問題3 … **C** ボールペン 14本
　　　　　　　ノート 16冊

❶ボールペンの本数をx本、ノートの冊数をy冊として、連立方程式を立てる

$$\begin{cases} x+y=30 & \cdots\cdots① \\ 50x+100y=2300 & \cdots\cdots② \end{cases}$$

①から$y=30－x$　……③

③を②に代入して、$50x+100(30-x)=2300$

$50x=700$　$x=14$

$x=14$を③に代入して、$y=16$

問題4 … **B** 6個

❶クッキーの個数をx個として計算する

$$600x+450(20-x)\leqq10000$$

$$600x-450x+9000\leqq10000$$

$$150x\leqq1000$$

$$x\leqq6\frac{2}{3}$$

クッキーは6個まで買うことができる。

問題5 … **D** 16人

❶8歳の生徒の人数をx人として計算する

9歳の生徒の人数は$(50-x)$人となる。

従って、$8x+9(50-x)=434$となり

$x=16$人

問題6　**C** 24

❶3つの偶数を$a＝n-2$、$b＝n$、$c＝n+2$(nは正の偶数)として計算する

$(n-2)^2+n^2=(n+2)^2$

整理すると　$n(n-8)=0$　となる。

nは正の偶数であることから、$n=8$

よって、$6+8+10=24$

問題7 … **A** 297本

❶クラスの人数をx人とし、鉛筆の本数に注目して方程式を立てる

7本ずつ配ったときの鉛筆の本数は$7(x-1)+3$本

5本ずつ配ったときは$5x+82$本
用意した鉛筆の本数に変わりはないから
$7(x-1)+3=5x+82$
$x=43$人
❷鉛筆の本数は方程式の右辺に代入する
$5×43+82=297$本となる。

問題8 … D 23個
❶500円玉の個数をx個、100円玉の個数をy個として計算する
100円玉は500円玉より11個多いので、
$y-x=11$ ……①
金額について、
$500x+100y=8300$ ……②
①から $x=y-11$
②に代入してyを計算する。
$500(y-11)+100y=8300$
$600y=8300+5500$
$600y=13800$ $y=23$個
従って、100円玉の個数は23個である。

問題9 … A 11人
❶参加した大人の人数をx人として計算する
$2000x+1000(68-x)<80000$
両辺を1000で割る。
$2x+68-x<80$
$x<80-68$
$x<12$
大人の数は12人より少ないと分かる。

問題10 … E 100人
❶男子生徒の人数をx人、女子生徒の人数をy人、教師・保護者の男性の人数をz人として計算する
問題文から、
$x+z=160$ ……①
$x+y+z+20=400$ ……②
$x+y=4(z+20)$ ……③
③を②に代入
$4(z+20)+z+20=400$
$4z+80+z+20=400$ $z=60$ ……④
④を①に代入

$x+60=160$ $x=100$人
以上より、男子生徒の数は100人となる。

問題1 … A $\frac{4}{75}$

❶AとBの仕事量を計算する

<基本公式>
全体の仕事量を1とした場合の
1時間の仕事量 = $\dfrac{1}{仕事時間}$
全体の仕事時間 = $1÷\dfrac{1}{仕事時間}$

全体の仕事量を1とすると、
Aがする1日当たりの仕事量は $\dfrac{1}{50}$
Bがする1日当たりの仕事量は $\dfrac{1}{30}$

❷AとBの仕事量を足す
A、Bが一緒に仕事をするので、
$\dfrac{1}{50}+\dfrac{1}{30}=\dfrac{8}{150}=\dfrac{4}{75}$

問題2 … C 4日

❶AとBの1日当たりの仕事量を計算する

全体の仕事量を1とすると、Aは1日当たり$\dfrac{1}{5}$、
Bは1日当たり$\dfrac{1}{8}$の仕事をすることになる。

❷AとBの1日当たりの仕事量を足す
2人一緒だと1日当たり
$\dfrac{1}{5}+\dfrac{1}{8}=\dfrac{13}{40}$ の仕事をする。

❸かかる日数を計算する
$1÷\dfrac{13}{40}=1×\dfrac{40}{13}=3\dfrac{1}{13}$日
なので、4日かかる。

問題3 … E 8時間

❶甲と乙の1時間の仕事量を計算する

全体の仕事量を1とした場合

甲1時間の仕事量は$\frac{1}{6}$、乙は$\frac{1}{12}$

❷甲が2時間行った仕事量を計算する

甲1人で2時間行った仕事量は

$2 \times \frac{1}{6} = \frac{1}{3}$

❸残り乙が行った仕事時間を計算する

$\frac{2}{3}$を乙が1人ですると、

$\frac{2}{3} \div \frac{1}{12} = 8$時間

問題4 … D 12日

❶甲の日数を計算する

全体の仕事量を1とすると、甲の1日当たりの仕事量は$\frac{1}{10}$である。

全体の$\frac{3}{5}$の仕事を甲1人でしたので、

$\frac{3}{5} \div \frac{1}{10} = 6$日間は甲1人で働いた。

❷乙の1日当たりの仕事量を計算する

2人一緒だと1日当たり$\frac{1}{6}$なので、

乙1人の1日当たりの仕事量は

$\frac{1}{6} - \frac{1}{10} = \frac{1}{15}$となる。

❸乙の日数を計算し、①と足す

残りの$1 - \frac{3}{5} = \frac{2}{5}$の仕事を乙1人でするには

$\frac{2}{5} \div \frac{1}{15} = 6$日かかる。

全部では$6 + 6 = 12$日となる

問題5 D 6.25日

❶日数をxとする

仕事を終わらせるのにかかった日数をx日とすると、

甲は$(x-2)$日、乙は$(x-1)$日、丙は$(x-1)$日働いたことになる。

よって、

$\frac{1}{20}(x-2) + \frac{1}{12}(x-1) + \frac{1}{15}(x-1) = 1$

$x = 6.25$

問題6 … C 24人

❶1人当たりの1日の仕事量を計算する

$\frac{1}{18} \times \frac{1}{12} \times \frac{1}{3} = \frac{1}{648}$

❷必要な人数をx人にして計算する

1人当たりの仕事量と残り日数、残りの仕事量から、残りの仕事を終わらせるのに必要な人数をx人とすると、

$x \times \frac{1}{648} \times 18$日$= \frac{2}{3}$

$x = \frac{72}{3} = 24$人

問題7 … D 3時間40分

❶A管の給水量を毎時xキロリットル、B管の給水量を毎時yキロリットルとして計算する

$$\begin{cases} 4x + 3y = 30 \\ 3x + 5y = 30 \end{cases}$$

$x = \frac{60}{11} \quad y = \frac{30}{11}$

❷満水になるまでの時間をz時間として計算する

$\frac{60}{11}z + \frac{30}{11}z = 30$

$z = 3\frac{2}{3}$時間　　　よって、3時間40分

問題8 … E 25人

❶仕事量を計算する

1人が1日でする仕事量を1とすると10人が14日間でした仕事量は、$10 \times 14 = 140$

全体の仕事量は、$140 \div \frac{2}{5} = 350$

従って、これからしなければならない仕事量は、$350 - 140 = 210$

❷増やす人数をx人として計算する

$(10+x)×(20-14)=210$

$x=25$人

問題9 … E 34人
❶仕事量を計算する

14人が16日間にした仕事量は、$14×16=224$

全体の仕事量は、$224÷\dfrac{1}{4}=896$

従って、これからしなければならない仕事量
は　$896-224=672$
❷増やす人数をx人として計算する

$(14+x)×(30-16)=672$

$x=34$人

23日目 年齢算
練習問題 P.120

問題1　B 6倍
❶両親の年齢の和をx歳、子供の年齢をy歳
として計算する

$\begin{cases} x=8y \\ x-(2×4)=14(y-4) \end{cases}$

$x=64$、$y=8$

よって、4年後には

$(64+2×4)÷(8+4)=6$倍

問題2　A 6年後
❶x年後のそれぞれの年齢を計算する

父：$(40+x)$歳　母$(38+x)$歳

子：$(11+x)$歳　子$(7+x)$歳

$(40+x)+(38+x)=3\{(11+x)+(7+x)\}$

$x=6$

問題3　B 19歳
❶父親の年齢から弟の年齢を計算する

父親の年齢は42歳であり、4年後には46歳にな
る。このときの弟の年齢は父親の$\dfrac{1}{2}$なので、

$46×\dfrac{1}{2}=23$歳になっている。

この4年前の年齢を求めるのだから、

$23-4=19$歳である。

問題4　A 6年後
❶父の年齢をx歳、母の年齢をy歳、息子の
年齢をz歳として計算する

$x=y+4$ ……①

$x+8=2(z+8)$ ……②

$y-9=3(z-9)$ ……③

①を②に代入：$y=2z+4$ ……④

④を③に代入：$z=22$ ……⑤

⑤を②、④へそれぞれ代入すると、

$x=52$歳、$y=48$歳

❷父と母の年齢の和が息子の年齢の4倍にな
るのをa年後として計算する

$(52+a)+(48+a)=4(22+a)$

よって$a=6$年後

問題5　E 45歳
❶両親の年齢の和を計算する

両親の年齢の和が、3人の子供たちの年齢の和
より26大きいのだから、両親の年齢の和は73
+26＝99歳となる。

❷和が等しくなるのをx年後として計算する

$99+2x=73+3x$

$x=26$年後

❸次男の年齢を現在y歳として計算する

$(y+9)+(y+7)+y=73$

$3y=57$　$y=19$歳

26年後であるので、$19+26=45$歳となる。

24日目 同意語
練習問題 P.123〜125

問題1 … B 思惑
(例)の「遺憾」と「残念」はともに、心残りがして、不本意なことの意味の同意語である。「意図」は、何かをしようと考えていることで、同じ意味はBの「思惑（おもわく）」である。「相手の意図（＝思惑）をくんで対応する」などと使われる。Cの「意志」は、あることを行いたい（または行いたくない）という気持ちを表す。「意図」「思惑」が、計画する事柄の内容を表すのに対して、「意志」は、それを実行しようという気持ちを表す。

問題2 … D 確執
(例)の「倹約」と「節約」は、無駄を省いて出費をできるだけ少なくするという意味の同意語。「反目」は、仲が悪く、にらみ合いの状態にあることで、Dの「確執」が最も意味が近い。

問題3 … B 合点
(例)の「示唆」と「暗示」は、それとなくほのめかしたり知らせたりするという意味の同意語。「納得」は、他人の考えや行動を十分に理解して得心することで、同意語はBの「合点」である。

問題4 … E 賛成
(例)の「故国」と「祖国」はともに、自分の国を指す同意語である。「支持」は、その人の思想・行動・政策・意見などに賛成して後押しをすること。Aの「仲間」は、一緒に物事をする人、同じ種類に属するもの。Bの「反対」は、方向・位置・順序などが逆であること。Cの「異議」は、ほかと違う意見・議論、特に反対や不服の意見、異論。Dの「自賛」は、自分で自分をほめること。Eの「賛成」は、他人の意見や提案などを良いと認めて同意すること。

問題5 … C 拘束
(例)の「消極」と「受動」は同意語の関係である。「束縛」は、動き・働きの自由に制限を加えることという意味なので、同意語はCの「拘束」である。Aの「収束」は、いろいろと分かれていたものが、まとまること。Bの「捕縛」は、捕えて縛り上げること。Dの「緊縮」は、引き締まる、引き締めること。Eの「拘引」は、強制的に警察、裁判所などに連れていくこと。

問題6 … D 丁寧
(例)の「傑出」と「卓越」はともに、ほかのものより、ずば抜けて優れていることという意味の同意語である。「親切」の同意語はDの「丁寧」である。いずれも動作や態度に心がこもっている状態を表す。Aの「落胆」は、気落ちしてがっかりすること。

問題7 … E 懸念
(例)の「忍耐」と「我慢」は、いずれもこらえ、耐え忍ぶという意味の同意語である。「心配」とEの「懸念」は、いずれもある事柄を気掛かりに思うことを表す同意語である。Aの「懸案」は、問題とされながらまだ解決していない事柄という意味。

問題8 … A 安価
(例) の「容易」と「簡単」は、いずれも物事が易しく、手軽なことという意味で、同意語の関係である。「廉価」の同意語はAの「安価」で、いずれも、ものの値段が安いという意味である。Bの「時価」は商品などのその時々の市場価格。Cの「声価」は世間の評価、Dの「平価」は各国貨幣の対外価値を示す基準値。Eの「市価」は商品が市場で売買されるときの値段

問題9 … C 合格
(例)の「衰微」と「衰退」は、いずれも衰えていくという意味で、同意語である。「及第」は試験に合格するという意味で、同意語はCの「合格」である。Aの「次第」は、現在に至るまでの物事のたどった筋道・事情のこと。Bの「競合」は、競

り合うこと、いくつかの事柄が重なり合うこと。Dの「科挙」は、中国の古代（隋）から実施されてきた高等官資格制度。Eの「昇格」は、格式・地位が上がること。

問題10 … B 機能
(例)の「感心」と「敬服」は、立派な行為などに心を動かされるという意味の同意語。「作用」は、ほかのものに力を及ぼして影響を与えることで、Bの「機能」が最も意味の近い語である。

問題11 … E 素早く
(例)の「さまよう」と「さすらう」は、いずれも、あてもなく歩き回ること、漂泊することの意味で同意語である。「さっさと」は、迷ったり手間取ったりしないで素早く動作する様子を表すので、Eの「素早く」が同意語で正解となる。Dの「とっさに」は反射的にという意味があるので、誤りである。

問題12 … C 理解する
(例)の「励む」と「努力する」は同意語の関係で、ともに、ある目的に向けて力を尽くすことを意味する動詞である。「悟る」の同意語となるCの「理解する」が正解となる。「悟る」は、物事の真実などをしっかりと分かる、見抜くという意味である。Aの「会釈する」は「えしゃくする」と読み、軽く頭を下げてあいさつをすること。

問題13 … E 平板
(例)の「信用」は、確かなものと信じて受け入れることで、「信頼」は同意語。「単調」は、変化に乏しく一本調子だという意味で、Eの「平板」が同意語。

問題14 … C 分別
(例)の「宣伝」と「広告」は、商品の効能や主義・主張などに対する理解・賛同を求めて、広く伝え知らせるという意味の同意語。「思慮」は、注意深く心を働かせて考えることや、その考えのことで、Cの「分別」が最も意味が近い。

問題15 … C 負債
(例)の「重宝」と「便利」は、目的を果たすのに都合がよく、役立つという意味の同意語。「借金」は、ほかから借りた金銭のことで、Cの「負債」と同意語である。

問題16 … C 動機
(例)の「丁寧」と「丹念」は、ともに細かいところにまで注意を払うことを意味する同意語。「原因」は、ある物事や、ある状態・変化を引き起こすきっかけになることで、同意語はCの「動機」である。Aの「結果」は反意語。またDの「因果」は、原因と結果のこと。

問題17 … B 歴然
(例)の「寄与」と「貢献」は、ある物事や社会のために役立つように尽力するという意味の同意語。「明白」は、明らかで疑う余地がないことで、同意語はBの「歴然」である。

問題18 … A 組織
(例)の「同感」と「共感」は、同じように感じたり、意見や考えに賛成であるという意味の同意語。「機構」は、会社や団体の仕組みのことで、同意語はAの「組織」である。

問題19 … C あらがう
(例)の「うらむ」と「そねむ」は、ともに相手をうらやみ憎むこと。「はむかう」は抵抗するという意味なので、Cの「あらがう（抗う）」が正解である。Aの「あおる」は、そそのかすことや、物が風を受けて動くこと。Bの「あがなう（購う）」は買い求めるという意味。Dの「あがく」は自由になろうとして手足を動かす、悪い状態から抜け出そうとして、努力するという意味。Eの「あえぐ」は息を切らす、うまくいかず悩むこと。

問題20 … B 突然
(例)の「あきらか」と「判然」は、いずれも、物事が明白だという意味で同意語である。「いきなり」は、何の予告もなく、ある動作をするという意味で、同意語はBの「突然」である。Dの「毅

然(きぜん)」は、自分の信念を貫くしっかりした態度のことである。

問題21 … C だしぬけ

(例)の「いろいろ」と「あれこれ」は、ともに種類が多いことを表現する副詞(または名詞)で、同意語の関係である。「いきなり」は、前ぶれなしに、突然の意味の副詞で、同意語はCの「だしぬけ」が正解である。

問題22 … B 対等

(例)の「進歩」と「発達」は、物事が次第に望ましい方向やより良い方向に進むことを意味する同意語。「互角」は、双方に力の差や優劣がないことで、Bの「対等」が最も意味が近い。

問題23 … C 得意

(例)の「仏頂面」(ぶっちょうづら)は、無愛想にふくれた顔つきのことで、「無愛想」と同意語である。「したり顔」は、してやったり(うまくいった)という得意そうな顔つきを表す言葉で、Cの「得意」が同意語になる。

問題24 … D 閑散

(例)の「ばったり」は「駅でばったり友人に出会う」などと用いる副詞で、「偶然」と同意語である。「ひっそり」は、人の往来が少なく、さびしく見えることを表す副詞である。「行き合う人もほとんどおらず、ひっそりとしている」などと用いられ、同じ意味はDの「閑散」である。なお、「ひっそり」には、ほかに、(1)静まりかえっていて、そこに誰もいないように感じられる、(2)余計な生活音を立てずに起居している様子、(3)人に知られることなく、そこにいたり、何かをしたりする、という意味もある。

問題25 … D 爽快だ

(例)の「いじらしい」と「けなげだ」は形容詞・形容動詞の対比で、品詞は異なるが同意語である。いずれも、非力にもかかわらず、精一杯努力するのを見たり、聞いたりして、思わずほろりとする気持ちを表現している。同じように、

「すがすがしい」(形容詞)の同意語は、Dの「爽快だ」である。どちらもさわやかで気持ちがよいことの意味。

問題26 … E うるさい

(例)の「薄情だ」と「冷淡だ」は、同意語である。「騒々しい」とEの「うるさい」はともに、騒がしいという意味の同意語で、大きな物音を立てるときなどに用いるので正解となる。Aの「心もとない」は、頼りない、心細いの意味。Dの「おとなしい」は、物静かな態度や状態を表す。

問題27 … D どんどん

(例)の「ふらふら」と「へとへと」は疲れ切った状態などを表す擬態語。「すらすら」は途中で引っかかったり行き詰まったりせず、なめらかに進む様子を表す擬態語で、同じ意味はDの「どんどん」である。

25日目 反意語
練習問題 P.127~129

問題1 … D 拙劣

(例)の「名誉(優れたものとして評価されるなどの良い評判)」と「恥辱(体面を傷つけるような辱め)」は反意語である。「巧妙」の反意語はDの「拙劣」である。「巧妙」は、物事のやり方などがうまくて、普通には真似のできない様子を表し、「拙劣」は、その逆で、物事のやり方がまずいときに用いる。

問題2 … B 収縮

(例)の「芳香(良い香りのこと)」と「悪臭」は、反意語である。「膨脹」は、ふくれて大きくなること。また、物理学では物体の体積が熱で増えることにも用いられ、反意語はBの「収縮(縮まること)」である。Aの「拡大」とDの「縮小」は類語である。また、Cの「収束」の反意語は「拡

40

散」、Eの「欠乏」の反意語は「充足」である。

問題3 … D 消費

(例)の「左遷」と「栄転」は、反意語である。「左遷」は、低い地位や官職に落とすこと。「栄転」は、今までより高い地位や官職に就くこと。「生産」は、生活に必要なものを作り出すことという意味だから、使ってなくすという反意のDの「消費」が正解である。Aの「消滅」は、消えてなくなること。Bの「浪費」は、金などを無駄に使うこと、反意語は「節約」。Cの「殺生」は、生き物を殺すこと。Eの「破産」は、財産をすべて失うこと。

問題4 … D モダン

(例)の「デジタル」と「アナログ」は、反意語である。「アナログ」は、ある数や数量を、数字ではなく棒の長さや角度などで表すこと。「デジタル」は、時間や重さなどを、段階的な数字で表すこと。「クラシック(古典的＝古風なよさを持つもの)」の反意語は、Dの「モダン(現代的＝今の時代に合っているもの)」である。

問題5 … A 興奮

(例)の「獲得」と「喪失」は反意語の関係である。「冷静」は、精神的に落ち着いた状態にあることで、反意語はAの「興奮」である。「興奮」は、何かの刺激を受けて、鈍った状態にある神経や体の働きが盛んになること、または、感情を抑えることができなくなった神経が異常に鋭敏に反応して、その結果、むやみに怒ったり、いらいらしたり、不安を感じたりすること。「冷静な観客」「興奮した観客」などと当てはめると分かりやすい。Dの「沈着」は、「冷静」と同意語である。

問題6 … E 追従

(例)の「諮問(しもん)」は、上位のものが下位のものに対して、意見を尋ね求めること。「答申」は、諮問に対して意見を申し述べることで、この2語は反意語である。「先導」は、先に立って案内することで、反意語はEの「追従」である。

Aの「乖離(かいり)」は、背き離れることである。

問題7 … A 攻撃

(例)の「真実」と「虚偽」は反意語である。「防衛(敵の攻撃を防ぎ守ること)」の反意語はAの「攻撃(敵を討つこと)」である。Bの「攻勢」は、相手に激しく攻めかかる勢いのこと。Cの「攻略」は、敵地を攻めて奪い取ること。Dの「攻防」は、攻めることと防ぐこと。Eの「攻守」はDの「攻防」と同意語である。

問題8 … A 正統

(例)の「干渉」は、他人のことに立ち入って、自分の意思に従わせようとすることで、「放任(干渉せずに、したいようにさせること)」とは反意語である。「異端」は、その時代に多数から正統と認められているものに対して、例外的に少数に信じられている宗教や学説などのことで、反意語はAの「正統」である。

問題9 … D 原則

(例)の「貫徹(最後まで貫き通したり、やり通したりすること)」と「中絶(中途でやめること)」は反意語である。「例外」は、一般的な原則に合わず、特別な状態や事情にあると認められることで、「例外のない規則はない」「例外中の例外」などと用いられ、反意語はDの「原則」である。

問題10 … E のろのろ

(例)の「ごうごう」は水が勢いよく流れる様を表し、「ちょろちょろ」は勢いのない水の流れを表すので、反意の関係となっている。「すたすた」は急ぎ足で歩く様を表すから、それと反意の早く進まない様を表すEの「のろのろ」が正解である。

問題11 … C 澄む

(例)の「あがる」と「おりる」は反意語の関係である。「濁る」の反意語はCの「澄む」である。なお、(例)の2語は、動詞：動詞の対比なので、「濁る」(動詞)の反意語も動詞の中から選ぶこと。A、B、Eはいずれも形容詞であり、「濁る」とは品詞

が異なるため、選択対象にはならない。

問題12 … C てきぱき

(例)の「ひんやり」は、気温や直接触れるものを冷たく感じるときの表現で、「ぽかぽか」は、暖かく感じるときに使うので、反意語である。「のろのろ」は、物事が滞って進まない様を表し、反意語は、物事を次から次へと手際よく処理する様を表す「てきぱき」である。

問題13 … B 建設

(例)の「廃止」と「存置」は反意語である。「廃止」は、今までやってきたことをやめること。「優遇措置を廃止する」などと用いる。「存置」は、今ある制度・設備などをそのまま残しておくこと。「破壊」は、すでにあるものやシステムを壊すことで、反意語はBの「建設」となる。「ビルを破壊する」「ビルを建設する」などの用例に当てはめて考えるとよい。

問題14 … A こっそりと

(例)の「ほめる」は、優れているとして、その人や物事をよくいうこと、「けなす」は相手を悪くいう言葉で、反意語の関係である。「堂々と」は公然と、または包み隠すところなくという意味だから、それと反対の他人に気付かれないように行動する様という意味を持つAの「こっそりと」が正解である。

問題15 … B 速やかに

(例)の「特殊」は性質が普通とは違って特別であること、「一般」は、少数の例外を除いて広く認められ成り立つことで、反意語の関係である。「おもむろに」は、ゆっくりと動作を起こす様。反意語はBの「速やかに」である。

問題16 … E 浪費

(例)の「軽率」は注意深く物事を考えないで行動すること。「慎重」は注意深くて、軽はずみな行動をしないこと。この2語は反意語である。「貯蓄」の反意語はEの「浪費」である。「浪費」は金銭などを無駄に使うこと。Bの「支出」が紛らわしいが、これは「収入」の反意語である。

問題17 … C 許可

(例)の「現実」と「理想」は反意語の関係である。「禁止」の反意語となるCの「許可」が正解である。

問題18 … E 後退

(例)の「煩雑」は、物事が多くてごたごたしていること。「簡素」は、無駄や余分な飾りのないことで、この2語は反意語である。「進歩」は、物事が次第に望ましい方向に進んでいくことで、「進歩の跡がうかがわれる」などと用いる。反意語はEの「後退」である。

問題19 … B じとじと

(例)の「ゆったり」はゆとりがある様を、「ぎりぎり」は、ゆとりのない様を表すので反意語である。「からから(乾燥した様子を表す副詞)」の反意語はBの「じとじと(湿り気の多い様子を表す副詞)」である。

問題20 … C 親密だ

(例)の「満足だ」と「不満だ」は反意語である。(例)の2語がともに形容動詞なので、形容動詞が対比されているものから選ぶ。「疎遠だ」は、遠ざかって関係が薄いことや、音信や訪問が久しく途絶えている様子を表す形容動詞で、反意語はCの「親密だ」である。Bの「交際する」は動詞、Eの「近い」は形容詞で、それぞれ「疎遠だ」とは品詞が異なるので、誤りとなる。

問題21 … A 励む

(例)の「進む」と「退く」は反意語である。「怠ける」は、ある事柄をする時間的余裕があるにもかかわらず、しないで無駄に過ごすことを表す動詞である。反意語はAの「励む」で、当面の目標を実現させるために努力する(精を出す)こと。Eの「励ます」が紛らわしいが、「怠ける」は自動詞であり、「励ます」は他動詞なので、対応しない。

問題22 … C 弛緩

「緊張」は、慣れない物事などに直面して、心が張りつめて体が硬くなる状態のこと。反意語はCの「弛緩（しかん）」となる。緩むこと、緩んだ状態を意味する。Aの「怠惰」は「勤勉」の反意語、Bの「束縛」は「自由」、Dの「安寧（あんねい）」は「苦労」、Eの「睡眠」は「覚醒」がそれぞれの反意語となる。

問題23 … F イとウ

（例）の2語は反意語である。「卑近」は、身近でありふれていること。「高遠」は、高尚で遠大なこと。アの「精巧」の反意語は「粗雑」である。イとウはいずれも反意語の関係である。

問題24 … B イだけ

（例）の「集合」は、物や人が一カ所に集まる（または集める）こと。「解散」は、集まっている人が別れ散ることで、反意語の関係である。アは形容詞、イは名詞、ウは動詞の組み合わせで、（例）と同じように反意語の関係にあるものは、イの「前進」と「後退」だけである。アの「寒い」の反意語は「暑い」、「涼しい」の反意語は「暖かい」。ウの「あげる」は他動詞、「さがる」は自動詞となり、他動詞と自動詞は反意語にならない。「あげる」の反意語は「さげる」、「さがる」の反意語は「あがる」である。

26 日目 語句→説明
練習問題 P.131〜135

問題1 … D 途切れながら続くこと

「断続」は、物事の動作や状態がときどき途切れながら続くこと。「強い雨が断続して降る」「隣の部屋から断続的に話し声が聞こえる」などと使われる。

問題2 … A 気楽なこと

「安閑（あんかん）」とは、何もしないでのんきにしている様。「試験が迫ってきたので、安閑としてはいられない」などと用いる。安らかで静かなことという意味でも使われることがある。

問題3 … C 似ていることの例え

「同工異曲（どうこういきょく）」とは、見かけは異なっているようだが中身は同じであることという意味だから、Cが正解。ほかに、手法は同じであるが、趣の異なることという意味もある。

問題4 … D しばらくの間

「暫時（ざんじ）」は、しばらくの間、という意味。「会議を暫時休憩します」などと使われる。「漸次（ぜんじ）」は、次第に、の意味なので、混同しないように正確に覚えておくこと。

問題5 … D 最後までやり遂げること

「遂行（すいこう）」は、物事を最後までやり遂げるという意味。「自分の責務を遂行する」などと使う。

問題6 … D 思い出を話すこと

「述懐（じゅっかい）」には、(1)自分の現在の思いを述べること、(2) 過去の出来事や思い出を述べること、(3) 恨み言、不平、愚痴などを述べること、などの意味がある。

問題7 … E 受け継ぐこと

「踏襲（とうしゅう）」は、先人などのやり方をそのまま受け継ぐこと。「前社長の方針を踏襲する」などと使われる。

問題8 … A ありふれたもの

「陳腐（ちんぷ）」は、ありふれていて、面白みが感じられない様子を表している。「この詩は、陳腐な言葉しか使われていない失敗作だ」などと使われる。

問題9 … E 行ないや心掛けが優れていること

「奇特（きとく。ただし「きどく」と読むこともある）」は、言行や心掛けが優れていて、ほめる価値があること。「世の中には奇特な人もいるものだ」などと使われる。

問題10 … D うっとりとその境地に浸ること

「陶酔（とうすい）」とは、我を忘れてうっとりするほどにその境地に浸ることという意味だから、Dが正解である。ほかに、気持ちよく酔うことの意味でも使われる。

問題11 … E 物事にこだわること

「拘泥（こうでい）」は、物事にこだわること、必要以上に気にすることという意味である。Cは「拘束」の意味である。

問題12 … D 広く大きな見通しを持っていること

「達観（たっかん）」には、(1)広く大きな見通しを持っていること、遠い将来の情勢を見通すこと、(2)目先のことや細かなことに惑わされず真理・道理を悟ること、俗事を超越し悟りの境地で物事に臨むことの意味がある。ここでは(1)の意味を表すDが正解である。

問題13 … B どうしようもない

「やるせない」は、悲しくつらい思いを晴らすべがなく、どうしようもない、手の施しようがないという感情を表す。「失恋のやるせない思い」などと用いる。

問題14 … D 気を遣わずにすむ

「気が置けない」は、遠慮したり気を遣ったりする必要がなく、心から打ち解けることができるという意味。「気が置けない間柄」などと使われるが、気が許せない、油断できないという意味で誤用されることが多い。

問題15 … D 客が来なくて商売がはやらない

「閑古鳥（かんこどり）」は、本来カッコウの別名だが、慣用句の「閑古鳥が鳴く」は、人の訪れがなくて、ひっそりと静まり返っている様子をいう。Cは「泣き面に蜂」の意味である。

問題16 … C 風変わりで異様なもの

「下手物」とは、「風変わりで異様なもの」という意味だから、Cが正解である。ほかに、「大衆向けの値段の安いもの、並の品」という意味もある。

問題17 … B 緊張して成り行きを見守る

「かたず」は、緊張して息を凝らしているときなどに口中にたまるつば。「かたずを飲む」は、事の成り行きが気がかりで、緊張している様子。「九回裏、二死満塁の場面を、かたずを飲んで見守る」などと用いる。

問題18 … A 訪問者がなくひっそりすること

詩人の白居易（はくきょい）の「寓意（ぐうい）」から取られた言葉で、訪れる人がなくて、門の前には雀が群れ遊び、網を張って捕らえられるほどであることから、訪問する人もなく、ひっそりしていることの例えである。

問題19 … E ある商売に成功する

事業を始めて身を興すことや、成功を目指して新事業を興すことである。「若いころ、一旗揚げようと上京したが、還暦を迎えた今でも実現していない」などと用いる。

問題20 … D 深く感動する

「感に堪えない」は、思いがけないことを見たり、聞いたりしたとき、その驚きを言葉に表せない状態になること。同じ意味で「感に堪える」と表現することもある。

問題21 … C 明るみになったのは ごく一部に過ぎない ということ

氷山は、ほんの一部分が海面上に現れているだけで、大部分が海中に隠れている。このことから、社会的に問題とされる事柄も、明るみになったのはごく一部に過ぎず、その背後には依然として大きな問題が隠されている様子を表現するときなどに用いる。

問題22 … A 声が悲しそうな調子になる

「声を曇らす」とは、話し声が心配そうな、または悲しそうな調子になるという意味の慣用表現なので、Aが正解である

問題23 … D 話をうやむやにする

大げさなことや相手の知らないようなことばかりを言い立てて、相手を圧倒したり、ごまかしたりすること。「巧みな弁舌で人を煙にまく」などと用いる。「けむりにまく」ではなく、「けむにまく」と読む。

問題24 … C 今まで誰もしなかった ことをすること

「破天荒」は唐代に"天荒(文明未開の荒地)"と呼ばれた荊州から、初めて進士試験の合格者が出たことで、"天荒を破った者"と称された故事に基づく。同じ意味を持つ言葉として「前人未踏」、「未曾有」などがある。

問題25 … A ひどい状態で 見過ごせないこと

「目に余る」は、程度がひどくて、黙って見ていられない状態のことをいう。「傍若無人な彼らの態度は、目に余る」などと使われる。Bは「目に入れても痛くない」という表現の意味。

問題26 … D 生きているうちに 親を大切にせよ

「石に布団は着せられず」は、父母の存命中に孝養を尽くさなければ、死後に悔いても及ばないという意味なので、Dが正解となる。

問題27 … D 人が逃げてしまった 後の様子

「もぬけの殻」とは、ヘビやセミの抜け殻のことで、転じて、寝床や家から人が逃げてしまった後の様子を表現する言葉としても用いられる。

問題28 … E 平凡な親から 優秀な子ができる

Eが正解である。反対の意味を持つことわざに「蛙の子は蛙」、「瓜の蔓に茄子はならぬ」などがあり、子の才能は親に似るものという意味。

問題29 … B 思い切ってできない様子

一歩目は進みながら、二歩目はためらって足踏みすることから、思い切れずに迷うことや、ためらうことに用いる。「素敵なコートを見つけたが、値札を見て買うのは二の足を踏んでしまった」などと用いる。

問題30 … D 第三者が利益を 横取りすること

中国の「戦国策」という書物が出典。シギ(鳥)とハマグリ(貝)が争っているのを見て、漁夫が両方とも捕まえたという故事からつくられた語である。両者が争っていることにつけこんで、第三者が利益などを横取りする意味に用いる。

問題31 … E 確かだと保証されること

「折り紙付き」は、そのものの価値・資格などに定評のあることや、保証ができるという意味。「彼の彫刻は折り紙付きの腕前だ」などと用いる。良い意味で使用し、悪い評判には「札付き」を使う。

問題32 … A 悪い評判を立てられる

「名を流す」は、(1)世間に広く名前を知られて、有名になる、(2)悪い評判を立てられるの意味があり、Aがその後者(2)の意味に当たる。

問題33 … B いきなり本題に入ること

「単刀直入(たんとうちょくにゅう)」は、1人で

刀を持って、敵陣に切り込むことから、直接に要点をつくことや、遠まわしでなく、すぐに本題に入ることを意味する四字熟語である。

問題34 … B 見せかけだけが立派なこと

「羊頭狗肉(ようとうくにく)」は、中国の「無門関」を出典とする故事成語。羊の頭を看板に掲げて、実際は犬の肉を売るように、外見と内容が異なること。見せかけだけが立派で、実質が伴わないことの例えに使われている。

問題35 … E 待ち遠しいこと

「一日千秋(いちじつせんしゅう)」の「秋」は、ここでは季節の秋ではなく、「年」という意味である。一日が非常に長く感じられることや、待ちこがれる気持が著しく強いことを表す。「一日三秋(いちにちさんしゅう)」は類義の四字熟語。

問題36 … B つかず離れずの関係を保つこと

「不即不離(ふそくふり)」とは、2つのものが、つきもせず離れもしない関係を保つことという意味だから、Bが正解である。

問題37 … B 絶えずあちこちを旅行すること

「南船北馬(なんせんほくば)」は、中国の南部は川が多いので船で行き、北部は陸地を馬で行くことから、あちこちを旅行する意味を表すようになった言葉。

問題38 … C 仲人のこと

「月下氷人(げっかひょうじん)」は、中国の故事である『月下老人』と『氷人』を踏まえてつくられた言葉で、男女の間の縁を結ぶ人、結婚の仲人のことをいう。

問題39 … D とても珍しいこと

「空前絶後(くうぜんぜつご)」は、過去にも例がなく、将来にもありそうにない、きわめて珍しい事態に対して用いられる四字熟語である。

問題40 … D 男女の堅い契りの例え

「朝雲暮雨(ちょううんぼう)」とは、楚(そ)の懐王が夢の中で美女と契り、その美女が辞去するときに「朝には雲となり、暮れには雨となってお目にかかります」と言ったという故事からきているので、Dが正解である。

㉗ 日目 説明→語句
練習問題 P.137~139

問題1 … A 保証

Aの「保証」が正解。「彼の人柄については保証する」などの用例がある。同音異義語のCの「補償」は、損害・費用などを償うことで、「労働災害を補償する」などの使い方をする。Bの「保険」は、偶然の事故による損害を補償する制度。Dの「保障」は、保護して、危害がないようにすること。Eの「交渉」は、互いに話し合って、取り決めようとすること。

問題2 … E めらめら

Eが正解である。「めらめら」は、炎が勢いよく燃え上がる様子を表す。Aの「きらきら」は、星や瞳などが、光り輝いている様子。Bの「くらくら」は、めまいがして倒れそうな様子。Cの「たらたら」は、液体が少しずつ続けざまにしたたり落ちる様子や、好ましくない文句をたくさん並べて言う様子。Dの「ひらひら」は、花びらやハンカチなど、薄くて軽いものが揺れ動く様子。

問題3 … A 唯我独尊

Aの「唯我独尊(ゆいがどくそん)」が正解である。Bの「我田引水(がでんいんすい)」は、物事を自分に都合のいいように言ったりすること、Cの「自画自賛(じがじさん)」は自分で自分のことをほめること、Dの「独立自尊(どくりつじそ

ん)」は他人に頼らず自分の尊さを守ること、Eの「隠忍自重(いんにんじちょう)」は、ひたすら我慢をして軽々しいふるまいを慎むことという意味なので、それぞれ誤りとなる。

問題4 … B 査収

Bが正解である。金品・書類などをよく調べて受け取ることを「査収」という。Aの「徴収」は、公的機関が税金や手数料を取り立てること。Cの「精査」は、詳しく細かに調べること。Dの「領収」は、支払われた金銭などを受け取ること。Eの「査定」は、調べて金額や等級を決めること。

問題5 … E 冗長

Eの「冗長」は、くどくどしく長いことという意味で使うのでEが正解となる。Aの「余話」は、一般にはあまり知られていない話、こぼれ話の意味。Bの「冗話」は、無駄話、冗談の意味。Cの「厚情」は、厚い情け、思いやりのある心の意味。Dの「口上」は、口頭で伝えること、または口の利き方、ものの言い方の意味。

問題6 … B いそいそ

Bの「いそいそ」は、期待に胸ふくらませ、調子づいて行動することを表しているので、正解である。「楽しいパーティーに、いそいそと出かける」などと使われる。Aの「いらいら」は、思い通りに物事が運ばなくて、落ち着きを失っている状態。Cの「ひそひそ」は人に聞こえないように小声で話すことや、人に知られないようにこっそりと何かをする様を表す。Dの「きりきり」は、激しく回る様子、または体のどこかが鋭く痛む様子を表す。Eの「ちゃっかり」は、抜け目ない様子を表す。

問題7 … D かたくな

Dが正解となる。「かたくな」は意地を張って自分の態度や主張を変えないこと。Aの「もっぱら」は、ほかは差し置いて、ある1つのことに集中すること。Bの「おざなり」は、いい加減に物事を済ませたり、その場だけの間に合わせにすること。Cの「あまねく」は、もれなくすべ

てに及んでいる様。Eの「あながち」は、副詞の場合は、断定しきれない気持ちを表し、必ずしもの意味。形容動詞の場合は、強引な様や、一途な様を表す。

問題8 … E 大器晩成

Eの「大器晩成(たいきばんせい)」は、中国の「老子」に由来する語句で、大きな器は容易につくれないように、大人物は世に出るまでに時間がかかることの例えである。Aの「人間到る処青山あり」は、幕末の僧、月性の言葉で、故郷ばかりが骨を埋める土地ではないので、大志を抱き、郷里を出て大いに活躍すべきである、という意味。Bの「蝸牛の歩み」の「蝸牛(かぎゅう)」は、かたつむりのことで、非常にゆっくりと物事が進行すること。Cの「千里の道も一歩から」は、どんな遠大な事業も手近なところから始まることの例え。Dの「五十歩百歩」は、五十歩逃げた兵が、百歩逃げた兵を臆病だと笑ったという故事から、違いはあるが大差なく、似たり寄ったりであることを表現している。

問題9 … E 天衣無縫

Eの「天衣無縫(てんいむほう)」は、文章などが、技巧を凝らした跡もなく、いかにも自然で、しかも完全で美しいことという意味の四字熟語である。ただ「天衣無縫」には別な意味として、性格が無邪気で、飾り気のないことというのがあり、一般の会話などでは、こちらもよく使われる。Aの「天馬行空(てんばこうくう)」は、何ものにもとらわれず自由に着想し、手腕などを縦横にふるう様を表し、Bの「天空海闊(てんくうかいかつ)」は、気性がからりとしていて、何のわだかまりもないことを表す。Cの「天真爛漫(てんしんらんまん)」は、飾ったり、気どったりせず、ありのままであること、Dの「天網恢恢(てんもうかいかい)」は「天網恢恢、疎にして漏らさず」と用いられ、悪事を行なえば、必ず捕らえられ、天罰をこうむるという意味である。

問題10 … A 目をかすめる

Aの「目をかすめる」が正解。「母の目をかすめて、おはぎをつまみ食いする」などと用いる。Bの「目を奪う」は、注意を引きつけて、すっかり見とれさせること。Cの「目を疑う」は、見間違いかと思うほど、目の前の事実が信じられないこと。Dの「目を配る」は、あちこちに注意を向けてよく見ること。Eの「目をくらます」は、他人の目をだますこと。

問題11 … A 手をこまねく

Aの「手をこまねく」が正解である。Bの「腕を磨く」は、技能が上達するように訓練すること。Cの「胸を借りる」は、実力のある者に練習の相手をしてもらうこと。Dの「腹を割る」は、隠さず本心を打ち明けること。Eの「肝に銘じる」は、心に深く思って忘れないようにすること。

問題12 … C 役不足

Cの「役不足」は、十分な力量がありながら、地位や役目が相当に軽いときに用いる表現。「そのポストは役不足の感がある」などと使われる。Aの「力不足」はその反対の意味で、地位や役目をこなすだけの力を持たないときに使われる。

問題13 … C 脱兎の勢い

Cの「脱兎の勢い」が正解である。Aの「行きがけの駄賃」は、何かをするついでにほかのことをすること。また、そうして利益を得ること。Bの「飛ぶ鳥を落とす勢い」は、権力や勢力などがたいそう強いこと。Dの「以心伝心」は、無言のうちに気持ちが相手に通じること。もとは禅宗の語で、言葉や文字では説明できない深遠で微妙な真理や法を、師の心から弟子の心に伝えること。Eの「騎虎の勢い」は、物事にはずみがついて途中でやめられない、激しい勢いのこと。

問題14 … E 気が置けない人

正解はEの「気が置けない人」で、遠慮したり、気を遣ったりする必要がなく、心から打ち解けることができる人のことをいう。Aは、誰からも悪く思われたくないために、要領よく人と付き合っていく人のこと。Bは、詩歌・書画・芸道などの趣のあるものに心得や関心を持つ人のこと。Cは、人生経験が豊かで、人の心の機微や世間の事情によく通じている人のこと。Dは、気遣いをしなければならない人のこと。

問題15 … E 転ばぬ先の杖

Eの「転ばぬ先の杖」が正解である。Aの「他人の飯を食う」は、親元を離れ、他人の家などに奉公して実社会の経験を積むこと。Bの「対岸の火事」は、自分に関係のない事柄として、傍観すること。Cの「立て板に水」は、よどみなく話すこと。Dの「医者の不養生」は、正しいと分かっていながら、自分は実行しないこと。

問題16 … C 温故知新

Cの「温故知新」が正解。Aの「隔靴掻痒」は、物事が思うようにいかず、じれったい思いをすること。Bの「虎視眈々」は、虎が獲物を狙うように、じっとチャンスをうかがうこと。Dの「臨機応変」は、既定の方針にとらわれず、その場の状況に応じた対処をすること。Eの「杓子定規」は、融通がきかず、実情にそぐわない基準を用いること。

問題17 … B 花を持たせる

Bの「花を持たせる」が正解である。「今回は若い人に花を持たせよう」などと使われる。Aの「花を咲かせる」は、成功して名を上げること、Cの「花も恥じらう」は、うら若く美しい女性を形容する言葉。Dの「花をたむける」は、神仏に花を供えること。Eの「花を添える」は、ある事柄に別の華やかなものを付け加えること。

問題18 … A 青菜に塩

Aの「青菜に塩」は、青菜に塩をかけるとしおれるように、元気のない様子をいう。Bの「前門の虎、後門の狼」は、1つの災いを逃れても、また別の災いに遭うことの例え。Cの「青天の霹靂」は、晴れ渡った空に突然起きる雷の意味

で、急に起きる大事件や、思いがけない出来事のこと。Dの「氷山の一角」は、表面に現れている事柄は、好ましくない物事の全体のほんの一部分であることの例えで、「今回の汚職事件は、氷山の一角だ」などと使われる。Eの「無聊をかこつ」は、することがなく退屈な生活を嘆く意味。

問題19 … D 朴念仁

「口数の少ない無愛想な人」のことをDの「朴念仁」(ぼくねんじん)という。Aの「人非人」(にんぴにん)は、人であって人でない者。ひどい仕打ちや悪事をする人をののしっていうこと。Bの「無頼漢」(ぶらいかん)は、無頼な男。ならず者、ごろつきのこと。Cの「硬骨漢」(こうこつかん)は、意志や信念が強く、権力や不正に容易に屈しない人。Eの「好々爺」(こうこうや)は、善良で優しい老人のこと。

問題20 … E 粒ぞろい

Eの「粒ぞろい」は、「粒ぞろいの選手たちによる競技」などと用い、集まった人々の能力や質がそろっていて、見劣りするものがないことを表す語。Bの「よりどりみどり」は、好き勝手に選ぶこと。Dの「そろいぶみ」は、大相撲で、中入り後、幕内の全力士が土俵上に並んで四股を踏むこと。

問題21 … D お茶を濁す

Dの「お茶を濁す」が正解である。Aの「のろしを上げる」は、大きなことの起こるきっかけ・合図となる行動をすること。Bの「盗人の昼寝」は、盗人が夜の稼ぎに備えて昼寝することから、他人には分からない行動でも、当人には目的があってすることの例え。Cの「機転が利く」は、その場の状況に応じて、素早く適切に対応できること。Eの「煙に巻く」は、訳の分からないことなどを一方的に言って相手を惑わすこと。

問題22 … B 足が出る

予算をオーバーすることをBの「足が出る」と表現する。Aの「あごが出る」は、疲れ切ってどうにもならない状態のこと。Cの「手も足も出ない」は、相手が強くて全くかなわないこと。Dの「足を洗う」は、悪い仲間や、好ましくない状態から抜け出ること。Eの「足が早い」は、食物などが腐りやすいこと。

問題23 … C 月夜に提灯

Cの「月夜に提灯」は、無益・不必要なことの例えとして使用されるので正解となる。Aの「瓢箪(ひょうたん)から駒」は、冗談が本当になることの例えで使用される。Bの「糠(ぬか)に釘」、Dの「豆腐に鎹(かすがい)」は同意のことわざで、いくら意見しても、少しもその効果がないことの例え。Eの「他山の石」は、よその山から出た石のことで、転じて自分の修養の助けとなる他人の言葉や行動のこと。

問題24 … E 長いものには巻かれろ

Eの「長いものには巻かれろ」が正解となる。ここでの「長いもの」は、権力や勢力のあるものを表す。Aの「泣く子と地頭には勝てぬ」は、聞き分けのない子や横暴な地頭とは道理で争っても勝ち目はない、Bの「郷に入りては郷に従え」は、その土地に住むにはそこの風俗・習慣に従うのが処世の術である、Cの「触らぬ神にたたりなし」は、その物事にかかわりさえ持たなければ、災いを招くこともない、Dの「寄らば大樹のかげ」は同じ頼るなら勢力のある人の方が安全であるという意味。

問題1 ⋯ A 下位打線が<u>穴</u>だ

Aが正解である。(例)とAの「穴」は、弱点・欠点という意味で用いられる。Bは番狂わせ(の配当)のこと。Cはくぼんだ箇所のこと。Dは他人が気づかないよい場所などのこと。Eは「損失」の意味。

問題2 ⋯ E 失態によって
　　　　　<u>顔</u>をつぶされた

(例)の「顔が立たない」の「顔」は、面目という意味で使われている。同じ意味で使われているのはEである。Aの「顔」は、心の動きが表れた顔の様子。B、Cの「顔」は、人によく知られていることを表す。Dの「大きな顔」は態度・様子が横柄なこと。

問題3 ⋯ A 母<u>方</u>の親戚と会う

Aが正解である。(例)とAの「方」は、2つあるものの一方の側、またはそれに属する人を意味している。Bは時間、頃合い、時節などの意味。Cは方面、ジャンルなどの意味。Dは人を指す敬った言い方。Eは方法を意味している。

問題4 ⋯ B 徒党を<u>組む</u>

(例)の「組む」は、あるものを組織したり編成したりする意味なので、Bの「徒党を組む」が正解となる。「徒党」は、ある目的のために集まる仲間のこと。AとEは交差させること、Cは材料や部分を1つずつ合わせたり、結んだりする動作、Dは活字を指定に従って原稿通りに並べること。

問題5 ⋯ C ついおだてに<u>乗る</u>

(例)とCの「乗る」は、いずれも相手の思惑通りに動かされることの意味である。Aは乗物の中に身を置くこと。Bは計画・相談などの仲間・相手になること。Dは伝達手段によって伝えられること。Eは調子のよい状態のこと。

問題6 ⋯ E 次男<u>の</u>健二に頼む

(例)の「弁護士の」の「の」は同格の用法である。「弁護士」＝「君」なので、Eが正解。Aの「三人目の子を産む」は、連体修飾格の「の」。Bの「少しの辛抱」は、連体修飾格の「の」。Cの「九州の人に聞く」は、連体修飾格の「の」。Dの「新しいのがよい」は、準体格を示す「の」である。

問題7 ⋯ A 朝食を<u>ぬく</u>

(例)の「手をぬく」は、ある手順や段階を省略すること。同じ意味を持つAが正解となる。Aの「朝食をぬく」は、本来とるはずの朝食を省略してとらないこと。Bは前にいる走者に追いつき、さらにその前に行くこと、Cは付着している不要なものを取り除くこと、Dは取り消しをすること、Eは通り越すことの意味で使われる。

問題8 ⋯ C <u>勝手</u>に使っては困る

「勝手な行動はできない」の「勝手」は、他人のことは構わないで、自分にだけ都合のよいように振る舞うことである。同じ意味を持つCが正解である。Aは、何かをするときの物事の具合の善し悪し、都合や便利のことで、Bは台所の意味、DとEは様子、事情の意味である。

問題9 ⋯ B これは温か<u>そうだ</u>

「そうだ」は様態(様子の推定)、伝聞の2つの文法的用法がある。様態の用法は、動詞・助動詞の連用形(助動詞「たい・ない」に接続するときは「～たそうだ・～なそうだ」の形をとる)、形容詞(語幹が1音節の形容詞の一部は「～さそうだ」の形をとる)・形容動詞の語幹に接続して、「～の様子だ」「今にも～しそうだ」などの意味を表す。伝聞の用法は、活用語の終止形に接続して「～ということだ」「～という話だ」などの意味を表す。ここでは(例)とBが様態(様子の推定)、そのほかが伝聞の用法である。

問題10 … A 見通しがきく

(例)の「無理がきかない」の「きく」は、〜ができるという意味だから、Aが正解である。Dの「きく」は、よく動き、働く、役に立つという意味。

問題11 … C 熱に強い材質

(例)の「強い」は、環境や条件に屈せず、耐える力があることを意味する。同じ意味はCとなる。Aは健康であること、Bは物事に動じない精神力があること、Dは程度が高いこと、Eは緩みがなく固いことを意味する。

問題12 … B 打率では彼に劣る

Bが正解である。(例)とBの「に」は、格助詞で、比較の基準を意味している。そのほかの「に」もすべて格助詞であるが、Aは原因・きっかけ、Cは目的、Dは動作の帰着点、Eは場所を意味している。

問題13 … D 鉄も熱すれば溶ける

(例)の「水を冷やせば氷になる」の「ば」は、「上の条件があればいつも下のことが起こる」という場合に用いるのでDが正解となる。A、C、Eの「ば」は、仮定を表し、Bの「ば」は並列を表している。

問題14 … C あつい視線を集める

(例)の「あつい思いを抱く」の「あつい」は、熱烈だという意味だから、Cが正解である。D、Eの「あつい」は、中身または実質が豊かだという意味を表すので誤りとなる。

問題15 … C 狭いながらも
**　　　　　　楽しい我が家**

(例)の「知っていながら知らないふりをする」の「ながら」は、内容の矛盾する2つの動作や物事をつなぐ働きをするもので、「逆接」の用法となる。同じように逆接の用法は、Cである。A、B、Dは、いずれも2つの動作や状態が同時に行なわれることを表す「ながら」で、Eは容認することを表している。

問題16 … D 秋だというのにまだ暑い

(例)の「話しているのに聞こうとしない」の「のに」は、ある事柄から普通に予期することと反対の事柄が起こることを表す接続助詞である。同じ用法は「秋だというのにまだ暑い」のDである。ほかの選択肢は、いずれも格助詞の「の」と「に」が複合した形で、「の」を「こと、ところ、とき、もの」などの名詞に置き換えることができ、前後が逆接にならない。

問題17 … B 軽い酒が好きだ

(例)の「軽いタッチの小説を読む」の「軽い」は、対象となるものが、刺激が少なく、あっさりとした様子であることを表し、同じ用法のBが正解。Aは、簡単だ、容易だという意味。Cは、見下す、甘く見ること。Dは、誰にでも話し、軽薄・軽率であること。Eは、たいした程度ではないこと。

問題18 … E よろしくご指導
**　　　　　　くださいますように**

(例)とEの「ように」は、話し手の希望・命令をやや遠まわしに表現する(婉曲という)助動詞である。Aは例示、Bは似ている状態、Cは不確かな断定、Dは動詞の目的・対象を表す助動詞である。

問題19 … E 色の薄い着物がほしい

(例)の「人のいない島」の「の」は、主格を示している。すなわち「人がいない島」と読み変えることができるので、同じ主格を示すEが正解。Aは所有の「の」、BとCは後の言葉を修飾する「の」。Dは「君のような男になりたい」の「ような」の内容を示す「の」である。

問題20 … D 野菜を細かく刻む

(例)の「ほかより細かい字で書く」の「細かい」は、いくつか集まってひとまとまりになっているものの1つひとつの形が、非常に小さいという意味であり、Dが同意である。Aは、小額の現金の意味。BとCは、ささいなことの意味。Eは、詳しいという意味で用いられる。

問題21 … B そんなものは見たくない

（例）の「それは確かではない」の「ない」は、形容詞である。下線部の「ない」が形容詞であるのは、Bの「そんなものは見たくない」である。いずれも「ぬ」と置き換えることができない。AとDは、それぞれ形容詞の連体形の一部である。またC、Eは打ち消しの助動詞である。

問題22 … A 木造校舎の時代が　　　　　思い出される

（例）の「しのばれる」とAの「思い出される」の「れる」は自発を表す助動詞で、自然と〜する、の意味で同じ用法である。BとCは受け身、Dは尊敬、Eは可能を表す助動詞となる。

29日目 文章整序
練習問題 P.146〜147

問題1 … C b−d−a−e−c

最初の一文は、全体の内容（地球の気温決定メカニズム）の話題提起をしているものという観点から、bがふさわしい。bの文章を受け、エネルギー入射について述べたd、さらにエネルギー放射について述べたaが続く。（b→d→a）

cの「これ」によって平均気温14℃という生物が生存できる地球環境が保たれるという文章から、「これ」の指す内容はeの「再放射」であることがわかる。（e→c）

eの「この熱」に着目。「この熱」を吸収し再び地表に戻すとあるので、aの「地球から放射された熱」であることがわかる。（a→e）

問題2 … ウ その一方で、玄米や胚芽米　　　　　など日本古来の主食を　　　　　見直す動きも出てきている。

ア、イ、ウ、エには、「このような」「…ということだ」「その一方で」「それまで」といった語句が

あり、最初の一文にふさわしくない。オが話題提起にふさわしい。オの食文化の国際化の例がエ。（オ→エ）

アの「このような食事」は、エの「パンやパスタ」の食事を指している。（エ→ア）

ウの「その一方で」は、前の内容と後の内容を対比的に述べるものなので、ア→ウとつながる。イは最後の一文。「…ということだ」と結論を述べている。

以上より、オ→エ→ア→ウ→イの順番となるため、答えはウとなる。

問題3 … F c−a−d−e−b

思想の伝来には、文書によるものだけでなく音楽や造形美術が付随して伝播するという話題提起のcを最初の一文にする。aとdはともにその具体例を示したものであるが、dに「新教もまた」とあるので、aが先だと判断する。eは「あわせて言うなら」とあり、先の2つの具体例にさらにもう1つの例を付け足したものである。bは、以上の内容を総括したものである。

なお、b→eの順も考えられるが、該当する選択肢がない。

問題4 … D e−b−a−d−c

最初の一文と最後の一文を決める。特に最初の一文を見つけることが重要である。

ここでは、aもしくはeのいずれかが「始め」になることは選択肢によって確定している。「始め」は、原則として文が接続語や指示語で始まっていないもの、全体の話題提起にふさわしい内容であり、キーワードが書かれているものと見当をつけて探す。この問題では、文eが最初の一文にふさわしいことがわかる。指示語と接続語の検討も、並べ替え問題を解くための大きな要素である。

この問題では、cに「そんな悪循環」とある。これはこの文以前に「悪循環」について述べられていることを表す。悪循環は、悪いことがさらに別の悪いことの原因となるという意味なので、dの「ますます書かなくなる」がその内容に相当する。次に、dの冒頭の「そして」にも着目

する。直後に「書き方がわからない」ことが話題にされているが、「そして」は添加なので、これより以前にその結果を導き出す条件が提示されているはずである。aの「手紙の書き方を忘れてしまう」がそれに当たる。

問題5 … 2 C－B－D－F－E－A

注意すべき語としてはAの「いずれにしても」、Bの「それ」、Dの「しかも」「それ」、Fの「すなわち」である。B、Dの「それ」はCの「道具や機械」を示し、Dの「しかも」は並列を意味する語であるので、C→B→Dとなる。次にFの「すなわち」はC→B→Dの内容を受け、その趣旨を別の観点から説明する働きをするので、Dの後ろに続くことがわかる。EはFで説明した「固体」という語を用いて、複雑な機械について具体的に説明していることからFの後ろに続くことがわかる。Aの「いずれにしても」は、C→B→D→F→Eの内容を受けて、「技術」について述べていることから最後の一文となることがわかる。したがって正答はC→B→D→F→E→Aとなる。

30日目 2語の関係
練習問題 P.150~155

問題1 … E アとウ

(例)の左側の「裁判官」は、右側の「判決」を下すことが仕事であり、これを「仕事」の関係という。裁判官→判決である。アの「店員」は、「販売」が仕事で店員→販売となり、左右の並びも(例)と同じとなる。イの「議員」は、「口利き」もするかも知れないが、あくまでも本分は、議決することであるから、「仕事」の関係とはいえない。「仕事」の関係は、その職業に就く人の本来の業務のみ考え、付随する(と予測されるものも含む)事柄は除く。ウの「コック」は「調理」が仕事で、コック→調理なので、左右の並びも(例)

と同じになる。

問題2 … F イとウ

(例)の左側の「コンビニエンスストア」は、右側の「小売店」の一種なので、「包含」の関係である。コンビニエンスストア＜小売店の並びとなる。イとウはともに包含の関係で、左右の並び方も(例)と同じである。アは、包含の関係ではない。

問題3 … F イとウ

(例)の右側の「レンズ」は、左側の「カメラ」の一部なので、これを「部分」の関係という。ア～ウはすべて「部分」の関係であるが、アは、右側が大きいもの、左側がその一部なので、(例)とは並び方が逆である。イとウは、左側が大きいもの、右側がその一部なので、(例)と同じ並び方である。

問題4 … A アだけ

(例)の右側の「マグロ」は、左側の「魚類」の一種であり、これを「包含」の関係という。語の並び方は、魚類＞マグロである。アの「トランペット」は「楽器」の一種なので「包含」の関係であり、楽器＞トランペットと、語の並び方も(例)と同じである。イも「包含」の関係であるが、時代劇＜映画と、語の並び方が(例)とは逆である。ウは、「包含」の関係ではなく、用途の関係である。

問題5 … C ウだけ

(例)の左側の「サインペン」は、右側の「筆記」をするために用いられるので、「用途」の関係である。サインペン→筆記となる。同じ「用途」の関係となるのはイとウであるが、イは保存←USBメモリーと左右の並び方が(例)とは逆である。ウの「のこぎり」は「切断」に用いるので、のこぎり→切断と左右の並び方も(例)と同じである。アは、「同種」の関係で、「用途」の関係ではない。

問題6 … F イとウ

(例)の左側の「サドル」は、右側の「自転車」の

一部であり、「部分」の関係である。イの左側の「秒針」は、右側の「目覚まし時計」の一部で、左右の並び方も（例）と同じである。またウの左側の「滑走路」は、右側の「空港」の一部であり、左右の並び方も（例）と同じである。アは、「用途」の関係とも考えられるが、「部分」の関係と考えた場合は、「コーヒー（カップに入っている）」の一部は「砂糖」であるともいえる。しかし、その場合には、左右の並び方が（例）と逆になる。

問題7 … A アだけ

（例）の右側の「石灰石」は、左側の「セメント」をつくるための「原料」の関係である。アの右側の「パルプ」は、左側の「紙」をつくる原料であり、左右の並び方も（例）と同じである。イとウはいずれも「原料」の関係ではなく、「包含」の関係である。

問題8 … C ウだけ

（例）の「ネックレス」は「装飾品」の一種で、これを「包含」の関係という。左側の「ネックレス」が、右側の「装飾品」に含まれる。アの「薬剤師」は、「調剤」をするので「仕事」の関係。イは「米」から「もち」を作るので「原料」の関係。ウの「にんじん」は「農作物」の一種で、左右の並び方も（例）と同じである。

問題9 … E アとウ

（例）の左側の「ボタン」は、右側の「リモコン」の一部で、これを「部分」の関係という。ボタン＜リモコンの関係となる。アは「部分」の関係で、鏡＜洗面台となり、左右の並び方も（例）と同じである。イは、「部分」の関係であるが、自動車＞バックミラーなので、左右の並び方が（例）とは逆になる。ウは「部分」の関係で、尾翼＜飛行機なので、左右の並び方も（例）と同じである。

問題10 … E アとウ

（例）の右側の「ぶどう」は、左側の「ワイン」の原料で、「原料」の関係である。「原料」の関係には

「材料」の関係も含まれる。アの左側の「パン」は、右側の「小麦粉」を原料としていて、左右の並び方も（例）と同じである。ウの左側の「みそ」は、右側の「大豆」を原料としていて、語の左右の並び方も（例）と同じである。イは、「原料」の関係であるが、左側が原料で、右側がその製品なので、語の並び方が（例）と逆である。

問題11 … F イとウ

（例）の左側の「レンズ」は、右側の「眼鏡」の一部を構成する部品である。これを「部分」の関係という。レンズ＜眼鏡の並び方となる。アは「部分」の関係だが、客船＞甲板となり、左右の並び方が（例）とは逆である。イは、「部分」の関係で、キーボード＜パソコンと左右の並び方も（例）と同じ。ウも「部分」の関係で、これも玄関＜住宅と、左右の並び方も（例）と同じになる。

問題12 … D アとイ

（例）の左側の「押し入れ」は、右側の「収納」のために用いられ、「用途」の関係である。アの左側の「クーラー」は、右側の「冷房」のために用いるので、「用途」の関係であり、左右の並び方も（例）と同じである。イの左側の「旅館」は、右側の「宿泊」のために用いるので、これも「用途」の関係であり、左右の並び方も（例）と同じである。ウの右側の「小麦粉」は、左側の「うどん」をつくる原料であり、「用途」の関係ではない。

問題13 … B イだけ

（例）の右側の「タイヤ」は、左側の「自動車」の一部なので、「部分」の関係である。アは、同じ衣料品に属するもので、「部分」の関係ではない。イの右側の「切符売り場」は、左側の「駅」の一部で、「部分」の関係となる。語の左右の並び方も（例）と同じである。ウの左側の「テレビ」は、右側の「マスメディア」の一種で、「包含」の関係である。

問題14 … C ウだけ

（例）の右側の「包丁」は、左側の「切断」をする

ために用いるので、「用途」の関係である。切断
←包丁の並び方となる。アの「ドライヤー」は「乾
燥」させるときに用いるが、ドライヤー→乾燥
と、左右の並び方が(例)とは逆になる。イの「ホ
テル」は「宿泊」に用いるが、これもホテル→宿
泊と、並び方が(例)とは逆になる。ウは「用途」
の関係で、防寒←マフラーと、並び方は(例)
と同じである。

問題15 … B イだけ

(例)の左側の「チーズ」は、右側の「牛乳」を原
料とするので、これを「原料」の関係という。ア
とイは「原料」の関係であるが、(例)は左側の語
←右側の語(左：製品、右：原料)であるのに
対して、アは左側の語→右側の語(左：原料、右：
製品)となる。高級碁石の黒石は那智黒、白石
はチョウセンハマグリやシャコガイからつくら
れる。イは、かまぼこ←スケトウダラとなり、
(例)と同じ並び方となる。ウの「絹」と「木綿」は
いずれも繊維の一種で、原料ではなく、同種
の関係となる。

問題16 … B イだけ

(例)の左側の「プリンター」は、右側の「OA機
器」の一種で、これを「包含」の関係という。プ
リンター<OA機器の並び方になる。アの「パ
ソコン」は「インターネット」をするための道具
となるので、「包含」の関係ではなく「用途」の関
係である。イの「トラ」は「哺乳類」の一種なので、
「包含」の関係となり、トラ<哺乳類と、並び方
も(例)と同じである。ウの「板前」は「調理」をす
ることが仕事(職業)なので、「仕事」の関係であ
る。

問題17 … B イだけ

(例)の左側の「ゼラチン」は、右側の「ゼリー」の
原料で、「原料」の関係となる。同じものはイの
「小麦粉」と「クッキー」で、左右の並び方も(例)
と同じである。アの「うどん」と「だし汁」は、特
に原料関係ではなく、ウは原料関係であるが、
左右の並び方が(例)とは逆になっている。

問題18 … A アだけ

(例)の右側の「公認会計士」は、左側の「監査」
を仕事(職業)とする。これを「仕事」の関係と
いう。アは、「板前」は「調理」をすることが仕事
であり、語の関係・左右の並び方とも(例)と同
じである。イの「添乗員」は、旅行者の「案内」
が仕事であるが、左右の並び方が(例)とは逆
である。ウの「船乗り」の仕事(本業)は「冒険」
ではなく航海である。

問題19 … E アとウ

(例)の左側の「歯科医」は、右側の「(歯が悪い
人の)治療」をすることが仕事で、これを「仕事」
の関係という。「仕事」の関係は、その職業に就
く人の本来の業務のみ考える。アの「杜氏」は
「酒をつくること」が仕事、ウの「議員」は、「立法
(法律をつくること)」が本来の業務である。イ
の「棟梁」は、「大工」の親方という身分を指し、
仕事とはいえない。

問題20 … A アだけ

(例)の左側の「ウグイス」は、右側の「鳥類」の
一種で、これは「包含」の関係である。並び方
は、ウグイス<鳥類になる。同じものはアで、
左側の「マンション」は右側の「住宅」の一種で、
マンション<住宅と、左右の並び方も(例)と同
じである。イの「医師」は「診察」をすることが仕
事なので、「仕事」の関係。ウは「包含」の関係だ
が、産業>農業と、左右の並び方が(例)とは
逆になっている。

問題21 … A アだけ

(例)の右側の「サッカー」は、左側の「スポーツ」
の一種なので、「包含」の関係である。スポー
ツ>サッカーである。アの右側の「予備校」は、
左側の「教育機関」の1つなので、「包含」の関係
であり、教育機関>予備校と、左右の並び方
も(例)と同じである。イの左側の「マンション」
は右側の「住宅」の一種で「包含」の関係といえ
るが、マンション<住宅と左右の並び方が(例)
とは逆である。ウも「包含」の関係であるが、カ
エル<両生類と、左右の並び方が(例)と逆で

ある。

問題22 … B イだけ

(例) の左側の「ジャズ」は、右側の「音楽」の一種となっていて、「包含」の関係である。アは「包含」の関係ではない。イの「心理学」は、「学問」の一種で、左右の並び方も(例)と同じ。ウは、「包含」の関係であるが、右側の「酸素」が左側の「元素」の一種なので、左右の並び方が(例)とは逆になっている。

問題23 … E アとウ

(例) の右側の「プロペラ」は、左側の「ヘリコプター」の一部分で、これを「部分」の関係という。ヘリコプター>プロペラの関係となる。アの「パソコン」と「CPU」も同じく部分の関係で、パソコン>CPUなので左右の並び方も(例)と同じである。イの「ねじ」と「ドライバー」は「部分」の関係ではない。強いていえば、ねじを回すときにドライバーを用いる。ウは浴室>バスタブとなり、「部分」の関係で、左右の並び方も(例)と同じになる。

問題24 … C ウだけ

(例) の左側の「マッチ」は、右側の「点火」のために用いる。これを「用途」の関係という。左右の並び方はマッチ→点火で、左側が具体的な道具・用具、右側がそれを使ってする動作(左側の語の目的)である。同じ関係はウである。「注射」は「治療」に用い、注射→治療と、左右の並び方も(例)と同じである。アは「包含」の関係であり、イの2語はとくに関連がない。

問題25 … D アとイ

(例) の右側の「ハンドル」は、左側の「自転車」の一部である。これを「部分」の関係という。自転車>ハンドルである。ア、イも同様に「部分」の関係で、左右の並び方も、電車>パンタグラフ、ラジオ>スピーカーと、(例)と同じである。ウも「部分」の関係であるが、モニター<パソコンと、左右の並び方が(例)とは逆である。

問題26 … B イだけ

(例) の左側の「尾翼」は、右側の「飛行機」の一部で、これを「部分」の関係という。「包含」の関係と混同しないよう注意する。「包含」の関係はAがBの一種であり、「部分」の関係はAがBの一部であることを表している。ここでは左側の語(尾翼)<右側の語(飛行機)の関係となる。イは「部分」の関係であり、受話器<電話機で、左右の並び方も(例)と同じである。アの「包丁」は「調理」に用いるので、「用途」の関係である。ウの「土俵」も「相撲」のために用いるので用途の関係である。

問題27 … C ウだけ

(例) の左側の「アボカド」はクスノキ科の植物の実で、右側の「果物」の一種。アボカドは果物という大きな概念の中の1つなので、「包含」の関係となる。アの「ラジオ」と「テレビ」は、ともにメディアの一種で、「テレビ」の一種が「ラジオ」ではないので、(例)と同じ関係にならない。イの「北海道」では「スキー」が盛んに行なわれるが、「包含」の関係ではない。ウの「草書」は、「フォント」の一種。「草書」は、点画を略して曲線を多用した漢字の書体のこと。

問題28 … F イとウ

(例) の右側の「ポケット」は、左側の「スーツ」の一部なので、「部分」の関係。スーツ>ポケットの関係。アも「部分」の関係であるが、燃料タンク<ジェット機と、左右の並び方が(例)とは逆である。イも「部分」の関係で、日本刀>つかと、左右の並び方は(例)と同じ。ウも「部分」の関係で、ニワトリ>とさかと、これも左右の並び方は(例)と同じである。

問題29 … F イとウ

(例) の左側の「添乗員」は、右側の「案内」を職業にするので、「仕事」の関係である。添乗員→案内である。アは、「仕事」の関係ではなく、「包含」の関係。イは「仕事」の関係で、刑事→捜査と、左右の並び方も(例)と同じ。ウも「仕事」の関係で、作家→執筆と、これも左右の並び方

が(例)と同じである。

問題30 … **C** ウだけ

(例) の右側の「屋根」は、左側の「住宅」の一部なので、「部分」の関係。住宅>屋根の並び方である。アも「部分」の関係であるが、室内灯<自動車と、左右の並び方は(例)とは逆である。イは、「部分」の関係ではなく「包含」の関係。ウは「部分」の関係で、拳銃>引き金と、左右の並び方は(例)と同じである。

問題31 … **D** アとイ

(例) の右側の「パワーショベル」は、左側の「掘削」のために用いるので、「用途」の関係である。掘削←パワーショベルの関係。アの右側の「手紙」は、左側の「通信」の「用途」に使うもので、左右の並び方も、通信←手紙と(例)に同じ。イも「用途」の関係で、計測←ものさしと、左右の並び方は(例)と同じ。ウは、「豆腐は田楽に使う」といえなくもないが、その場合、豆腐→田楽となり、左右の並び方は(例)と逆になる。

問題32 … **C** ウだけ

(例) の右側の「洪水」は、左側の「自然災害」の一種なので、「包含」の関係。自然災害>洪水の関係。アの「噴水」は、「公園」の一部なので、「包含」ではなく「部分」の関係。イの「鎮痛剤」は、「薬品」の一種なので「包含」の関係であるが、鎮痛剤<薬品と、左右の並び方が(例)とは逆である。ウも「包含」の関係で、兵器>ミサイルと、並び方も(例)と同じである。

問題33 … **A** アだけ

(例) の左側の「カーテン」は、右側の「遮光」(光を遮ること)のために用いる。これを「用途」の関係という。アの左側の「消しゴム」は、右側の「修正」に用いるので、「用途」の関係であり、左右の並び方も(例)と同じである。イは「包含」の関係。ウも「用途」の関係だが、左側が目的、右側がその道具であり、左右の並び方が(例)とは逆である。

問題34 … **B** イだけ

(例) の左側の「イタリア語」は、右側の「言語」の一種なので、「包含」の関係。イタリア語<言語の関係。アも「包含」の関係であるが、書籍>聖書と、左右の並び方が(例)とは逆である。イも「包含」の関係で、すべり台<遊具と、左右の並び方は(例)と同じ。ウは、「経典は仏教の一種である」とはいえないので、「包含」の関係ではない。

問題35 … **C** ウだけ

(例) の右側の「杉」は、左側の「針葉樹」の一種なので、「包含」の関係である。針葉樹>杉の並び方。アも「包含」の関係であるが、椿<植物と、並び方は(例)の逆。イは「部分」の関係であり、包含の関係ではない。ウは「包含」の関係で、生物>人類と、左右の並び方は(例)と同じである。

問題36 … **E** アとウ

(例) の左側の「地球」は、右側の「惑星」の一種なので、「包含」の関係。地球<惑星である。アも「包含」の関係で、オキシドール<外用薬と、左右の並び方は(例)と同じ。イも「包含」の関係であるが、果物>オレンジと、左右の並び方が(例)とは逆。ウも「包含」の関係で、フットサル<球技と、左右の並び方は(例)と同じ。フットサルは、5人制のミニサッカー。

問題37 … **F** イとウ

(例) の右側の「目次」は、左側の「本」の一部なので、「部分」の関係。本>目次である。アも部分の関係であるが、サーモスタット<アイロンと、左右の並び方が(例)とは逆である。イも部分の関係で、エアコン>フィルターと、左右の並び方も(例)と同じ。ウも「部分」の関係で、掃除機>ノズルと、これも左右の並び方は(例)と同じである。

問題38 … C ウだけ

(例)の左側の「ひなまつり」は右側の「年中行事」の一種となる。これを「包含」の関係といい、左の語＜右の語の関係となる。同じものはウで、ツバメは渡り鳥の一種。左右の並び方も(例)と同じとなる。アの「鍵盤」は「ピアノ」の一部で、これは「部分」の関係となる。イは包含の関係で、「ワニ」は「はちゅう類」の一種だが、左右の並び方が(例)と逆になる。

問題39 … C ウだけ

(例)の右側の「たわし」は、左側の「洗浄」のために用いるので、「用途」の関係である。洗浄←たわしの関係である。アも「用途」の関係であるが、ラッセル車→除雪と、並び方が(例)とは逆である。イも同様に「用途」の関係であるが、目覚まし時計→起床と、これも(例)とは逆の並び方である。ウも「用途」の関係で、輸送←フェリーと、左右の並び方も(例)と同じである。

問題40 … D アとイ

(例)の右側の「かまぼこ」は、左側の「すり身」からつくられるので、「原料」の関係である。アも「原料」の関係で、ゴム→タイヤと、左右の並び方は(例)と同じ。イも同様に「原料」の関係で、除虫菊→蚊取り線香と、これも左右の並び方が(例)と同じである。ウも「原料」の関係であるが、火薬←硝酸カリウムと、左右の並び方が(例)とは逆である。

問題41 … B イだけ

(例)の右側の「スクリーン」は、左側の「映画館」の一部なので、「部分」の関係である。映画館＞スクリーンの関係。アは、「部分」ではなく「包含」の関係。イは「部分」の関係で、図書館＞書庫と、左右の並び方も(例)と同じ。ウも「部分」の関係だが、戸籍課＜市役所と、左右の並び方が(例)とは逆である。

31日目 長文読解
練習問題 P.157〜166

問題1(1) … C ひとくくり

直後の文に着目する。「ネットワーク上に蓄積されるものなどについては、…『情報』としてまとめられ」るとある。「情報」と「知識」というもともと2種類あった情報を、現代人は、1つの脳内で処理する、つまり1つにまとめてしまおうとするのである。無駄な時間をできる限り省こうとするあまり、結局は真の豊かさを体得できないままに人生を終わることになる。

(2) … B イだけ

アの「個性を尊重する」は、本文では話題にされていない。イは、最後の段落にあり、このような思い込みが存続する限り、人間は豊かさなど実感できないと筆者は考えている。ウは、本文末尾に「慌ただしくなっただけで、どこにも豊かさなど体得していない」とあることから、むしろ逆に充実感を失っているといえる。

問題2(1) … E イとエ

アについては、本文に直接述べられていない。イは、郷愁を催すものである。ウは、裏町には見当たらないものである。エは、イと同様に郷愁を催すものである。

(2) … A 日和下駄

本文全体をよく通読して考える必要がある。筆者は、東京市中の廃址を歩くことを好んでいる。日和下駄は、そのときに使用する履き物であり、散歩の、そして作者の見聞の象徴でもある。なお、日和下駄は、足駄とも呼ばれる高下駄にくらべて、歯が低いもので、晴天のときに履くものである。

問題3 … C 社会に対する見方をあらかじめ決めておくことで、自己を見る苦しさから逃れること

前もって一定の判断基準をつくっておき、それに当てはめることでそれぞれの場面をしのいでいく人もあると述べられている。

問題4 … D 作品そのものを読むこと

正解はDの「作品そのものを読むこと」である。「古典を解する」ことについては、本文の中ほどに「古典を解しようと思うならば、ただちにその享受へと向かわねばならない」とある。ここで「その享受」とは、古典作品が読者に与える「面白さ」を受け取ることと考えられる。それは、りんごの例を用いながら、「まずそれをみずから読むという実行」によって得られるものであるとしている。

問題5 … E 自分の著書の不滅を信じること

「書」とは、ここでは作者の著書のことである。自己の作品がいつまで芸術的価値を保つことができるかについて、芸術もそれを評価する時代もたゆまず変化を続けるものであれば、まったく明日をも知れないものといわざるをえないと述べている。「名山に蔵する」とは、不変の名山に書物を収蔵すること、つまりいつまでも不滅のものと考えることである。Cは逆の内容になる。

問題6(1) … A 自分の叡智を磨き、対象とする思想家の高みや深さにまで達すること

「自分の思想がそこまで行く」とは、対象とする思想家の高みや深さに自分も達するということである。そのときにその思想家の考え方や見方の骨がおのずから分かるようになり、本質的理解が可能になることを読み取る。Bは「自分の分野において獲得」が本文に述べられていない。Cは、「数多くの」が誤り。特に多数

の思想家を理解するのではない。下線部の「そこ」が指すものは、例えばアリストテレスの深い思想である。Dは、「心酔」したり、「著書を座右に置く」だけでは思想が「そこまで行く」とはいえない。Eは、自己の経験と偉大な思想家の思想とには関連性はない。

(2) … D その思想家の骨が摑めれば、その思想家のおよその思考内容も摑めるから

思想家の見方や考え方の骨が理解できれば、枝葉末節にこだわることなく最も本質的な部分が理解できるようになる。全集をほじくり返すような読み方では、本当に生きた思想をつかむことができなくなる。Eが紛らわしいが、実際に「独断的な解釈に陥った体験がある」とは述べていない。

問題7(1) … B 理不尽

「親や子を殺害された家族の悲しみや苦しみは、どんなに時間が経っても消えるものではない」はずの遺族の感情として、時効制度が存在することは道理に合わないことだと考えられる。

(2) … C ウだけ

アは、「あらゆる刑事犯罪」が誤りで、「傷害致死や危険運転致死などはどうするのかは示されていない」とある。また、時効廃止の検討対象は、死刑になる可能性のある犯罪である。イは、「国民感情への配慮」とはあるが、議論のきっかけが、遺族からの直接的な訴えであったとは述べられていない。ウは、「見直しの背景には、ＤＮＡ鑑定など科学捜査の進歩で血液や体液など犯人特定につながる証拠の長期保全が可能になったこともある」とある。

(3) … E アとウ

アは、「時の経過でアリバイ立証は困難になり冤罪が生まれやすくなる」ことが日弁連の廃止反対の大きな理由とされている。イは、「米国の多くの州やドイツ、フランスなどでは殺人や謀殺、計画的殺人など重罪については時効を設

けていない」とあるが、それが時効の存続や廃止の理由になるわけではない。ウは、「時効がなくなれば未解決事件は蓄積され」とある。

問題8 … D アとイ

アは、最後の段落に「将来の国の在り方に直結する」とある。イは、「年齢条項が見直し対象となる法令」は300本以上あり、「それぞれに議論を呼びそうな法律は数多い」とあることに合致する。ウは、世界の主要国の成人年齢が、特定の国について引き下げられた事情は述べられているが、それらを考慮したり、検討したりする必要性には言及していない。

ENG（英語）／同意語
練習問題 P.171〜173

問題1 … B neglect
ignore　無視する
A　blame　責める
B　neglect　軽視/無視する
C　respect　尊敬する
D　recognize　認識する
E　agree　同意する

問題2 … C break
destroy　破壊する
A　pretend　…のふりをする
B　construct　建設する
C　break　壊す
D　produce　製造する
E　found　設立する

問題3 … B understand
comprehend　理解する
A　despise　軽蔑する
B　understand　理解する
C　criticize　批判する
D　endure　我慢する
E　extinguish　（火などを）消す

問題4 … E eatable
edible　食べられる
A　approval　賛成
B　preferable　好ましい
C　applicable　応用できる
D　enjoyable　楽しい
E　eatable　食べられる

問題5 … E trust
faith　信頼
A　diligence　勤勉
B　admiration　感嘆
C　tolerance　寛容

D dignity　威厳

E trust　信頼

問題6 … **D** opportunity

chance　機会

A sacrifice　犠牲

B decision　決定

C time　時

D opportunity　機会

E moment　瞬間

問題7 … **C** translator

interpreter　通訳者

A pioneer　先駆者

B consider　よく考える

C translator　通訳者、翻訳者

D character　性格

E manager　支配人

問題8 … **A** mandate

authority　権威

A mandate　権限

B criticism　批判

C ideal　理想

D delicacy　優美さ

E ultimate　最後の

問題9 … **B** optional

voluntary　自発的な

A momentary　瞬間的な

B optional　任意の

C obscene　わいせつな

D favorite　大好きな

E aggressive　攻撃的な

問題10 … **B** forbid

prohibit　禁じる

A repeat　繰り返す

B forbid　禁じる

C worship　崇拝する

D discover　発見する

E solve　解決する

問題11 … **D** faculty

ability　能力

A literacy　教養

B popularity　人気

C applause　拍手喝采

D faculty　能力

E influence　影響

問題12 … **A** result

outcome　結果

A result　結果

B explanation　説明

C calculation　計算

D condition　状態

E caution　用心

問題13 … **D** convince

persuade　説得する

A allow　許す

B suspect　疑う

C arrest　逮捕する

D convince　納得させる

E employ　雇用する

問題14 … **E** luckily

fortunately　幸運にも

A costly　高価な

B continuously　連続して

C purely　まったく

D respectively　それぞれに

E luckily　幸運にも

問題15 … **C** propose

suggest　提案する

A appreciate　〜をありがたく思う

B moderate　節度のある

C propose　提案する

D integrate　〜を統合する

E arrange　整える

61

問題16 … D sadness

sorrow　悲しみ

A　glory　栄光

B　madness　狂気

C　satisfaction　満足

D　sadness　悲しみ

E　regret　後悔

問題17 … B admire

praise　称賛する

A　despise　軽蔑する

B　admire　称賛する

C　deny　否定する

D　invite　招待する

E　equip　身につけさせる

問題18 … C hardly

barely　ほとんど…ない

A　exclusively　独占的に

B　crucially　決定的に

C　hardly　ほとんど…ない

D　phenomenally　並外れて

E　military　軍の

問題19 … E previous

former　前の

A　impression　印象

B　scandalous　人を中傷するような

C　ambitious　野心のある

D　delicate　繊細な

E　previous　前の

問題1 … E absent

present　存在している

A　authentic　本物の

B　intensive　集中的な

C　chaotic　混沌とした

D　futuristic　未来派の

E　absent　不在の

問題2 … D attack

defend　守る

A　offend　怒らせる

B　promise　約束する

C　create　創造する

D　attack　攻撃する

E　cooperate　協力する

問題3 … B foreign

domestic　国内の

A　hectic　大忙しの

B　foreign　外国の

C　maniac　狂気の

D　critical　批判的な

E　energetic　精力的な

問題4　A diligent

lazy　怠惰な

A　diligent　勤勉な

B　desperate　絶望的な

C　boring　うんざりするような

D　sophisticated　洗練された

E　impolite　無礼な

問題5 … A profit

loss　損失

A　profit　利益

B　chore　雑用

C　bias　偏見

D worth 価値

E purpose 目的

問題6 ⋯ B stormy
calm 穏やかな

A snowy 雪の降る

B stormy 荒れた

C wintry 冬らしい

D summery 夏らしい

E negative 否定的な

問題7 ⋯ E violent
peaceful 平和な

A quiet 静かな

B narrow 狭い

C passive 受け身の

D joyful 喜ばしい

E violent 暴力的な

問題8 ⋯ C real
virtual 虚の

A memorial 記念の

B multiple 多数の

C real 現実の

D modern 現代の

E ignorant 無知の

問題9 ⋯ D punish
forgive 許す

A dismiss 解雇する

B suffer 苦しむ

C transfer 移す

D punish 罰する

E purchase 買う

問題10 ⋯ C defeat
victory 勝利

A wisdom 知恵

B habit 習慣

C defeat 敗北

D advantage 利点

E justice 正義

問題11 ⋯ D innocent
guilty 有罪の

A gloomy 暗い

B mighty 力強い

C generous 気前のよい

D innocent 無罪の

E impressive 印象的な

問題12 ⋯ B refuse
accept 受け入れる

A distinguish 識別する

B refuse 拒否する

C refer 言及する

D apply 適用する

E insist 主張する

問題13 ⋯ A effect
cause 原因

A effect 結果

B case 場合

C coincidence 偶然の一致

D cost 費用

E way 方法

問題14 ⋯ C mixed
pure 純粋な

A complexity 複雑さ

B coarse 粗末な

C mixed 混ざった

D simple 簡単な

E general 一般の

英語／文章訳
練習問題 P.179

問題1 … C　経済は、この混乱を乗り切ることができる。

本文全体の日本語訳：経済は、正しいリーダーシップと成長戦略(政策)によって、この混乱を乗り切ることができる。weatherは、「天気、天候、気象」の意味のほかに、動詞として用いて、「(嵐、危険、困難などを)切り抜ける、乗り切る」の意味がある。 upheavalは「変動、激変、混乱」などの意味である。

問題2 … E　As far as I know, he hasn't been married yet.

"as far as～"は「～の及ぶ限りでは」「～に関する限りでは」と、範囲の限度を表す。"As long as～"は「～さえすれば」(条件)、「～する間は」(時間の限度)などを表す。また"as well as"は"A as well as B"の形で用いて、「BだけでなくAまでも」と訳される。

英語／空欄補充
練習問題 P.180～181

問題1 … B　stands

"stand for～"で「～を意味する、～の略語である」という意味の熟語。ほかの選択肢はすべて意味をなさない。

問題2 … B　That's all right.

Aは「それは残念だな」。Cは「君は遅過ぎだよ」。Dは「どういたしまして」で相手に感謝されたときの返事。Eは「そんな問題ではないんだよ」と、話題のポイントがずれていることを指摘する際に使用する。

〈会話文の和訳〉
サチコ：遅れて本当にごめんなさい。
ジャック：大丈夫だよ。会議はまだ始まっていないよ。
サチコ：それはよかった。

問題3 … A　In the end

英文は、「私たちは家のことで大変苦労して、結局引っ越すことに決めた」という意味である。Aの"In the end"は「結局、ついに」という意味のイディオムである。Cの"To the end"は「最後まで」という意味で、この文には合わない。B、D、Eの選択肢は、一般的にイディオムとしては使用されない。

問題4 … B　into

熟語の問題。選択肢を空欄に入れてそれぞれの意味を考える。"look into"は「調査する」という意味で、文意に合うが、それ以外は合わない。
〈選択肢の意味〉
A)look after「世話をする」
C)look for「探す」
D)look back「回顧する」
E)look down「見下ろす」

問題5 … E　Fare

fareは「運賃、乗車料金」である。
〈選択肢の訳〉
A)gold「金貨、金」
B)cost「経費、費用」(cost of living は生活費)
C)charge「料金、手数料、使用料」(hotel charges はホテル代)
D)fee「(参加、入場などの)料金、報酬」(lawyer's fee は弁護士料)

問題6 … B　who

英文は、「トムは、アメリカ出身だが、泳ぎが上手だ」という意味である。空欄には関係代名詞を入れる。選択のポイントは、①先行詞②格である。この場合、①先行詞Tomは「人」で、②is(動詞)は前に主語が必要なので、「主格」に

64

なる。よってwhoが入る。thatの前にコンマをつける用法はないので、1は不可。この文は、「S, 関係詞節, V…」のパターンで、「Sは、〜なのだが、Vする」と訳する。ここでのTomのように、先行詞が固有名詞の場合、コンマのつく関係詞節になるのが原則である。

問題7 … **C** figure

A)watch out 「気をつける」
B)fill out 「〜に必要事項を書き込む」
C)figure out 「〜を理解する」
D)put out 「〜を消す」
E)rule out 「〜を除外する」
英文にあてはめて意味が通るのはCである。
<和訳>
私が初めてシカゴに来たとき、私はまだ自分が誰なのかということを理解しようとしていた。

問題8 … **B** the other

「彼には2人の姉妹がいる。1人はアメリカにいて、もう1人は中国にいる」という文である。the other は、2つ(2人)のうちのもう一方、つまり残りが1つしかないときの、残りの1つという場合に使用する。the others は、残りが2つ以上あるときの、残り全部という場合に使用する。anotherは同じ種類のもう1つ別のもの、残りがいくつかあるうちのもう1つのもの、という場合に使う。

問題9 … **C** wear

put onは、「身に付ける」動作を表す。wearは「着用する」という一般的・習慣的な事実や「着ている」状態を表す。
〈会話文の和訳〉
マサシ：日本では、家の中に入るときは靴を脱いで、外へ出るときに靴を履くんだ。
トム：僕たちと同じような靴を履いているの？
マサシ：そう、多くの日本人はそうだよ。履くのがとても簡単な木の靴のようなもの(＝下駄)を履いている人もいるよ。

英語／語句の並べ替え
練習問題 P.182

問題1 … **D** often

"As is often the case with〜 "で「〜にはよくあることだが」の意味。
As is often the case with him, he was late.

問題2 … **C**

"I would like＋人＋to＋動詞の原形"で「(人)に(動詞)してもらいたい」の意味になる。選択肢に"I" はあるが、"me" がないのでCが正解となる。
I would like you to call a taxi.

問題3 … **B**

"but for〜 "で、「〜がなかったら」となり、if節のない仮定法を表す。この表現は、if it were not for〜と書き換えることができる。
But for dance, the world would be a boring place.

英語／長文読解

練習問題 P.183~186

問題1 … D

下線部は、「彼女（＝母）の言うことを聞かなかった」であり、その内容は、直前で母親の言っていることがらである。夏休みになって、帰宅が遅く、家族と一緒に夕食をとらない私に対して、母親は、早く帰って夕食をともにするように忠告をしたのである。しかし、私はそれに耳を貸さなかった。Dは、「家族と夕食をともにするために早く帰宅しなかった」であり、これが正解。この時点では、まだおじの話題は出ていないことに注意する。

問題2 … D

あらかじめ設問を読んで、設問を念頭に置きながら長文を読むと答えを見つけやすい。設問は「テロリストの攻撃が起きた時に～」という意味で、その後に続く文を探す問題である。本文2文目に I was on the subway on my way to work（仕事に向かう途中で、地下鉄に乗っていた）とある。これに最も近いのはDの I was going to work by subway である。
〈選択肢の和訳〉
A) 私は地下鉄の駅に（向かって）歩いていた
B) 私はタワーに行くところだった
C) 私はオフィスにいた
D) 私は地下鉄で仕事に向かうところだった
E) 私は南の方を見ていた

問題3 … C

ファストフードレストランで、看板に赤色を用いる理由は、赤色が遠くから見てよく目立つことであるが、最も重要なことは、赤色は黄色や緑色と同様に、空腹を感じさせる色である、と述べられている。英文としても正しいものを選ぶこともヒントにする。

問題4 … E 振り子時計

最後の "Above all this discovery made possible a better instrument for measuring time." から、時間を計る道具、つまり振り子時計ができたことがわかる。
〈英文の和訳〉

　ガリレオは、自分が住んでいるピサという町の大きな教会の中にいた。頭のはるかに上の天井から長い鎖にぶら下がっている明かりの動きを見ながら、その明かりが鎖にぶら下がって前後に動くとき、たとえどんなに遠くまでそれが動いても、折り返しの間は同じ時間がかかっているように思われることが分かった。

　明かりの動きについての自分の考えが正しいかどうかを確かめるために、ガリレオは指を手首に当てた。彼は、自分の脈拍で測定しながら、明かりが鎖にぶら下がって前後に動くとき、その明かりが動く時間を計った。彼の考えは正しかった。彼はそれを実証した。彼はその明かりの空中での移動距離がたとえどんなに短かろうが、長かろうが、その移動にかかる時間は同じだと証明することができた。ガリレオは、振り子の動きについての大発見をしたのだった。とりわけ、この発見のおかげで時間を測定する道具の改良が可能になった。

問題5 … B

本文の第1段落最終文より、Bが本文の内容に合致する。
〈本文の和訳〉

　耳の聞こえない人同士が話しているのを見たことがある人は、手話とは何か知っているだろう。しかし、おそらく知られていないことは、それが今日、アメリカ合衆国で4番目によく使われている言語だということである。実際、手話は何らかの形で何千年も前から存在し、おそらく話し言葉よりも古い。

　手話には単なるしかめっ面や、肩をすくめることや、身ぶりもありうるし、また、手のアルファベットで単語が一字一字表わされる非常に複雑なものもありうる。手話は、言語の背景が異なった人々が意思を伝えるための手

段として、ずっと使われてきた。

　手話は、オーストラリアやアフリカや北アメリカのある部分の人々の間で、今日でもまだ使われている。それはまた、日本人と中国人が話をする手段でもある。彼らの話し言葉はたいへん異なっているが、ほとんど同じ文字を持っている。彼らは手に文字を書いて、会話をすることができる。

問題6 … **D**

A　マザーテレサが先生をしていたのはカルカッタである。

B　神は最も貧しい人たちを助けなさいと彼女に命じた。看護婦になりなさいと命じたわけではない。

C　筆者はヨーロッパに引っ越したとは書かれていない。

D　筆者はカルカッタに飛行機で飛んだと書かれているので、これが正解である。

E　マザーテレサはとても一生懸命働いた（work）。一生懸命歩いた（walk）わけではない。

文のグルーピング
練習問題 P.190~192

問題1 … **F** イとエ
❶実際に起こったか？ 起こっていないか？ を確認

文章の前半・後半の関係性に着目する。

前半は、原因や理由を述べている。アとウは「から」という語で文章が終わっているが、ここだけで答えを判断しないよう注意する。

後半の文章を確認すると、以下のようになる。

ア　悪くならないはずだ　→　推測（実際には起こっていない）

イ　沸き起こった　→　結果（実際に起こったこと）

ウ　探すことになるだろう　→　推測（実際には起こっていない）

エ　節約できた　→　結果（実際に起こったこと）

オ　始まるころだ　→　推測（実際には起こっていない）

以上より、実際に起こった結果を表しているイとエの2つがPに分類できる。Fが答えとなる。

問題2 … **C** アとエ
❶因果の流れを考える

どの文もある現象・出来事があり、それをもとにして何かしらの判断をしているというタイプの文の組み合わせである。ただし、現象と判断の文の順序が時系列に沿っておらず、順序が逆になっているという点がポイントである。本問はそこに気がつければ得点できる。

まずは、時系列に沿って文章を組み替える。最初に起こったことは何かを考えると、区別をつけやすい。

ア　道路が凍結している。車のスリップ事故が起きそうだ。

イ　季節はずれの大雨が降った。土砂崩れが起こるに違いない。

ウ　政府が本腰を入れて景気対策に着手した。

景気が上昇しそうだ。

エ　地図の読み方を間違えた。とうとう道に
　　迷ってしまった。

オ　ハワイに旅行に行った。チョコレートをお
　　みやげに買った。

時系列に反して文が書かれていたのは、アと
エである。つまり、アとエは因果の流れが逆
向きになっている。

物事は時々刻々と変化している。これに対応
するためには、物事を分析することが有効で
ある。そのためには、結果に対する原因は何
なのかを突き詰める必要がある。そこで、何
が結果か、それに関する原因は何かを見極め
る力が重要になる。本問ではその力が問われ
ている。

問題3 … E　イとウ

❶因果の流れを考える

どの文も、ある現象・出来事があり、それをも
とに何かしらの判断をしているというタイプの
文の組み合わせである。因果の流れを整理し
て、時系列に沿って文章を組み替えてみると
以下のようになる。

ア　足を捻挫したようだ。明日の試合は欠場
　　したほうがいい。

イ　今日は長電話をしてしまった。携帯電話
　　の電池が切れかかっている。

ウ　改装工事が終わった。博物館がリニュー
　　アルオープンする。

エ　乱暴に自転車を運転したせいだ。袋の中
　　で卵が割れてしまった。

オ　今日は暑い一日だった。植木に多めに水
　　をやったほうがよさそうだ。

以上より、グループPには文章の前半が理由で、
後半が現象になっているイとウが当てはまる。

問題4 … D　アとオ

❶意思か推測かを判断する

本問の文を見ると、どれも前半の文には何か
しらの情報が書かれており、後半の文にはそ
れを踏まえた判断が書かれている。

ア以外は天気が話題となっているが、そのよ

うな表面的な観察を問うものではない。
また、エだけが後半の文が過去形になってい
るが、これも構造を考えたうえでの答えにはな
らない。

そこで、後半の文を比較する。

ア　上がりそうだ

イ　抑えよう

ウ　とどまることにしよう

エ　備蓄することにした

オ　考えられる

このうち、イ・ウ・エには、前半の情報に基
づいて形成された意思や行動が書かれている。
ア・オは、前半の情報に基づいた客観的な推
測が書かれている。推測をするのは意思を持
つ人間であるが、推測に人間の意思は介在し
ていない。あくまでも推測は、情報を客観的
に分析することである。

以上より、答えはDとなる。

問題5 … E　イとウ

❶起こりうる仮定か起こりえない仮定か

文を読んでいくと、どの文も前半は「もし」を表
す仮定の文という共通点に気づく。

さらに読み比べてみると、ア・イ・ウは「〜た
ら」という表現が使われ、エ・オは「〜れば」となっ
ている。ここでこの違いで判断し、Jを選択し
てはならない。問題文の指示には2つの事柄
の「関係性の違いによって」とあるので、文の
前半の構造だけを見て選択肢を選ぶのは適切
ではない。

また、ア・イ・オの後半の語尾が「〜だろう」
とそろっている点も同様の理由から適切では
ない。

本問では、仮定した文章の内容の違いに注目
する。

ア・エ・オは、起こるかどうかは分からないと
しても、起こる可能性のあることが書かれて
いる。未来を表している。

イ・ウは、過去の出来事を題材としており、起
こる可能性がありえないことが書かれている。
反実仮想を表している。

日本語の性質上、「もし」を使った文章では、起

こりうる仮定と起こりえない仮定を両方表すことができる点に注意するべきである。

起こりうる仮定か起こりえない仮定かが、本問の判断基準となる。

問題6 … G イとオ

❶起こりうる仮定か判断する

どの文も前半は「もし」を表す仮定の文になっている。ウ・オには「もし」という言葉が使用されているが、これだけで正答だと判断しない。

それぞれの文の内容を分析すると、起こりうる仮定か起こりえない仮定かという差があることが分かる。

ア・ウ・エは、将来のことを仮定しており、これから起こる可能性がありうる。しかし、イ・オは、過去のことを仮定しているため、これから起こることはありえない。

イ・オの2つが起こりえない仮定を表しており、Pに分類できる。

文章題の構造

練習問題 P.195~196

問題1 … C アとエ

❶「割合の中の割合」を求める計算かどうか考える

百分率や比、歩合など、さまざまな形で割合が表されている。しかし、文章の構造を判断する際に表記の方法は関係ない。一般的な割合の関係を表にまとめると、以下のようになる。

分数	少数	百分率	歩合
$\frac{1}{10}$	0.1	10%	1割
$\frac{1}{100}$	0.01	1%	1分
$\frac{1}{1000}$	0.001	0.1%	1厘

各文章題の構造の違いは何か。

アとエは「割合に対しての割合」を求めているところに注目する。

アは、全体に対する男子の割合が$\frac{4}{7}$で、それに対する男子の割合が$\frac{1}{2}$なので、$\frac{4}{7} \times \frac{1}{2}$

エは、全体に対する海の生物の割合が60%（＝0.6）で、それに対する魚の割合が8割なので、魚以外の生物の割合は2割（＝0.2）となり、0.6×0.2

どちらも「割合×割合」をすることで答えを求める問題となっている。

これに対し、イは（300＋300）÷（500－300）、ウは103÷23と、引き算や割り算で答えを求めており「割合に対しての割合」を求めているとはいえない。よって、アとエが同じ構造といえる。

問題2 … B アとウ

❶2つの試行が独立かどうか考える

ア～エはどれも、2回の試行を通しての確率を求めさせる問題である。一見、6面のサイコロを振る問題と6枚のカードを引く問題が同質に、また、ひとつだけ%で表記されているエが異質に見える。だが、問われているのは問題の構造についてなので、文中で用いている道具や表記は関係ない。本問は、2回の試行が独立しているか否かがポイントとなっている。

アでは、一方のコインの結果がもう一方のコインの結果に影響を与えないため、2回の試行は独立しているといえる。このとき、どちらも表となる確率は$\frac{1}{2} \times \frac{1}{2}$で計算できる。

ところがイでは、1回目のサイコロの数字によって、2回目のサイコロが条件を満たす確率は異なってくる。そのため、

（1）1回目に4が出て、2回目に6が出る確率：$\frac{1}{6} \times \frac{1}{6}$

（2）1回目に5が出て、2回目に5か6が出る確率：$\frac{1}{6} \times \frac{2}{6}$

（3）1回目に6が出て、2回目に4か5か6が
出る確率：$\frac{1}{6} \times \frac{3}{6}$

以上の（1）〜（3）を足し合わせたものが答え
となる。

ウとエでは、アと同様に一方の結果がもう一
方の結果に影響を与えない。ただし、エは国
語の試験と数学の試験で合格率が違うのに対
し、ウの答えは $\frac{4}{6} \times \frac{4}{6}$ となり、何度繰り返
しても同じ確率を乗じていくため、アとウの構
造が同じといえる。

問題3 … D　イとウ

❶「隠された条件」が必要になるか考える

ア〜エはどれも、与えられた2つの量のうち片
方の量を求める問題である。

アでは、野球が好きと答えた人をx人、サッカー
が好きと答えた人をy人とすると、

$x + y = 45$

$x = 2y$

と、2つの式を立てて計算することができる。
ところが、イとウは1つの式しか立てることが
できない。未知数が2つあるとき、1つの式の
みで問題を解くことはできないため、これらの
問題は文中に隠された条件を利用しなければ
ならないのである。

イでは、買った鉛筆の本数をx本、買った消し
ゴムの個数をy個とすると、立てられる式は、

$60x + 100y = 600$

このとき、消しゴムの代金（$=100y$）は必ず100
の倍数であることから、鉛筆の代金（$=60x$）も
100の倍数でないと、合計の代金が100の倍数
にならない。よって、鉛筆の代金は、

$60 \times 5 = 300$

以外にあり得ないと分かる。

ウでは、5人掛けの長椅子の数をx台、6人掛け
の長椅子の数をy台とすると、立てられる式は、

$5x + 6y = 50$

　このとき、6人掛けの人数（$=6y$）は必ず偶数
であることから、5人掛けの人数（$=5x$）も偶数
でないと、合計の人数が偶数にならない。よっ
て、$x = 2$、4、6と順番に入れていくと、

$(5 \times 4) + (6 \times 5) = 50$

以外にあり得ないと分かる。
エでは式が2つ立てられるが、不等式である
ためアと同じ構造とは言い難い。よって、イと
ウが同じ構造といえる。

問題4 … E　イとエ

❶「1当たりの量」を求める計算かどうか考える

一見、アとエが速さに関連した問題で同質に
見える。しかし、問われているのは問題の構
造なので、問題のジャンルが一致していても
構造が同じとはいえない。そこで、それぞれ
の問題を解くための計算方法を確認していく。
アは距離を求める問題なので「距離＝速さ×時
間」より、

距離 $= \frac{40}{60} \times 15 = 10$ （km）

となる。ここでは時速40kmを60で割ることで
分速にし、時間との単位を合わせている。
エは速さを求める問題なので「速さ＝$\frac{距離}{時間}$」よ
り、

分速 $= \frac{1800}{20} = 90$ （m/分）

となり、アとは計算方法がまるで違う。
ここでイを考えてみると、イは平均を求める問
題なので「平均＝$\frac{合計の量}{人数}$」より、

平均 $= \frac{856}{5} = 171.2$ （cm）

となり、エと同質の問題であることが分かる。
つまり、エでは「1分あたりの距離」を求めてい
るのに対し、イでは「1人当たりの身長」を求め
ているといえる。
ウの計算方法は単純な引き算であるため、こ
れらと同質とはならない。よって、イとエが同
じ構造といえる。

解答＆解説

(1) … F イとウ

(例)の左側の自動車は、右側の工業製品の一種なので「包含」の関係。自動車＜工業製品の並び方。アは「原料」の関係。イの啓蟄（けいちつ）は、冬ごもりの虫がはい出るころで、3月上旬に置かれる。二十四節気の1つなので「包含」の関係。啓蟄＜二十四節気で左右の並び方も(例)と同じ。ウも「包含」の関係で、物理＜入試科目と、これも左右の並び方は(例)と同じである。

(2) … E アとウ

(例)の右側の背びれは左側のまぐろの一部なので「部分」の関係。まぐろ＞背びれと表す。アも「部分」の関係で、地図＞等高線と、左右の並び方も(例)と同じ。イも「部分」の関係だが、カウンター＜ラーメン店と、左右の並び方は(例)と逆。ウも「部分」の関係で、ポスト＞差し出し口と、左右の並び方は(例)と同じである。

(3) … C ウだけ

(例)の右側の板前は、左側の調理を仕事（職業）にするので「仕事」の関係。右側がする人、左側がその仕事の並び方である。アの右側のパイロットは、左側の飛行機を仕事にするわけではない。仕事は「操縦」であり、飛行機はその対象である。イとウはともに、「仕事」の関係だが、イは左側がする人、右側がその仕事なので、(例)とは逆の並び方。ウは、右側がする人、左側がその仕事であり、(例)と同じ。

(4) … C ウだけ

(例)の左側の「口紅」は、右側の「化粧品」の一種なので「包含」の関係である。口紅＜化粧品と表すことができる。アはとくに関係のない2語。イの2語もとくに関係がない。ウは「包含」の関係で、小皿＜食器と左右の並び方も(例)と同じである。

(5) … D アとイ

(例)の左側の記者は右側の取材が仕事なので「仕事」の関係。記者→取材と表す。アも「仕事」の関係で、プロデューサー→番組制作と、左右の並び方は(例)と同じ。イも「仕事」の関係で、板前→調理と、これも左右の並び方は(例)と同じである。ウは「包含」の関係。

(6) … F イとウ

(例)の右側のクリスマスは、左側の年中行事の一種なので「包含」の関係。年中行事＞クリスマスの並び方である。アも「包含」の関係だが、ホトトギス＜渡り鳥と、並び方が(例)と逆になる。イも「包含」の関係で、はちゅう類＞ワニなので、(例)と同じ。ウも「包含」の関係で、果物＞りんごと、これも(例)と同じである。

(7) … C ウだけ

(例)の右側のところてんは、左側のてんぐさを原料とするので「原料」の関係。てんぐさ→ところてんの並び方。アも「原料」の関係だが、ポップコーン←とうもろこしと、左右の並び方は(例)と逆。イも「原料」の関係だが、日本酒←米と、これも左右の並び方が(例)とは逆。ウも「原料」の関係で、いぐさ→たたみと、左右の並び方が(例)と同じ。

(8) … D アとイ

(例)の左側のカメラは右側の撮影のために用いるので「用途」の関係である。カメラ→撮影と表す。アも「用途」の関係で、電卓→計算となり、左右の並び方も(例)と同じ。イも「用途」の関係で、扇風機→送風であり、これも左右の並び方は(例)と同じ。ウも「用途」の関係であるが、調髪←ブラシで、左右の並び方は(例)と逆である。

(9) … A 山のような荷物を運ぶ

「本の山がくずれた」の「山」は、高く積み上げたものを形容する語で、同じものはAである。Bは、展開のうえで最も重要な部分や、面白い場面。Cは、周辺よりも突出している部分。

DとEは、高く盛り上がった地形。

(10) … E この<u>道</u>を横切るのは危険だ

「ずいぶん道がこんでいる」の「道」は、通行する道路のことで、同じ用法はE。Aは、ある状態に至る道すじのこと。Bは、目的の場所までの経路やその途中のこと。Cは、人として踏まなければならない道徳のこと。Dは、ある特定の分野や専門の方面のことである。

(11) … E 人<u>に</u>よくなつく猫だ

「友達に用件を告げる」の「に」は、格助詞で動作や作用の行われる相手・対象を表す。同じ用法はEである。Aは、帰着点や方向を表す。Bは、存在する場所を表す。Cは、比較の基準や対象を示す。Dは動作の目的を表す。

(12) … E この薬だけで命を<u>つなぐ</u>

「望みをつなぐヒットが出た」の「つなぐ」は、切れたり途絶えたりしないようにもたせることで、同じ用法はEである。Aは、複数のものを結びつけてひと続きにすること。Bは、ひもや綱で結びつけて、その場所から離れないようにすること。Cは、電話が通じるようにすること。Dは、相手の気持ちが離れないように方法を講じること。

(13) … B 子供が絵本を<u>読む</u>

「僧侶が経を読む」の「読む」は、文字で書かれている文章などを1字ずつ声に出して読み上げる動作で、同じものはB。Aは数を数えること、または予測すること。CとEは隠された意図や将来の様子などを推測すること。Dは囲碁や将棋のゲームで先の手を考えること。

(14) … E 舞台の上<u>手</u>から登場する

「雑草に行く手をはばまれる」の「手」は、ある方面や方角、またその方面の場所を表すもので、同じ用法はEである。Aは、器具などにおいて、手で持つようにつくられているところ。Bは、労働力や人手の意味。Cは、音曲などで調子をとること。Dは、物事の方法や手段のこと。

(15) … D 電車は遅れる<u>そうだ</u>

「新製品が発売されるそうだ」の「そうだ」は、伝聞を表し、「〜ということだ」「〜という話だ」などの意味である。同じものはDである。一般に伝聞の「そうだ」は活用語の終止形に接続する。A・C・Eは様態を表し、「〜の様子だ」「今にも〜しそうだ」などの意味である。Bは「そう」に「だ」が接続したもので感動詞的に使われる。

(16) … C 逐電

Aは、帯びている電気を放出すること。Bは、物体が電気を帯びること。Cは、素早く逃げて行方をくらますこと。「公金横領の犯人が逐電した」などと用いる。Dは、物体が帯びている静電気の量。Eは、身体に電流が流れて衝撃を感じること。

(17) … C 追従

Aは、他人や自分が置かれた状況や行動について、その愚かしさ・滑稽さに、不快感やとまどいの気持ちを持ちながらも、しかたなく笑うこと。Bは、しっかりした強い意志を持ち、物事に動じないこと。Cは、「ついしょう」と読み、他人の気に入るような言動をすること。Dは、後からついていくこと。Eは、過去にさかのぼって事実を認めること。

(18) … E 慟哭

Aは、悲しく哀れなこと。Bは、「おえつ」と読み、声をつまらせてむせび泣くこと。Cは、外形だけは残しているが、実質的な意味は失っていること。Dは「けんどん」と読み、物惜しみをすることや、思いやりのない態度を表す。Eは「どうこく」と読む。

(19) … A 蓋然

Aは「がいぜん」と読み、たぶんそうであろうと考えられることを表す。Bは、それよりほかに、なりようがないこと。AとBは対義語である。Cは、ぼんやりとしてとりとめのない様。Dは、あっけにとられたり、気が抜けたようにぼんやりする様。Eは、「かつぜん」と読み、心の迷い

が晴れたり、視野が大きく開けること。

(20) … A 相殺
Aは「そうさい」と読み、互いに損得のないように差し引きをすること。Bは、貸すことと借りること。Cは、少なくすること。Dは、相手の言行を無理やり抑えつけること。野球ではフォースアウトのこと。Eは「やくさつ」と読み、手で首をしめて殺すこと。

(21) … E 厚意
「厚意」は、他人が示してくれる思いやりのこと。Aは、ありがたいと思う気持ちや、それを表現すること。Bは、主として、その人を好ましいと思う気持ちで、男女の愛情をやや婉曲に表現する言葉でもある。Cは、手厚くもてなすこと。また、給料や地位について十分な待遇をすること。Dは、納得すること。

(22) … E 逼迫
Aは、「しっかい」と読み、すべて、全部の意味。Bは、「おうのう」と読み、悩みもだえること。Cは、どうすればよいかの判断がつかない状態。Dは、通路や出入り口が閉じている状態。Eは、「ひっぱく」と読み、事態が差し迫ることや、経済的に立ちゆかなくなること。

(23) … D おこがましい
Aは、数や量が非常に多いことを表す形容詞。Bは、社会的地位が低いこと、金銭や飲食物に対して貪欲なこと、品位に欠けていることなどを表す。Cは、礼儀正しく丁寧なこと。Dは、身のほどをわきまえずに口出しなどをして生意気だと感じること。Eは、良心がとがめて後ろめたいこと。

(24) … B こまねく
Aは、信用できずに疑わしく思うこと。Bは、何もせず傍らから見ていること。「こまぬく」ともいう。Cは、相手の気に入るように振る舞うこと。Dは、恐怖や不安などのために体や手足が震えること。Eは、叱りつけることや、言

い争うこと。

(25) … A ねんごろだ
Aは、心がこもっていて親身であることや、男女の仲が親密であることを表す形容動詞。Bは、物事が突然起こる様子。Cは、物事が細かいところまではっきりしていて詳しい様。Dは、頑固な様。Eは、物事をいいかげんにしたり、本気でない様。

(26) … D
1は、芸術家が「空想的夢幻的の製作」にあたっても、その根源には「鋭利な観察によって複雑な事象をその要素に分析する心の作用」を必要とすることから考える。3は、直前の文に「想像あるいは理想」とあることから、この2語はほぼ同意に用いられていると考え、「離れた想像」に続くものが入らなければならない。以上によりDを選ぶ。

(27) … E アとウ
アは、冒頭の文章に述べられている。ウは、第2段落の「芸術家の製作物はいかに空想的のものでもある意味においてみな現実の表現」に合致する。イの「創造意欲」については、話題とされていない。

(28) … D アとイ
アは、第2段落の「立派な科学の中にも厳密に詮索すれば絵そらごとは数えきれないほどある」に合致する。イも同様に同じ段落の後半に「絵そらごとも少しも偽造ではない」とある。ウは、科学者における現実の動作である。

(29) … B
下線部の後に「科学が進歩するにつれてその取り扱う各種の概念はだんだんに人々の五感と遠ざかってくる」とあり、Bはこれと逆の内容を述べている。

(30) … C
第2段落に「広い意味における仮説なしには科

73

学は成立しえない」とあること、また「芸術家の製作物はいかに空想的のものでもある意味においてみな現実の表現」とあることに着目する。

(31) … C　もっぱら

「もっぱら」が入る。「もっぱら」は、ほかのことをさしおいて、1つのことに集中・専念することを表す副詞である。ここでは、言葉が日常においては、「代用」の具として用いられていることを強調する働きをしている。

(32) … C

他者と会話をするとき、自分の見た風景をそのままの実景として相手に見せる方法・手段が存在しないという意味である。

(33) … B

「単に、人生を描く」とは、文学的な描写ではなく、現実を直接的に説明することであり、それなら代用としての言葉で十分事足りるもので、現実にあるものをただ見せるだけでよいということである。

(34) … C　ウだけ

ここでの「絶対的な領域」は何かの代用の具ではなく、そのものだけが持っている機能のことである。末尾の段落で、「純粋な言葉」というのは「高揚せられて表現された場合に」可能であるとされている。

(35) … C　純粋な言葉

言葉は、代用の具として日常的に用いられているが、それは言葉の純粋な領域ではない。言葉の純粋な領域とは何かをめぐって述べられた文である。

(36) … E

第1段落の「遠く西欧諸国の石炭火力発電所などが排出するばい煙によって引き起こされる

酸性雨などの公害被害が顕在化しており、このような問題は他の先進国の間でも重大な社会問題となっていた」より考える。

(37) … A　アだけ

アは、「南北格差が地球環境問題においても深い影を落とすことを浮き彫りにした形となった」とある。イは、「先進国と開発途上国のそれぞれの主張が並列的に盛り込まれることになった」とあるが、開発途上国が先進国に対して譲歩した事実は述べられていない。ウは、この会議の成果としてのアピール成功は話題にされていない。

(38) … B　イだけ

アの「先進国の援助」は話題にされていない。イは、「開発途上国では、未開発や貧困などが最も重要な人間環境の問題である」とあり、途上国にとっての最優先課題は未開発や貧困問題の解決であることが読み取れる。ウは、第3段落で話題にされているが、それが途上国の主張に基づくものであるかどうかは不明である。

(39) … A　持続可能な

最後の段落の「2002年に開かれた持続可能な開発に関する世界首脳会議」にも「受け継がれてきている」とあることに着目する。

(40) … D

本文は、「環境政策と開発戦略」の統合の困難さを述べたものである。先進国にとって、環境問題の解決は重要課題であるが、途上国にとっては開発こそ当面の課題であり、その統合への試みは、ストックホルム会議以後の各会議で提唱されていることを読み取る。

第1回 模擬試験 非言語　解答&解説

(1) … E 240個

❶20%の利益を見込んだ金額を計算する

すべて20%の利益を見込んだときの売上金額
は、$8000×(1+0.2)=9600$円となる。

❷品物の個数を求める

品物の個数は「$9600÷40=240$個」と分かる。
従って、Eが正しい。

(2) … G 75%

❶1割引きで売った個数を求める

1割引きの値段は、$40×(1-0.1)=36$円である。
実際の売上は、$8000×(1+0.17)=9360$円となっ
ているから、1割引きで売った個数は、$(9600-9360)÷(40-36)=60$個である。

❷1個40円で売った割合を求める

従って、1個40円で売った個数は、全体の$(240-60)÷240×100=75$%である。これより、G
が正しい。

(3) … F 295通り

❶すべての場合(11人の中から4人を選ぶ組み合わせ)を計算する

$_{11}C_4 = \dfrac{11×10×9×8}{4×3×2×1} = 330$通り

❷すべての場合から特定(女子が1人も入らない=全員男子)の場合を引く

男子7人から4人選ぶ組み合わせ

$_7C_4 = \dfrac{7×6×5×4}{4×3×2×1} = 35$通り

$330-35=295$通り

(4) … C 126通り

❶男女それぞれの組み合わせを計算する

男子7人から2人が選ばれる組み合せは$_7C_2$
女子4人から2人が選ばれる組み合せは$_4C_2$

❷2つが連続するわけだから、組み合わせの数を掛けて求める

$_7C_2 × _4C_2 = \dfrac{7×6}{2×1} \dfrac{4×3}{2×1} = 21×6 = 126$通り

(5) … A 6km/h

❶各区間の距離を$d$kmとする

「距離=速さ×要する時間」が基本の公式。

❷平均の速さを求める

区間イを行くのに要する時間は$\dfrac{d}{3}$時間、区間
ロは$\dfrac{d}{9}$時間、区間ハは$\dfrac{d}{18}$時間であるから、X
町からY町まで行くのに要した時間は$\dfrac{d}{3}+\dfrac{d}{9}$
$+\dfrac{d}{18} = \dfrac{6d+2d+d}{18} = \dfrac{9d}{18} = \dfrac{d}{2}$時間、

X町からY町までの距離は3$d$kmとなるので、
平均の速さは$3d÷\dfrac{d}{2} = 3d×\dfrac{2}{d} = 6$km/hとな
る。

(6) … C 6km/h

❶静水中での速さを$v$km/hとする

静水中で船の速さを$v$km/hとすると、上りの
ときの速さは$(v-2)$km/hとなる。
従って、2地点間を上るのに要する時間は
$\dfrac{4}{v-2}$時間である。同様に下りのときの速さ
は$(v+2)$km/hであるから、2地点間を下るの
に要する時間は$\dfrac{4}{v+2}$時間となる。

❷算式を立て計算する

下りのときの方が30分($\dfrac{1}{2}$時間) 早く到着する
ので、$\dfrac{4}{v-2} - \dfrac{4}{v+2} = \dfrac{1}{2}$が成立する。以下、
通分して$\dfrac{4(v+2)-4(v-2)}{v^2-4} = \dfrac{1}{2}$となり、両
辺に$2(v^2-4)$を乗じて整理すると、$v^2=36$
$v>0$であるから、$v=6$km/hとなる。

(7) … C 2000個

❶1日の販売数量をx個、現在の在庫数量をy個とする

連立方程式

①$y+50×40-x×40=0$
②$y+50×20-x×(1+0.5)×20=0$

❷連立方程式を解く

$$
\begin{array}{r}
y+2000-40x=0 \\
-)\ y+1000-30x=0 \\
\hline
1000-10x=0 \\
10x=1000
\end{array}
$$

$x=100$個

③ ①に代入して$y+50 \times 40-100 \times 40=0$

$y=2000$個　よってC

(8) … E　50日

❶販売日数をx日とする

$2000+50 \times x-100 \times (1-0.1) \times x=0$

$50x-90x=-2000$

$x=50$日　よってE

(9) … F　50%

❶1日の仕入れ割合をxとする

$2000+50 \times x \times 40-100 \times (1+0.25) \times 40=0$

$2000x=5000-2000$

$x=1.5$　よって1.5倍→50%増しでF

(10) … E　$\dfrac{3}{5}$

❶支払額を計算し、全体から引く

購入総額の$\dfrac{1}{4}$を手付金として支払い、受け渡し時の初回の支払額は残額の$\dfrac{1}{5}$だから、

$1-\dfrac{1}{4}=\dfrac{3}{4}$

全体に対する割合に直して

$\dfrac{3}{4} \times \dfrac{1}{5}=\dfrac{3}{20}$

合計すると、$\dfrac{1}{4}+\dfrac{3}{20}=\dfrac{8}{20}=\dfrac{2}{5}$

求めるのは、この時点の支払い残高は購入総額のどれだけかだから、全体から引くことで計算できる。

$1-\dfrac{2}{5}=\dfrac{3}{5}$

(11) … G　$\dfrac{16}{25}$

❶1回の支払い額（10回の均等払い）を求めて計算する

前問(10)の解答から、受け渡し後の支払い残高は全体に対して$\dfrac{3}{5}$残っている。

その額を10回の均等払いにするから、1回当たりの額は全体に対して、

$\dfrac{3}{5} \times \dfrac{1}{10}=\dfrac{3}{50}$

求めるのは4回目を支払った後の全体に対する割合だから、

$\dfrac{3}{50} \times 4=\dfrac{12}{50}=\dfrac{6}{25}$

この額が分割払いの額となる。

❷受け渡し時までの支払い額$\dfrac{2}{5}$と合計する

$\dfrac{2}{5}+\dfrac{6}{25}=\dfrac{10}{25}+\dfrac{6}{25}=\dfrac{16}{25}$

(12) … C　1150円

❶採用時の時給を計算する

$k(0)=a \rightarrow 1000$円

❷1年後の時給を計算する

$k(1)=k(1-1)+50 \times 1$

$k(0)=1000$円より、

1000円$+50$円$=1050$円

❸2年後の時給を計算する

$k(2)=k(2-1)+50 \times 2$

$k(1)=1050$円より、

1050円$+100$円$=1150$円

(13) … D　4年後

❶順次式に代入して比較する

Xは2年前から働いているので、

$k(0)=900$

$k(1)=k(1-1)+50 \times 1=950$

順次式に代入して求めていく。

Xの時給	
Y採用時	$k(2)=k(2-1)+50 \times 2=1050$
Y採用から1年後	$k(3)=k(3-1)+50 \times 3=1200$
2年後	$k(4)=k(4-1)+50 \times 4=1400$
3年後	$k(5)=k(5-1)+50 \times 5=1650$
4年後	$k(6)=k(6-1)+50 \times 6=1950$

Yの時給		差
Y採用時	$k(0)=1000$	50
Y採用から1年後	$k(1)=k(1-1)+50 \times 1=1050$	150
2年後	$k(2)=k(2-1)+50 \times 2=1150$	250
3年後	$k(3)=k(3-1)+50 \times 3=1300$	350
4年後	$k(4)=k(4-1)+50 \times 4=1500$	450

よって、時給が400円以上の差になるのは、4年後である。

(14) … B 33.3%

❶小学生全体を仮に100人として求める

男子の人数は100人×55%＝55人

男子保有者は55人×40%＝22人

小学生全体の保有率が37%だから、全体で100人×37%＝37人

女子の保有者は37−22＝15人

女子の保有率は$\frac{15}{45}×100＝33.33$%

よって33.3%

解き方のポイント		
男子 55%	女子45%	
男子持っている40%（小学生全体に対しては55%×40%＝22%）	女子持っている？%（小学生全体に対しては37%−22%＝15%）	持っている37%
男子持っていない60%	女子持っていない	持っていない63%

(15) … F 1232000円

❶割引制度に沿った団体申し込みの金額を求める

100人まで　1割引きの金額

8000円×(1−0.1)×100人＝720000円

101〜180人　2割引きの金額

8000円×(1−0.2)×(180人−100人)＝512000円

合計1232000円

(16) … B 125人

❶それぞれの割引の金額を求める

利用者が100人以下だと全員1割引きの8000×(1−0.1)＝7200円

つまり、利用者は100人を超えている。

1割引き対象者の金額は100人までで総額は

100人×8000円×(1−0.9)＝720000円

2割引き対象者の金額は

利用者全員をxとして計算式を立てると

$(x−100)×8000×(1−0.2)＝(x−100)×6400$

$=6400x−640000$

1割引き対象者の金額＋2割引き対象者の金額＝7040×利用者全員から

$720000+6400x−640000=7040x$

$640x=80000$

$x=125$(人)

(17) … G 1と2と3

❶可能な順位を推定する

Ⅰ)Q＞O

Ⅱ)R＝(O＋P)÷2

全員の点数が異なることからRの点数はOとPの間と考えられる。よって順位は

①O＞R＞P

②P＞O＞R

Ⅰ)とⅡ)を合わせると上記①の方はQ＞O＞R＞Pの1通りとなる。

上記②はQとP・Rの順位が分からないため、Qの位置が3通り考えられる。

Q＞P＞R＞O

P＞Q＞R＞O

P＞R＞Q＞O

以上の4つの不等式からUが可能なのは1、2、3番。

(18) … F fは優勝した

❶図1のようにトーナメント表の左側を第1ブロック、右側を第2ブロックとする

aはdと戦って勝ったのだから、dは第1ブロックにいる(eが準優勝でaとdの決勝戦はない)。よってfがcに勝つためには、決勝戦で当たるか、f、cがともに第2ブロックにいなければならない。しかし、eが準優勝なので、決勝戦でfとcが対戦することはできない。よって、fとcは第2ブロック、eは第1ブロックにいることになる。

図1

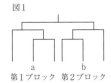

a　　　　b

第1ブロック　第2ブロック

❷図2のようなトーナメント表ができる。よって、Fが正しい。

図2

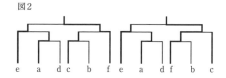

e a d c b f e a d f b c

(19) … A アもイも正しい

❶人口密度の計算式を使う

$$\frac{人口}{面積}=人口密度 \quad 式を変化させると$$

面積×人口密度＝人口

❷各都市の人口を計算する

各都市の面積が不明であるが、問題文から

T市の面積はS市の面積の$\frac{2}{3}$だから、

仮にS市を3km²とすると

T市＝$3×\frac{2}{3}=2$km²、

S市＝U市$×\frac{1}{2}$、U市＝3×2＝6km²

S市の人口　3×500＝1500人

U市の人口　6×500＝3000人

※計算を行わなくとも人口密度が同じであり、S市の面積の2倍がU市だから人口も2倍になる。

従って、推論ア　U市の人口はS市の人口の2倍である→正しい

❸S市とT市を合わせた地域の人口を計算する

T市の人口　2×750＝1500人

S市とT市を合わせた地域の人口

1500＋1500＝3000人

U市の人口　3000人

従って、推論イ　S市とT市を合わせた地域の人口はU市と等しい→正しい

(20) … C ウは正しいが、エは誤り

❶T市とU市を合わせた地域の人口密度を計算する

前問(19)と同様に仮にS市を3km²とするとT市は2km²、U市は6km²

T市とU市を合わせた地域の人口密度は

$$\frac{1500+3000}{2+6}=562.5$$

S市の人口密度　500

従って、推論ウ　T市とU市を合わせた地域の人口密度はS市の人口密度より大きい→正しい

❷3市を合わせた地域の人口密度を計算する

$$\frac{1500+1500+3000}{3+2+6}=545.45<550$$

従って、推論エ　3市を合わせた地域の人口密度は550人より大きい→誤り

(21) … H 3と5と6

❶条件を順に考える

1位がE、2位はFとすぐ確定し、条件①から③を記号化すると、

① A>[ ]>C（[ ]は1人）

② B>[ ]>C（[ ]は0～2人）

③ E>F

これらを組み合わせる（A>[ ]>Cをひとかたまりと考えるとよい）。

1位　2位　3位　4位　5位　6位

E> F >B >**A** > D >**C**

E> F >D >**A** > B >**C**

E> F >**A** >B > **C** >D

となる。よって、3、5、6位が考えられる。

(22) … G 2と3と5

❶条件を順に考える

条件①から③を記号化すると、

① B>[ ]>A

② C>[ ]>D（[ ]は0～3人）

③ B>[ ]>E>A（[ ]は0～2人）

これらを組み合わせる（E>Aをひとかたまりと考え、B>[ ]>E>Aを守って順位を決める）。

1番　2番　3番　4番　5番

B> **E** >**A** >C > D

B> C >**E** >**A** > D

B> C >D >**E** > **A**

C> B >**E** >**A** > D

C> B >D >**E** > **A**

C＞　D　＞B　＞**E**　＞　**A**

よって2、3、5番。

(23) … **G** 1と2と3

❶可能な順番を推定する

Ⅰ）C＞A

Ⅱ）D＝（A＋B）÷2（人）

全員の点数が異なることからDの点数はSとBの間と考えられる。

①A＞D＞B

②B＞D＞A

Ⅰ）とⅡ）の①よりC＞A＞D＞Bの1通りとなる。

②はCとB・Dの順番が分からないため、Cの位置が3通り考えられる。

C＞　B　＞D　＞A

B＞　**C**　＞D　＞A

B＞　D　＞**C**　＞A

以上の4つの順番からCが可能なのは1、2、3番。

(24) … **B**

❶条件を確認して判断する

Y社の利用料金は150分以下は定額であるから、それまでは水平線で表され、150分を超えてからは「分」に比例して上昇する線となる。

(25) … **C** 125分

❶Y社の基本料金をX社の条件で割る

X社の料金が500円に達するのは500÷4＝125分であるから、125分を超えたときからY社の料金の方が安くなる。

(26) … **E** オ

❶表の図点を読み解く

点cのg数はAが30ｇ、Bが25ｇ

点dのg数はAが25ｇ、Bが30ｇ

両点とも合計が55ｇでそれより下に図点があるため、合計55ｇ以下の境界線を表している。

(27) … **D** 点cと点d

❶各点の薬品A・Bを計算して合計する

点a	A	30×5＝150円	
	B	10×8＝80円	合計230円
点b	A	10×5＝50円	
	B	10×8＝80円	合計130円
点c	A	30×5＝150円	
	B	25×8＝200円	合計350円
点d	A	25×5＝125円	
	B	30×8＝240円	合計365円
点e	A	10×5＝50円	
	B	30×8＝240円	合計290円

(28) … **A** $\frac{1}{36}$

❶SとTが連続して当たりを引く確率を計算する

SとTが連続して当たりを引く確率

1人目　Sが当たり…確率　$\frac{2}{9}$

2人目　Tが当たり…確率　$\frac{1}{8}$

連続　$\frac{2}{9}×\frac{1}{8}=\frac{1}{36}$

(29) … **G** $\frac{7}{18}$

❶SとTのどちらか一方だけが当たりを引くパターンは以下の2つとなる

①1人目　Sが当たり…確率　$\frac{2}{9}$

　2人目　Tがはずれ…確率　$\frac{7}{8}$

　連続　$\frac{2}{9}×\frac{7}{8}=\frac{7}{36}$

②1人目　Sがはずれ…確率　$\frac{7}{9}$

　2人目　Tが当たり…確率　$\frac{2}{8}$

　連続　$\frac{7}{9}×\frac{2}{8}=\frac{7}{36}$

❷2つのパターン（①または②）で足し算する

$\frac{7}{36}+\frac{7}{36}=\frac{14}{36}=\frac{7}{18}$

$(30)\cdots E \dfrac{2}{9}$

❶Tが当たりを引くパターンは以下の2つとなる

①1人目　Sが当たり…確率　$\dfrac{2}{9}$

　2人目　Tが当たり…確率　$\dfrac{1}{8}$

　連続　$\dfrac{2}{9} \times \dfrac{1}{8} = \dfrac{1}{36}$

②1人目　Sがはずれ…確率　$\dfrac{7}{9}$

　2人目　Tが当たり…確率　$\dfrac{2}{8}$

　連続　$\dfrac{7}{9} \times \dfrac{2}{8} = \dfrac{7}{36}$

❷2つのパターン（①または②）で足し算する

$\dfrac{1}{36} + \dfrac{7}{36} = \dfrac{8}{36} = \dfrac{2}{9}$

第2回 模擬試験 言語　解答&解説

(1) … C ウだけ

(例)の左側の消防士は、右側の鎮火を職業にするので「仕事」の関係。消防士→鎮火と表すことができる。アは「仕事」の関係ではない。イは「包含」の関係。ウは「仕事」の関係で、船員→航海と、左右の並び方も(例)と同じである。

(2) … D アとイ

(例)の右側の秒針は左側の時計の一部なので「部分」の関係。「包含」の関係と混同しないように注意。時計>秒針の並び方である。アとイはともに「部分」の関係で、右側が左側の一部なので、左右の並び方も(例)と同じである。ウは、「用途」の関係。

(3) … A アだけ

(例)の左側のボールペンは右側の筆記に用いるので「用途」の関係である。左右の並び方にも注意する。左が使うもの、右側がその目的である。ボールペン→筆記と表すことができる。アも「用途」の関係で、左側が使うもの、右側が目的と、(例)と同じ。イは「部分」の関係。ウは「用途」の関係であるが、運搬←キャリーバッグと、左右の並び方が(例)の逆である。

(4) … A アだけ

(例)の左側の一円玉は右側の貨幣の一種なので「包含」の関係。一円玉<貨幣と表せる。アも「包含」の関係で、にがうり<野菜と左右の並び方も(例)と同じ。イも「包含」の関係であるが、文房具>消しゴムと、左右の並び方が(例)とは逆。ウは「包含」の関係ではなく「用途」の関係である。

(5) … B イだけ

(例)の2語は「包含」の関係。鎮痛剤は薬品の一種(仲間)といえる。鎮痛剤<薬品と表せる。アは「部分」の関係。イは(例)と同じ「包含」の関係で、掃除機<家電製品と左右の並び方も(例)と同じ。ウは「用途」の関係である。

(6) … F イとウ

(例)の左側の噴水は右側の公園の一部なので「部分」の関係。噴水<公園と表せる。アは「包含」の関係。イは「部分」の関係で、キャタピラー<ブルドーザーなので並び方は(例)と同じ。ウも「部分」の関係で、ベランダ<マンションとなり、左右の並び方も(例)と同じである。

(7) … E アとウ

(例)の左側のダイヤルは、右側のラジオの一部なので「部分」の関係。ダイヤル<ラジオである。アも「部分」の関係で、開閉ボタン<エレベーターと左右の並び方も(例)と同じ。イも「部分」の関係であるが、浴室>シャワーと、左右の並び方が逆。ウも「部分」の関係で、左右の並び方もレンズ<カメラで(例)と同じ。

(8) … B イだけ

(例)の左側ののりは、右側の接着を用途とするので、「用途」の関係。のり→接着の並び方である。アの柔道は、オリンピック種目の一種なので、「包含」の関係。(例)と関係が異なる場合は正解ではないので、左右の並び方は検討する必要はない。イは、左側の望遠鏡が右側の天体観測を用途にするので、「用途」の関係であり、望遠鏡→天体観測と左右の並び方も(例)

と同じ。ウも「用途」の関係だが、冷房←エア
コンと、左右の並び方が(例)とは逆になる。

(9) … A 偏愛

「博愛」は、すべての人を平等に愛すること。
反対の意味の語は「偏愛」で、ある人だけを偏っ
て愛すること。Bは、利害や損得を見積もる
こと。Cは、ひたむきな愛情。Dは、約束や信
頼を裏切ること。Eは、別れること。

(10) … E 著名

「有名」と「著名」は、ともに世間によく名が知ら
れていること。Aは、手柄をたてて名をあげる
ことや、その手柄。Bは、良い評判。Cは、出
家した人の出家前の名前や、死者の戒名・法
名に対する、生存中の名前のこと。Dは、親
や師匠の名前を引き継いで自分の名とするこ
と。歌舞伎や落語界においてよく見られる。

(11) … B 愚直

「狡猾」は、悪くてずる賢いこと。反対の意味
は「愚直」で、正直の度が過ぎて臨機応変な行
動ができないこと。Aは、感じ方が鈍くて、気
が利かないこと。Cは、創始者の流れを受け
継いでいることや、その時代において最も妥
当とされる思想や立場。反対語は「異端」。Dは、
本来従うべきものに背くことや、2つのものが
食い違うこと。Eは、よいとして認め許すこと。

(12) … A 婉曲

「露骨」は、感情などを隠さずに、ありのまま外
に表すこと。反対の意味の語は「婉曲」で、露
骨でなく遠回しであること。Bは、細かいと
ころまで心を配ること。Cは、他人の心中や
事情を思い測ること。Dは、血縁の遠い親戚。
Eは、洗練されていなくて無作法なこと。

(13) … D 朗報

「吉報」と「朗報」は、ともに喜ばしい知らせのこ
と。Aは、中国の伝統的な自然術の1つ。Bは、
物事の調子が良く、思い通りに運ぶこと。Cは、
事の成り行きを素早く知らせること。Eは、悲

しい知らせ。

(14) … C がんぜない

「いとけない」と「がんぜない」は、ともに幼くて
小さいさま。Aは、本心でないことが見え透
いていること。Bは、控え目で従順なこと。Dは、
服装や髪が乱れていてだらしない様子。Eは、
それ以上その場にとどまっていられない気持
ちであること。

(15) … D 同じことの繰り返しで
うんざりする

同じ食べ物が続いて飽きることや、同じことに
たびたび接してうんざりすること。「どこに行っ
てもサッカーの話題ばかりで食傷気味だ」など
と用いる。

(16) … B 同類の中で抜きん出ること

五人の兄弟のうち、白い眉の長兄が最も優れ
た人物であったという中国の故事が由来の語。

(17) … D 顔を合わせるのが
照れくさい

「面映ゆい」と書く。相手と顔を合わせるとまぶ
しく感じる意味から、きまりが悪いときや、照
れくさいときに用いる。「ささいなことでみんな
にほめられておもはゆい」などと用いる。

(18) … E 努力を惜しまない

「やぶさか」は、物惜しみをしたり、ためらう気
持ちを表す語である。「やぶさかでない」は、努
力を惜しまず、喜んで物事をするときに用いる。
「地球環境を保護するプランに協力するのは、
当社としてもやぶさかでない」などと用いる。

(19) … A うわさなどを
小耳にはさむ

「そくぶん」と読む。「仄」は、かすかであること
を表し、物事をうわさや人づてに、ちょっと聞
くことをいう。「仄聞だけれど、次の課長は山田
君らしいよ」などと用いる。

(20) … D 鬼の霍乱

Dは「おにのかくらん」と読む。「霍乱」は日射病のことである。Aは、柳の枝が風になびくように、物事を穏やかに受け流すこと。Bは、「おにのやがら」と読み、ラン科の植物名。Cは、やわらかい柳の枝が、雪の重みで折れること。Eは、鬼が法衣を着て鉦(かね)と撞木(しゅもく)を持った姿のこと。

(21) … E 不易

Eは「ふえき」と読む。「易」には、変化する、交代するなどの意味がある。Aは「おうよう」と読み、ささいなことにこだわらず、ゆったりとしていること。Bは、意識や感情などの心の動きを持つもの。Cは、例外なくすべてのものに当てはまること。Dは、広く行き渡ること。

(22) … B 忖度

Bは「そんたく」と読む。「相手の真意を忖度する」などと用いる。Aは、よこしまな心。Cは、余計な世話を焼くこと。Dは「じくじ」と読み、深く恥じ入る気持ちのこと。Eは「いんぎん」と読み、心がこもっていて礼儀正しいこと。

(23) … B 桎梏

Aは、人を震えあがらせること。Bは「しっこく」と読み、手かせ足かせが原義で、人の行動を厳しく制限し、自由を束縛すること。Cは「こうがい」と読み、世の中の風潮を嘆いたり、意気が盛んなこと。Dは「こうかん」と読み、書物や、そのページ数が多いこと。Eは、それまでの決意をひるがえすこと。

(24) … A 領袖

Aは「りょうしゅう」と読む。中国の『晋書』に由来する語で、衣服のえりと袖はよく目立つことが語源。「派閥の領袖になる」などと用いる。Bは「せんだつ」で、ある分野においてほかの人に先駆けて業績や経験を積んだ人、または道などを先に立って案内する人。Cは、昔の人や、亡くなった人のこと。Dは、その道の大家として高く評価される人。Eは、グループやチームをまとめ、指揮・指導すること、またその人。

(25) … D 塩梅

Dは「あんばい」と読み、物事の様子・具合を考えて、うまく整えたり処理すること。また単に具合や様子のことをいう。Aは、惜しいと思いながら思い切って切り捨てること。Bは「しっかい」と読み、物事のすべてを表す。Cは、平穏で起伏がないこと。Eは「けげん」と読み、不思議で納得がいかないこと。

(26) … B

本文全体から判断する。外来語の使用を抑制することが、本文の趣旨である。従って、外来語の整理・統制には賛成の立場にある。Dは「反対意見」に賛同し、それをさらに深めようということなので誤りである。

(27) … A アだけ

アは、冒頭の段落の「原始的状態にあった昔の日本が外来語を入れた」に合致する。イは、「日本語の統体が欧米語によって煩わされ」ているのは、この文が書かれたときのことなので合致しない。ウは、「外来語を不浄扱いして排斥」しなかったからこそ「漢語や梵語」が輸入されたので合致しない。

(28) … D アとイ

アは、第3段落に「社会民衆は賢明であるから不用な外来語は時の経過と共に廃滅する」とあり、これは自由主義の考えの1つである。イも、第3段落の最初の一文に述べられていることで、同様に自由主義の考えである。ウは、外来語を「贋金」に例えて、その抑制を図る作者の立場を説明したものである。

(29) … F イとウ

「前菜」と「野球」は、外来語を駆逐した訳語として、作者が肯定する「新鮮味ある」ものの例としてあげられている。「テロ」を「恐怖手段」と訳すことは、「感じが出ない」として否定されて

いる。

(30) … E 外来語の国訳

最後の段落では、外来語をできるだけふさわしい日本語に訳して使用することを主張している。Aの「全面排斥」は、「一切の外来語を全部排斥せよなどと極端なことをいうのではない」とあるので誤りである。

(31) … C

冒頭の段落から、本文の主題をつかむことが重要である。ここでは、「少子化」がキーワードになる。また、直前の内容との関連からも考える。

(32) … E アとウ

アは、科学技術の発展には「人々の科学技術に対する理解・関心、共感と信頼を醸成していくことが必要である」とある。イは、技術の発展の基盤、つまり発展の基になるものが問われているので「技術の開発」は、問いかけと同意になり発展の基礎的要素とはいえない。ウは、「科学技術関係人材の量と質の確保のための取り組みを今後一層進める必要がある」に合致する。

(33) … A アだけ

アは、「人口の減少に直面することは、我が国にとって大きな課題」とある。イは、地球規模の問題として取り上げられているが、「我が国」が直面する大きな課題とは述べられていない。ウは、現状を述べたもので、課題ではない。

(34) … E

最後の段落に「豊かで安定的な社会を築くことは、……少子化の流れを変えることにも資する」とある。人口減少の対策としては、少子化を食い止める、つまり子どもを生み育てる以外に方法はない。

(35) … B

いずれの選択肢も本文中に話題とされているので、本文全体を通じての主張を読み取らなければならない。本文は、日本における少子・高齢化、世界的にはその逆の人口増加といった課題に、科学技術がいかにかかわることが可能であるかを論じた文章であることに着目する。

(36) … F イとウ

アは、「省エネ基準の新築住宅の割合を現在の4割前後から8割に引き上げ」とあり、住宅の新築そのものを抑制するのではない。イは、「ハイブリッド車などの次世代自動車の普及」とある。ウは、「家電をすべて省エネ機器にする」とある。

(37) … C ウだけ

アは、「温暖化ガスの排出を2020年までに、2005年と比較して15%減らす」とあるので誤り。イは、中期目標ではなく、長期目標である。ウは、「2050年に2005年比80%以上削減する」とある。

(38) … F イとウ

アは、「すべての自動車を電気やバイオ燃料を使うエコカーに切り替える」とあり、ハイブリッド車ではない。イは、「太陽光など自然エネルギーの利用促進に重点を置く」とある。ウは、「電力などエネルギー産業で技術革新を推し進め」とある。

(39) … E 政策ビジョン

直前に「環境省は『見劣りしない数値』としている」とあり、「ここ」は、環境省が発表したものであることを読み取る。

(40) … D 自然エネルギー

環境対策として、供給割合を増加させることに意義のあるものを考える。Eは文脈に合わない。

(1) … D $\dfrac{11}{20}$

❶1日目・2日目に読んだページを合計する

1日目に読んだページは全体の$\dfrac{1}{4}$であるから、

残りのページは全体の$\dfrac{3}{4}(1-\dfrac{1}{4})$である。

また、2日目に読んだページは、

全体の$\dfrac{3}{10}(\dfrac{3}{4}\times\dfrac{2}{5})$である。

従って、2日目までに読んだページは、

$\dfrac{1}{4}+\dfrac{3}{10}=\dfrac{5+6}{20}=\dfrac{11}{20}$となる。

(2) … F 460ページ

❶残りのページの割合を計算する

2日目までに読んだページは全体の$\dfrac{11}{20}$である

から、残りのページは全体の$\dfrac{9}{20}(1-\dfrac{11}{20})$である。

❷全体のページ数を計算する

残りが207ページであるから、全体のページ数

は$207\div\dfrac{9}{20}=460$ページとなる。

(3) … A 2880円

❶3000円の20%増の定価を計算する

3000円×$(1+0.2)$=3600円となる。

❷20%引きにする

3600円×$(1-0.2)$=2880円となる。

(4) … B 1300円

❶定価をxとして算式を立てる

95円の損になるということは、

$1200-95=1105$円で売ることになる。

これが定価の15%引きであるので、定価をx

とすると、$x\times(1-0.15)=1105$円

$x=1300$円となる。

(5) … A 12人

❶資料から数値を読み取る

$2+4+2+2+2=12$人

(6) … D 14点

❶資料から数値を読み取る

合計点	人数
10点	1人
12点	7人
14点	2+7+1=10人
15点	4+4 =8人
16点	2+3+2=7人
17点	2+5+1=8人
18点	3+3 =6人
19点	2人
20点	1人

よって、合計点の最頻値は14点である。

(7) … F 8.07点

❶資料から該当する人数と数値を計算する

$$\dfrac{6点\times1人+7点\times7人+8点\times11人+9点\times5人+10点\times3人}{27人}$$

$=8.074\cdots$

小数第3位を四捨五入して8.07となる。

(8) … F イとウ

❶それぞれ移動先を確認する

ア　$2z-y+2x$　……点g

　　$2y-z+x$　……点fの下

イ　$-2x+3y$　……点c

　　$2z-y$　……点c

ウ　$z+2x-y$　……点f

　　$2z-3y+3x$……点f

よって、最終到達点が同じになるのはイとウである。

(9) … C 点c

❶移動先を確認する

$2y-x+2z-y+x=y+2z$とするとよい。

(10) … **F** アとエ

❶それぞれ移動先を確認する

ア　点a

イ　点cの上

ウ　点d

エ　点a

よって、点aに移動するのはアとエである。

(11) … **D** 7人

❶問題よりベン図を作成する

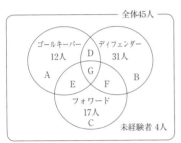

❷円の中の人数を求める

ディフェンダーのみ経験者(B)はゴールキーパーとフォワード経験者以外−未経験者4人だから

45−(12+17−3−2)−4=B人　B=17人

ディフェンダー経験者　31=17人(B)+5人(D)+2人(G)+F　F＝7人

(12) … **C** 2人

❶Aの部分の人数を求める

ゴールキーパーのみ経験者

=45−(17+31−7−2)−4=A　A＝2

(13) … **E** 6回

❶XからYが何回引けるかを求める

このフローチャートによる「ある計算」は、XからYが何回引けるかというもので、この回数がMで表されることになる。言い換えれば、「元のX÷Y」の商がM、余りがXとして出力されるものである。

X＝80、Y＝12であれば、6回引けることになる。

(14) … **D** X＝8、M＝6

❶XをYで割る

80÷12=6(商)…8(余り)となり、出力されるXは8、Mは6である。

(15) … **D** $\dfrac{17}{30}$

❶支払い額の計算をする

$$\frac{1}{10}+\frac{1}{3}=\frac{3}{30}+\frac{10}{30}=\frac{13}{30}$$

残額は$1-\dfrac{13}{30}=\dfrac{17}{30}$

(16) … **D** $\dfrac{17}{60}$

❶納品時までの支払い額の計算をする

前問(15)より

残額の$\dfrac{1}{2}$を払うから

$$\frac{17}{30}\times\frac{1}{2}=\frac{17}{60}$$

納品時までの支払額$\dfrac{13}{30}$と合計して

$$\frac{13}{30}+\frac{17}{60}=\frac{26}{60}+\frac{17}{60}=\frac{43}{60}$$

❷残額を求める

残額は$1-\dfrac{43}{60}=\dfrac{17}{60}$

(17) … **C** 20km

❶O、P間の距離を仮に120kmとして計算する

行き　$\dfrac{120}{30}=4$時間　往復の240kmを

　　　時速24kmで走り$\dfrac{240}{24}=10$時間

帰りは10−4=6時間

　　　速さ　$\dfrac{120}{6}=20$km/時

(18) … **C** 40km

❶O、P間の距離を仮に80kmとして計算する

1往復目　行き$\dfrac{80}{20}=4$時間

　　　　　帰り$\dfrac{80}{80}=1$時間

2往復目　行き $\dfrac{80}{40}=2$時間

　　　　　帰り $\dfrac{80}{80}=1$時間

全体の速さ $\dfrac{80\times4}{8}=40$km/時

(19)… D
❶条件を整理して確認する
年齢順　　d　f　a　b　e　c
男女別　　男　男　男　女　男　女
よって、Dが正しい。

(20)… A　fはaの隣である
❶条件を順に確認する
aの左2人目がb、bの左2人目がcより、a
bcの並び方は、c○b○aである。また、d
の左3人目がeということより、7人の並び方
はc○b○a○○か○○c○b○aの2通りで
ある。dの左3人目がe、fの左4人目がgで
あることより、○にdefgを入れる方法で可
能なのは、egcdbfaかcgbeafdの
2通りである。よって、Aが正しい。

(21)… G　66.7%
❶問題文を図にする

通っている 60%		通っていない 40%	
男子	5	男子	2
(40人)	:		:
女子	4	女子	1

❷生徒全体を x として式を立てる
$x\times0.6\times\dfrac{5}{9}=40$人

$x\times\dfrac{6}{10}\times\dfrac{5}{9}=40$

$\dfrac{1}{3}x=40$

$x=40\times3=120$人

通っていない数は$120\times0.4=48$人

通っていない女子は男女比率2：1から$\dfrac{1}{3}$

通っていない女子数　$48\times\dfrac{1}{3}=16$人

通っている女子数　$120\times0.6\times\dfrac{4}{9}=32$人

女子生徒数は$16+32=48$人

$\dfrac{32}{48}=0.6666\rightarrow66.66\%$

小数点2位を四捨五入して66.7%

(22)… B
❶命題と対偶を確認する
最初の命題「携帯電話を持っている人はパソコ
ンを持っていない」の対偶は「パソコンを持っ
ている人は携帯電話を持っていない」になる。
これと2つ目の命題とを合わせて考える。
1つ目の命題の対偶　「パソコンを持っている
人→携帯電話を持っていない」
2つ目の命題「携帯電話を持っていない人→
ゲーム機を持っている」
❷三段論法を使う
三段論法により、「パソコンを持っている人→
携帯電話を持っていない→ゲーム機を持ってい
る」となり、Bが正解である。
AはBと矛盾して不正解になる。
Cは、Bの裏なので、必ずしも確実とはいえない。
Dは、2つ目の命題の逆となり、必ずしも確実
とはいえない。
Eは、明らかに最初の命題に反する。
Fは、与えられた命題からは分からない。

(23)… E　②と④と⑥と⑧
❶領域を考える

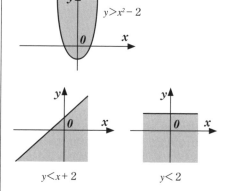

$y>x^2-2$

$y<x+2$

$y<2$

$y < 2$ は x がどの数値でも y は2より小さいことを表す。

よって、求める領域は、これらの共通部分を表すから、

②と④と⑥と⑧の領域となる。

(24) ⋯ B ②

❶図を3つに分けて考える

図1

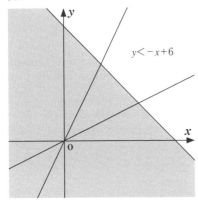

$y < -x + 6$

図2

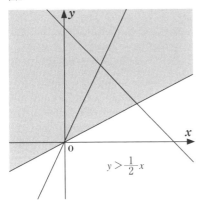

$y > \dfrac{1}{2}x$

図3

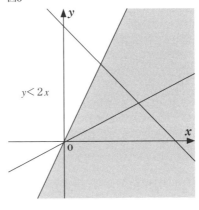

$y < 2x$

よって、求める領域は、これら3つの共通部分を表すから、②の領域となる。

(25) ⋯ F 12分

❶1単位（時間）当たりの仕事量を計算する

$X = \dfrac{1}{20}$

$Y = \dfrac{1}{30}$

所要時間 $= \dfrac{1}{各管の1単位当たりの仕事量の合計}$

であるから

$X = 1 \div (\dfrac{1}{20} + \dfrac{1}{30}) = 1 \times \dfrac{60}{5} = 12$

(26) ⋯ B 13.6分

❶仕事量を計算する

X管で入れた4分間の仕事量は $\dfrac{1}{20} \times 4 = \dfrac{4}{20}$

残りのX管とY管の2本で入れた仕事量は

$1 - \dfrac{4}{20} = \dfrac{16}{20}$ になる。

❷所要時間を x として算式を立てる

$(\dfrac{1}{20} + \dfrac{1}{30})x = \dfrac{16}{20}$

$\dfrac{5}{60}x = \dfrac{16}{20}$

$x = \dfrac{60}{5} \times \dfrac{16}{20} = 9.6$

最初の4分を加えるので、答えは13.6分となる。

(27) … E 15分

❶X管で入れた時間をx、Y管で入れた時間をyとして、方程式を立てる

1単位(時間)当たりの仕事量×所要時間＝全体の仕事量から

①$\frac{1}{20} \times x + \frac{1}{30} \times y = 1$

X管で入れた時間とY管で入れた時間の合計が25分だから

②$x + y = 25$

①を60倍して、②を2倍して引くと

$$\begin{array}{r} 3x + 2y = 60 \\ -\underline{)\,2x + 2y = 50} \\ x \qquad\;\; = 10 \end{array}$$

②に$x = 10$を代入すると$y = 15$

よって、X管に入れ替えたのは、入れ始めてから15分後。

(28) … D アとイ

❶各条件を確認する

アは図2から正しい。

イはdR＋bO＝Pであるから、アのQ＝cP＋aOに同じ。

ウはcdRは、R→P→Q、cbeRはR→O→P→Qの流れを表し、O社からQ社への物の流れが表されていないので、不正解。

(29) … E 45%

❶比率を代入して計算する

O社からQ社への出荷はaO＋cbOで表現されており、比率を代入すると

$$\begin{aligned} aO + cbO &= (a + cb)O \\ &= (0.3 + 0.5 \times 0.3)O \\ &= 0.45O \end{aligned}$$

よって、45%

(30) … A 30.5%

❶ルートを確認する

R社から出荷される商品のうちP社を経由するのはcdRとcbeRの2ルート。

P社を経由しないのはaeRの1ルート。

❷それぞれの算式に比率を入れる

P社を経由する　0.5×0.5＋0.5×0.3×0.3＝0.295

P社を経由しない　0.3×0.3＝0.09

その比率は0.09÷0.295＝0.3050…

従って、P社を経由しないものはP社を経由するものの30.5%となる。

■ 内定獲得のメソッド

SPI

解法の極意

本書の使い方

本書は就職採用試験「SPI」の対策を効果的に進められるように作成されたテキストです。Chapter1「非言語能力問題」、Chapter2「言語能力問題」、Chapter3「ENG（英語）」、Chapter4「構造的把握力検査」、Chapter5「模擬試験」、Chapter6「性格検査」の構成になっています。また、別冊では「解答＆解説」を掲載しています。

各項目のポイント

各項目を学習するに当たり、知っておきたいポイントをまとめています。まずはここに目を通し、対策の要点をつかみましょう。

出題率

テストセンターとペーパーテストでの、それぞれの出題頻度を示しています。

わかる！ 解法のテクニック

例題の解き方を解説しながら、問題の解き方のコツやテクニックを身につけることができます。

例題

各項目の頻出問題を、例題として取り上げています。ここで出題パターンを頭に入れることで、実践的な力を身につけられます。

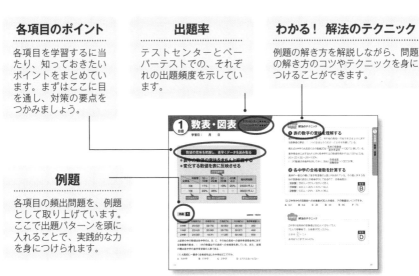

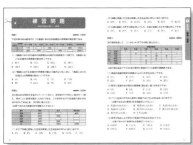

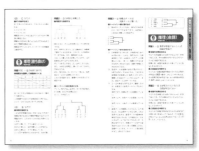

練習問題

過去の出題傾向を分析してまとめたオリジナル問題です。間違えた問題は繰り返し解き、解法パターンを確認しておきましょう。

解答＆解説

※「解答＆解説」は別冊になります。取り外してご使用ください。

解答までのプロセスを、分かりやすく解説しています。

P.198以降には、模擬試験を2回分収録しています。言語能力問題と非言語能力問題の学習の締めくくりに実力を試してみましょう。
また、P.242以降には性格検査の内容についても詳しく説明しています。

SPIに関する基礎知識

『SPI』とは?

『SPI（Synthetic Personality Inventory）』とは、「能力検査と性格検査を合わせ持った、高度な個人の資質を総合的に把握する検査」で、採用・人事の判断材料として数多くの企業が取り入れている検査です。学生にとっては就職時適性検査の代名詞的なものになっています。2013年1月以降、『SPI3』が実施されています。

『SPI3』の種類は?

①『SPI3』で実施される種類
テストセンター、Ｗｅｂテスティング、インハウス（能力検査＋性格検査）

名称	検査対象	検査内容	能力検査	性格検査
SPI3-U	4大生	言語・非言語	35分	30分
SPI3-G	社会人	言語・非言語	35分	30分
SPI3-H	高校生	言語・非言語	35分	30分
SPI3-UE	4大生	言語・非言語・英語	55分	30分
SPI3-GE	企業人	言語・非言語・英語	55分	30分

②『SPI3』で実施される種類
ペーパーテスティング（能力検査＋性格検査）

名称	検査対象	検査内容	能力検査	性格検査
SPI3-U	4大生	言語・非言語	70分	40分
SPI3-A	4大生	言語・非言語	50分	40分
SPI3-B	4大生	言語・非言語・数的処理	90分	40分
SPI3-G	社会人	言語・非言語	70分	40分
SPI3-H	高校生	言語・非言語	70分	40分
SPI3-R(※)	4大・短大	事務処理能力	57分	40分
SPI3-N(※)	短大・高校生	計算・事務処理能力	51分	40分

(※) 誤謬(ごびゅう)率の計算が行われます。

検査の実施形態は？

下記の4つの形態があり、Web受検かペーパー受検のいずれかです。

種類	実施形態
テストセンター	指定会場のパソコンで受検
インハウスCBT	企業のパソコンで受検
Ｗｅｂテスティング	自宅などのパソコンで受検
ペーパーテスティング	問題冊子とマークシートで受検

『SPI3』の検査内容は？

テストセンター＜U版＞

①能力検査

種類	検査内容	時間
言語	2語の関係、文章整序など	合計35分
非言語	推理、確率、速さなど	

　テストセンターの能力検査は問題数が決まっているわけではなく、35分間に言語・非言語の問題が次々に出題されます。速く解答できる学生には多くの問題が出題され、正解・不正解によってその後に出題される問題の難易度が異なるのも特徴です。

②性格検査　選択肢は4つあります。

種類	質問形式	質問数	時間
第1部	「Aに近い」「どちらかといえばA」「どちらかといえばB」「Bに近い」から選択	93問	12分
第2部	「NO」「どちらかといえばNO」「どちらかといえばYES」「YES」から選択	126問	13分
第3部	「Aに近い」「どちらかといえばA」「どちらかといえばB」「Bに近い」から選択	74問	11分

　性格検査は事前にパソコンやスマートフォンで受検し、後日、予約を取った日に会場へ出向き能力検査を受検します。

ペーパーテスティング＜U版＞

①能力検査

検査	種類	検査内容	問題数	時間
検査Ⅰ	言語	2語の関係、長文など	40問	30分
検査Ⅱ	非言語	表からの計算、推理など	30問	40分

②性格検査

検査	質問形式	質問数	時間
検査Ⅲ	A、B文の2つの選択肢から 自分の行動に近い方を選択	60問	約40分程度 ＊全問終了まで 行われます
検査Ⅳ	「はい」(Y)、「いいえ」(N)の選択 肢から自分の考えに近い方を選択	290問	

検査結果は?

　能力検査の採点結果を基に、総合・言語・非言語別に「標準得点」「段階」「総合順位」が決められます。

「標準得点」………… いわゆる偏差値計算で、最も多くの学生が取る点数(平均点)を50として、点数化されます。

「段階」……………… 標準得点を7段階に区分けして、表示されます。

「総合順位」………… 同時に受けた中での順位が表示されます。

　人気企業を目指すほど、高い「段階」で足切りされるので、事前学習が必要です。

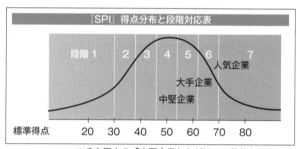

『SPI』得点分布と段階対応表

段階 1　2　3　4　5　6　7
　　　　　　　　　　　　人気企業
　　　　　　　　　　大手企業
　　　　　　　中堅企業
標準得点　20　30　40　50　60　70　80

※分布図内の「中堅企業」などは、一般的な目安です。

誤謬率とは?

　ペーパーテスティングにおける『SPI-R』『SPI-N』の2つの検査では、取った得点だけでなく、「解答に対する誤答の割合」である誤謬率の測定もされます。誤謬率を計算する検査では、誤答の割合が高くなるとそのぶん評価が低くなってしまいます。事務処理能力を問われる『SPI-R』『SPI-N』は、問題をとばすことなく素早く正確に解答する必要があります。

言語分野の対策

　新卒採用試験で一番多く実施されているペーパーテスティングでの『SPI-U』では、言語分野（検査Ⅰ）の制限時間は30分で40問が出題されます。問題の構成は「2語の関係」「語の意味」などが25問と、「長文読解」の空欄補充、文章整序、趣旨把握などが15問出題されます。

★対策①　時間配分が得点を左右する!

　「2語の関係」「語の意味」「複数の意味」など、短語句の問題は確実な得点源にしたいものです。長文問題との時間配分を考えて、何分で解答するか、あらかじめ自分なりの目安をつくっておくとよいでしょう。

★対策②　「2語の関係」は記号で解決!

　「2語の関係」は、早とちりは禁物。この問題では記号（>、<、→、←）などを使い、語句の関係をビジュアル化して解くとよいでしょう。

★対策③　「語の意味」は同じ漢字と消去法を使う!

　「語の意味」を問う問題は、まず誤りと明らかに分かる選択肢を消していく「消去法」を使います。もちろん、これは絶対的な方法ではありません。日ごろから語彙数を増やしておくことが、言語分野においての重要な対策法です。

★対策④　「長文読解」は設問確認から!

　長文読解は大問3題、小問各5題が一般的です。1200字前後の文章で、ジャンルは、説明・論説文が中心です。文章全体を初めから読む、解答に必要と思われる箇所だけを拾って読む方法などが考えられますが、まず、設問と選択肢の内容をざっと確認してから本文を読むのが原則です。

非言語分野の対策

『SPI-U』版の非言語分野（検査Ⅱ）の制限時間はペーパーテスティングでは40分で30問が出題されます。つまり、平均すると1問を80秒で解答する必要があるため、時間との勝負になります。事前に対策を立て、傾向をつかんでおくと解答のスピードは断然異なります。

問題の構成は、割合、集合など四則演算を使っての計算、表やグラフの読み取り、それに新データを加えたときの応用力および推理が選択肢6〜10で出題されます。出題傾向の高い項目は下記の通りです。

筆記試験（非言語）出題頻度の高い10項目

推理（論理）／推理（順序）／数表・図表／確率／速さ／集合／推理（位置）／料金の割引／分割払い・割合／売買損益

★対策① 四則演算を軽視しない!

1問を平均80秒で解かなければならない『SPI』で1ランク上を狙うには、この四則演算のスピードと正確性が大変重要になります。演算の練習を行ない、速く確実に計算できるようになることが大切です。また、日ごろから、1問の解答時間を意識して対策を行うようにしましょう。

★対策② 苦手な（忘れてしまった）計算は、必ず復習!

『SPI』検査には、四則演算を含む、下記の計算問題が出題されます。もし、これらを忘れてしまっていたら、復習しておきましょう。

必須数学

四則計算／累乗計算／1次方程式／連立方程式／分数・小数／不等式・不等号／比例分配／2次方程式／最大公約数／最小公倍数

★対策③　基本公式の確認

　『SPI』に出題される項目の中には基本公式を使って解答する内容が多くあります。しっかり公式を復習して、正確に計算できることも大切です。

公式を使って解答する項目

売買損益、速さ、順列・組み合わせ、確率、濃度、仕事算、年齢算

●売買損益の公式

定価＝原価×(1＋利益率)
売価＝定価×(1－割引率)
利益(損失)＝売価－原価

●順列・組み合わせの公式

順列‥‥‥‥ $_nP_r$
組み合わせ‥‥‥‥ $_nC_r$

●速さの公式

距離＝速さ×時間

$$速さ＝\frac{距離}{時間}$$

$$時間＝\frac{距離}{速さ}$$

●濃度の公式

$$濃度＝\frac{食塩}{食塩水}×100$$

食塩水＝食塩＋水

●確率の公式

$$確率＝\frac{ある事柄が起こる場合の数}{起こりうるすべての場合の数}$$

『連続積』の法則
AとBが連続して起こる確率＝Aの起こる確率×Bの起こる確率

『余事象』
Aが少なくとも1回起こる確率：1－Aが1回も起こらない確率

『同時』
組み合わせで計算

『複数パターン』
和の法則

対策④　SPI独特の問題にチャレンジ

『SPI』独特の問題には慣れが必要です。『SPI』の出題では、一見難しそうに見える問題も、実は簡単に解けるものもあります。その代表が記号問題、経路と比率、ブラックボックス、命題などです。これらの項目は、一度解き方をマスターしたら、比較的短時間で解けます。慣れさえすれば自分の得意項目にできるでしょう。先入観で学習することを避けず、ぜひ1度チャレンジしてください。解法パターンをマスターして、本試験の武器にしましょう。

『SPI』独特の問題

記号問題／経路と比率／ブラックボックス／フローチャート／グラフ（条件と領域、領域と不等号）／命題

対策⑤　習うより慣れろ！

『SPI』対策を「何からどうやればよいのか分からない」という学生がよくいます。対策本を闇雲に1冊購入し、難しい、分からないでは対策になりません。非言語の問題でつまずくことが多いようですが、一見すると難しく感じる問題も、中学・高校の初期のものばかりです。

まずは『SPI』の定番とされる問題を見てみましょう。そして、解き方を忘れてしまっていたら、解き方を復習して理解します。本書はこの段階で使用するものです。そして、一通り解き方が分かったら練習問題に入ります。

『SPI』は問題数を多く解いて慣れることが、得点アップへの近道です。実際に自分の力で問題を解かないことには得点アップは難しいでしょう。

対策⑥　本書を有効活用

本書は『SPI』の出題傾向を踏まえ、出題頻度の高い項目順に構成されています。より多く出題される項目から学習でき、効率よく非言語問題を学習できるようになっています。まず基本パターンを理解し、基本公式があるものについては、しっかり公式の意味を理解してください。そうすれば難易度の高い問題の理解も早まります。自分で得意分野を一つひとつ増やして本試験に臨んでください。

記号問題やフローチャート、表計算など『SPI』独自の問題も多く、単に数学力を試されているわけではなく、数値を様々な形から変化させる能力も試されています。出題傾向を把握して慣れておく必要があります。

非言語能力問題

基礎的な処理能力や論理的思考力を問う問題が出題されます。
学習することで大幅な得点アップを狙えるのが
「非言語能力問題」です。本書では学習効率を考慮しながら
出題傾向の高い項目から順に掲載しているので、
効率的に学習することができます。

学習日：　　月　　日

数値の意味を把握し、素早くデータを読み取る

- **表中の数値の意味をきちんと把握する**
- **変化する数値を表に反映させる**

どの年齢層？

企業名 ＼ 年齢層	10〜19歳	20〜29歳	30〜39歳	40歳以上	総利用者数
X社	11%	—	19%	20%	2400（千人）
Y社	22%	35%	—	—	3600（千人）

どの会社の？　　何に対する百分率？　　単位は大丈夫？

例題 1

制限時間：150秒

	A高校(%)	B高校(%)	C高校(%)	その他(%)	進学希望者(人)
X中学	20(50)	22(75)	30(80)	28(49)	350
Y中学	25(43)	20(95)	25(75)	30(87)	400
Z中学	24(30)	15(ア)	11(26)	50(45)	500

上記表の中の数値は各中学のA、B、C、その他の高校への進学希望者全体に対する受験者の割合、（　）内の数値はその高校への合格率を表している。また、右端の欄は各中学の進学希望者の人数である。

（1）A高校に一番多く合格者を出した中学はどこですか。

A X中学　　　　**B** Y中学　　　　**C** Z中学　　　　**D** どちらともいえない

わかる! 解法のテクニック

❶ 表の数字の意味を理解する

表中の数値は各中学のA、B、C、その他の高校への進学希望者全体に対する受験者の割合、（　）内の数値はその高校への合格率を表している。

例えばX中学のA高校の左の数値20は $\dfrac{各校の受験者}{進学希望者} \times 100$ で計算している。

進学者全体に対するものだから各中学の左の数値を合計すると100%になる。

20＋22＋30＋28＝100%

（　）の数値は合格率を示しており、50は $\dfrac{合格者数}{受験者数} \times 100$ で計算。

❷ 各中学の合格者数を計算する

資料の一番右の欄に「進学希望者の人数」が示されている。その数に対する各校の受験者の割合と合格率が示してあるので、合格者数は、

X中学　350人×20%×50%＝35人

Y中学　400人×25%×43%＝43人

Z中学　500人×24%×30%＝36人

解答 **B**

(2) Z中学からのB高校への合格者が30人の場合、アの数値はいくつですか。

A 0.2　　**B** 0.4　　**C** 20　　**D** 40　　**E** 66　　**F** 75

わかる! 解法のテクニック

Z中学のB高校の受験者は500人×15%＝75人

75人の受験者で、合格者は30人だから、

合格率 $\dfrac{30}{75} = 0.4$

表内は%で表すから40%

解答 **D**

練 習 問 題

解答&解説は別冊P.1〜2参照

問題1

制限時間：**150秒**

下記の表はある都市のS、Tの施設における年齢層別の利用者の集計数である。

年齢層 施設名	10〜19歳	20〜29歳	30〜39歳	40〜49歳	50歳以上	総利用者数
S	11%	☐	19%	☐	20%	1400人
T	22%	35%	☐	10%	☐	2500人

（1）S施設における20歳代の利用者は40歳代の利用者の1.5倍です。S施設における40歳代の利用者の数は何人ですか。

A 60人　　　　**B** 75人　　　　**C** 80人　　　　**D** 100人

E 180人　　　**F** 220人　　　**G** 280人　　　**H** 340人

（2）T施設における30歳代の利用者の数は10歳代より50人多い。T施設における50歳以上の利用者の率はいくつですか。

A 4%　　　　　**B** 6%　　　　　**C** 7%　　　　　**D** 7.5%

E 8%　　　　　**F** 8.5%　　　　**G** 9%　　　　　**H** 24%

問題2

制限時間：**320秒**

次の表はある学校の生徒からアンケートをとり、修学旅行で行きたい都市を1つ答え、男女ごとに結果を集計したものである。この学校の女子の生徒数の割合が全体の60%であるとき、次の問に答えなさい。
（必要であれば小数第2位を四捨五入すること）

都市	男子	女子	男女合計
札幌	40%	☐	46%
京都	20%	10%	☐
広島	10%	☐	☐
沖縄	30%	25%	☐
計	100%	100%	100%

（1）女子で京都と回答した生徒は回答した生徒全体の何%に当たりますか。

A 6%　　**B** 8%　　**C** 10%　　**D** 11%　　**E** 12.4%　　**F** 14%

(2) 沖縄と回答した生徒は回答した生徒全体の何%に当たりますか。

A 22%　　**B** 27%　　**C** 28.5%　　**D** 34%　　**E** 35%　　**F** 36.5%

(3) 札幌と回答した男子の数は48人でした。広島と回答した女子の数は何人ですか。

A 19人　　**B** 24人　　**C** 25人　　**D** 27人　　**E** 34人　　**F** 35人

問題3

次の資料を使って、（1）から（4）までの4問に答えなさい。

		英語の得点					
		5点	6点	7点	8点	9点	10点
数学の得点	5点	1		1			
	6点		4		4		1
	7点			6	10	5	
	8点				4	1	
	9点			2	7		
	10点			3			1

上記の表はあるクラス50名の数学と英語のテスト結果の相関表である。

（1）英語の成績が数学の成績よりよかった学生は何人ですか。

A 8人　　　　**B** 15人　　　　**C** 16人　　　　**D** 20人

E 22人　　　**F** 25人　　　**G** 28人　　　**H** 29人

（2）数学と英語の合計得点の最頻値（最も多い値）は何点ですか。

A 8点　　　　**B** 9点　　　　**C** 11点　　　　**D** 13点

E 14点　　　**F** 15点　　　**G** 16点　　　**H** 17点

（3）クラス全体の平均点は数学と英語ではどちらが何点高くなりますか。
　　（必要であれば小数第3位を四捨五入すること）

A 英語が0.08点高い　　　**B** 英語が0.12点高い　　　**C** 英語が0.3点高い

D 英語が1.2点高い　　　**E** 数学が0.44点高い　　　**F** 数学が0.58点高い

G 数学が1.2点高い　　　**H** どちらも同じ

（4）数学が8点以上の学生の英語の平均点は何点ですか。
　　（必要であれば小数第3位を四捨五入すること）

A 6.89点　　　**B** 7.52点　　　**C** 7.89点　　　**D** 8.35点

E 8.67点　　　**F** 8.95点　　　**G** 9.11点　　　**H** 9.45点

ある薬品会社は同じ分量のカプセルA、B、C 3種類の薬を製造しており、その成分は同一で配分を変えて使用している。次頁の表Iはその薬の1カプセル当たりの成分を割合で表している。また表IIは1カプセル当たりのコストを示している。

表I<成分割合>

成分＼薬品	薬品A	薬品B	薬品C
成分ア	☐%	30%	0%
成分イ	40%	10%	0%
成分ウ	10%	20%	50%
成分エ	20%	☐%	50%
計	100%	100%	100%

表II<薬1カプセル当たりのコスト>

成分＼薬品	薬品A	薬品B	薬品C
成分ア	☐円	45円	―
成分イ	☐円	☐円	―
成分ウ	8円	☐円	40円
成分エ	☐円	☐円	60円
計	117円	☐円	100円

(1) 薬品Aの成分イのコストはいくらですか。

A 12円 　　B 15円 　　C 20円 　　D 24円

E 28円 　　F 30円 　　G 35円 　　H 40円

(2) 薬品Bの1カプセル当たりのコストはいくらですか。

A 88円 　　B 92円 　　C 102円 　　D 109円

E 119円 　　F 127円 　　G 130円 　　H 137円

問題5 　　　　　　　　　　　　　　　　　　　　　　制限時間：280秒

次の資料を使って、（1）から（3）までの3問に答えなさい。

なお、必要なときは、最後に小数第2位を四捨五入しなさい。

輸出品 / 国	A機械	B機械	C機械	その他	各国 輸出全体
中国	20%	40%	25%	15%	20%
アメリカ	10%	20%	30%	40%	10%
フランス	25%	15%	40%	20%	40%
その他の国	45%	25%	5%	25%	30%
各機械 輸出全体	28.5%	ア		20%	100%

上の表はある会社の2016年のA、B、C、その他の機械の輸出額を輸出国ごとに％で集計したものである。また、一番右の欄は各国の輸出額の、会社輸出額全体に対する割合を、一番下の欄は各機械の輸出額の、会社輸出額全体に対する割合を％で示している。

（1）アで示す輸出全体に対するB機械の輸出額は何％ですか。

A 15.5% 　　　**B** 18.3% 　　　**C** 20.5% 　　　**D** 21.3%

E 23.5% 　　　**F** 24.3% 　　　**G** 24.5% 　　　**H** 25.3%

（2）フランスにおいて、C機械の輸出額が半分になり、ほかの機械の輸出額に変化がないとした場合の、フランスにおけるA機械の輸出額がフランス全体に対して占める輸出額は何％ですか。

A 5% 　　　**B** 13% 　　　**C** 19.5% 　　　**D** 25%

E 30% 　　　**F** 31.3% 　　　**G** 35.5% 　　　**H** 38.3%

（3）アメリカの輸出額は4年前（2012年）に比べ、B機械は2倍に増えC機械は半減している。ほかは変化がない場合、4年前には、アメリカのA機械がアメリカ全体に対して占める輸出額は何％ですか。

A 3.3% 　　　**B** 6% 　　　**C** 8.3% 　　　**D** 9.5%

E 9.9% 　　　**F** 10.3% 　　　**G** 13.3% 　　　**H** 33.3%

推理（論理）

学習日：　　月　　日

さまざまな言い回しに注意

●発言の正誤を導く出題パターンを覚える

- ●確実に言える
  →すべてのケースにおいて正しい
- ●明らかに誤り
  →すべてのケースにおいて誤り
- ●必ずしも正しくはない
  →すべてのケースにおいて正しくはない。どれか誤ったケースがある
- ●必ずしも誤りではない
  →すべてのケースにおいて誤りではない。どれか正しいケースがある
- ●どちらともいえない
  →与えられた資料・数値からは判断ができない

例題 1

制限時間：**120秒**

社員300人に社員旅行の候補地として、4つの都市の中から1つ行きたい都市を選ぶアンケートを取ったところ、集計結果はW、Z、X、Yの順になった。同順位はなかった。

Wを選んだ人が150人だったとすると、以下の推論ア、イ、ウのうち<u>必ずしも誤りとはいえない</u>ものはどれですか。

ア　Zを選んだのは50人

イ　Xを選んだのは50人

ウ　Yを選んだのは50人

A アだけ　　**B** イだけ　　**C** ウだけ　　**D** アとイの両方　　**E** アとウの両方
F イとウの両方　　　**G** ア、イ、ウすべて　　　**H** ア、イ、ウのいずれも誤り

わかる! **解法のテクニック**

❶ それぞれのケースに数値を入れて 矛盾しないかを確認

問われているのは「必ずしも誤りとはいえないもの」だから、ア・イ・ウの3つのパターン(Z・X・Yがいずれも50人)に数値を入れ、確定している第1位のWが150人と、合計300人に矛盾しないか検証する。

ア　第1位W　　150人
　　第2位Z　　50人
　　第3位X　　**49人**　┓ XとYで100人
　　第4位Y　　**51人**　┛ (X、Yどちらかが50人未満でなくなり、矛盾)

Zが第2位ではなくなり、明らかに誤り。
(第2位のZが50人で、第3位のX・第4位のYはそれよりも少なくならねばならない)

イ　第1位W　　150人
　　第2位Z　　**51人**　┓
　　第3位X　　50人　　┣ ZとYで100人
　　第4位Y　　**49人**　┛

成り立つ。必ずしも誤りとはいえない。
(第3位のZが50人で第2位のZはそれより多く、第4位のYはそれより少なく、矛盾しない)

ウ　第1位W　　150人
　　第2位Z　　**51人**　┓ ZとXで100人
　　第3位X　　**49人**　┛ (Z、Xどちらかが50人超でなくなり、矛盾)
　　第4位Y　　50人

Yが第4位ではなくなり、明らかに誤り。
(第4位のYが50人で、第2・3位はそれより多くなければならない)

解答

解答&解説は別冊P.3〜5参照

問題1   **制限時間：80秒**

200人に4人のお笑い芸人の中から1人最も好きな人を選ぶアンケートを取ったところ、集計結果はW、Z、X、Yの順になった。同順位はなかった。

Zを選んだ人が50人だったとすると、以下の推論ア、イ、ウのうち必ずしも誤りとはいえないものはどれですか。

ア　Wを選んだのは51人

イ　Xを選んだのは49人

ウ　Yを選んだのは45人

A アだけ　　**B** イだけ　　**C** ウだけ　　**D** アとイの両方　　**E** アとウの両方
F イとウの両方　　**G** ア、イ、ウすべて　　**H** ア、イ、ウのいずれも誤り

問題2   **制限時間：80秒**

ある花屋で何本かの花が売れ残ってしまった。それについて3人が発言している。その内容は以下のとおりである。

①　赤と黄色と白の花が売れ残っていた。

②　赤のバラ10本と白の百合12本が売れ残っていた。

③　少なくとも2色以上の花が売れ残っていた。

次の推論ア、イ、ウのうち正しいのはどれか。

ア　③が正しければ、①も必ず正しい

イ　②が正しければ、①も必ず正しい

ウ　①が正しければ、③も必ず正しい

A アだけ　　　　**B** イだけ　　　　**C** ウだけ　　　　**D** アとイの両方
E アとウの両方　　**F** イとウの両方　　**G** ア、イ、ウすべて

問題3　　　　　　　　　　　　　　　　　　　　　　　制限時間：**150秒**

ある工場で新規にA、B、C、Dの4台の機械を購入した。4台の平均額は300000円であり、A、B2台の平均額は250000円であった。また、CはDより50000円高かった。

次の推論ア、イの正誤を考えて適切なものを1つ選びなさい。

ア　Cの購入額は25万円である

イ　Dの購入額は2番目に高い

A　アもイも正しい

B　アは正しいが、イはどちらともいえない

C　アは正しいが、イは誤り

D　アはどちらともいえないが、イは正しい

E　アはどちらともいえないが、イは誤り

F　アもイもどちらともいえない

G　アは誤りであるが、イは正しい

H　アは誤りであるが、イはどちらともいえない

I　アもイも誤り

問題4　　　　　　　　　　　　　　　　　　　　　　　制限時間：**300秒**

食塩水S、T、Uについて、SとUは重さが等しく、それぞれTの重さの $\frac{2}{3}$ である。また、Sの濃度は5%であり、T、Uはどちらも10%である。

（1）次の推論ア、イの正誤を考えて適切なものを1つ選びなさい。

ア　SとUの食塩水に含まれる食塩の重さの合計はTの食塩の重さと等しい

イ　SとUの食塩水を混ぜた濃度は、7.5%である

A　アもイも正しい　　　　　　　　　**B**　アは正しいが、イはどちらともいえない

C　アは正しいが、イは誤り

D　アはどちらともいえないが、イは正しい

E　アはどちらともいえないが、イは誤り

F　アもイもどちらともいえない　　　　**G**　アは誤りであるが、イは正しい

H　アは誤りであるが、イはどちらともいえない

I　アもイも誤り

（2）次の推論ウ、エの正誤を考えて適切なものを1つ選びなさい。

ウ　Uの食塩水にその食塩水と同じ重さの水を入れるとSと同じ濃度になる

エ　Sの食塩水にTの食塩水を混ぜた濃度と、Sの食塩水にUの食塩水を混ぜた濃
　　度は同じである

A　ウもエも正しい　　　　　　　　B　ウは正しいが、エはどちらともいえない

C　ウは正しいが、エは誤り

D　ウはどちらともいえないが、エは正しい

E　ウはどちらともいえないが、エは誤り

F　ウもエもどちらともいえない　　　G　ウは誤りであるが、エは正しい

H　ウは誤りであるが、エはどちらともいえない

I　ウもエも誤り

問題5

下記の表はS、T、Uの3つの都市の人口密度（1km^{2}当たりの人口）を示している。
S市の面積はU市の面積の$\frac{4}{5}$、T市の面積はS市の面積の$\frac{2}{3}$である。

市	人口密度
S	250
T	375
U	200

（1）次の推論ア、イの正誤を考えて適切なものを1つ選びなさい。

ア　U市の面積はT市の面積より広い

イ　S市の人口とT市の人口は同じである

A　アもイも正しい　　　　　　　　B　アは正しいが、イはどちらともいえない

C　アは正しいが、イは誤り

D　アはどちらともいえないが、イは正しい

E　アはどちらともいえないが、イは誤り

F　アもイもどちらともいえない　　　G　アは誤りであるが、イは正しい

H　アは誤りであるが、イはどちらともいえない

I　アもイも誤り

(2)次の推論ウ、エの正誤を考えて適切なものを1つ選びなさい。

ウ　T市とU市の人口は同じである

エ　T市とU市を合わせた地域の人口密度はS市の人口密度より少ない

A　ウもエも正しい　　　　　　　　B　ウは正しいが、エはどちらともいえない

C　ウは正しいが、エは誤り

D　ウはどちらともいえないが、エは正しい

E　ウはどちらともいえないが、エは誤り

F　ウもエもどちらともいえない　　G　ウは誤りであるが、エは正しい

H　ウは誤りであるが、エはどちらともいえない

I　ウもエも誤り

問題6　　　　　　　　　　　　　　　　　　　　　制限時間：90秒

長男、次男、三男3人の年齢の合計は24歳である。

3人の年齢について以下のア、イが分かっている。

ア　長男と三男の年齢の差は9歳である

イ　同じ年齢はいない

このとき、次男の年齢として考えられるのはいくつですか。

A　6歳だけ　　　B　7歳だけ　　　C　8歳だけ　　　D　9歳だけ

E　6歳と8歳　　F　6歳と9歳　　G　7歳と8歳　　H　7歳と9歳

問題7　　　　　　　　　　　　　　　　　　　　　制限時間：100秒

A、B、Cの3人が7本の鉛筆を全員もらえるように分けることにした。

3人の分け方について以下のア、イが分かっている。

ア　BとCがもらった本数は同じであった。

イ　Cがもらった本数はAの3倍である。

このとき、Aのもらった本数について、AからEの推論で正しいのはどれか。

A　アだけでわかるが、イだけではわからない。

B　イだけでわかるが、アだけではわからない。

C　アとイの両方でわかるが、片方だけではわからない。

D　アだけでも、イだけでもわかる。

E　アとイの両方あってもわからない。

問題文を記号などに置き換える

● 隣接している・隣接していないを記号化する

A───B
　 ╳ C
隣接している数を記入する

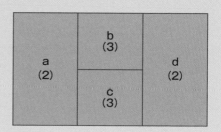

例題 1

制限時間：120秒

下記の図のようなaからdの4つの区画があり、それぞれO、P、Q、Rの4人が所有している。

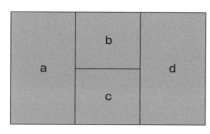

（1）次のアのことが分かっているとき、cの
　　区画の所有と考えられるのはどれですか。

ア　Oの区画はRとは接しているがPとは接していない。

A O所有　　　　　B P所有　　　　　C R所有　　　　D Q所有
E OまたはP所有　　F QまたはR所有　　G PまたはR所有

26

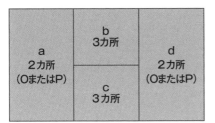

> **わかる!** 解法のテクニック
>
> # ❶ 区画の接している数を考える
>
> 条件ア
> O → R　　O ↛ P
> よってO、Pともに3カ所は接しておらず、aまたはdのいずれかになる。
> cの区画はそれ以外の
> QまたはR所有となる。
>
> **解答** F

(2) 下記イのみが分かっているとき、①から③のうち正しいのはどれですか。

イ　Pの区画はQを含む2つに接している区画である。

① Pの所有地はOと接している。

② Qの所有地はOと接している。

③ Rの所有地はOと接している。

A ①のみ	**B** ②のみ	**C** ③のみ　　　**D** ①と②
E ②と③	**F** ①と③	**G** ①と②と③

> **わかる!** 解法のテクニック
>
>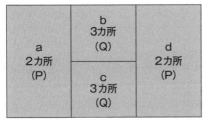
>
> P（2カ所）——— Q
>
> 条件イは、Pの区画はQを含む2つに接している区画であるから、aまたはdのいずれかになる。Qはbまたはcのいずれかになる。
> ①Pがa、Oがdと考えると接していない。
>
> ②Qはbまたはcだから、3カ所のすべてに接しており必ず接する。
> ③Rをbまたはcとすると、3カ所のすべてに接しており必ず接する。
> また、Rをaまたはdとしても Pがa・dのどちらかだから、Oはbまたはcになり、必ず接する。
>
> **解答** E

練 習 問 題

解答&解説は別冊P.5～6参照

問題1

制限時間：**90秒**

図のような商店街の一区画内に、靴店、ジーンズ店、クリーニング店、玩具店、宝石店、雑貨店の6軒が並んでいる。以下の条件が分かっているとき、玩具店の場所はどこですか。

【条件】

ア　靴店は宝石店と並んでいる

イ　クリーニング店は雑貨店の裏である

ウ　ジーンズ店はcの位置である

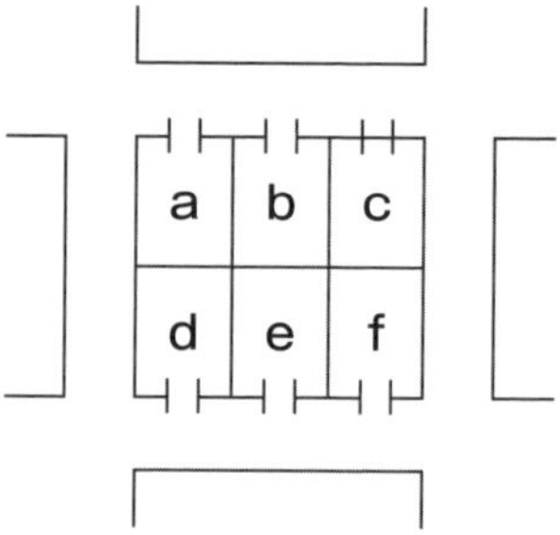

a	b	c
d	e	f

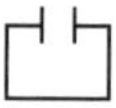

を入り口として考えること。

A a　　　**B** b　　　**C** d　　　**D** e　　　**E** f

問題2

制限時間：**90秒**

A、B、C、D、E、Fの6人が丸いテーブルに座って食事をしています。このとき、次のことが分かっています。

① 　Aの右隣はEである。

② 　Aの向かいはBである。

③ 　Dの向かいはFである。

これらのことから確実にいえることはどれですか。

ア　AはDの隣である。

イ　BはDの隣である。

ウ　CはEの向かいである。

A ア　　　　　**B** イ　　　　　**C** ウ　　　　　**D** アとイ
E アとウ　　　**F** イとウ　　　**G** アとイとウ　　**H** いずれもいえない

問題3　　　　　　　　　　　　　　　　　　　　　制限時間：**80秒**

ある小学校の先生が家庭訪問を出席番号順に行うことにした。以下のAからGまでの7つの家を訪問する予定だったが、1軒は行けなかった。

順番に関して次のことが分かっているとき、訪問できなかった家として考えられるのはどれですか。

イ　最初に訪問したのはEだった。

ロ　1軒目と2軒目の訪問先の間に1軒家があった。

ハ　2軒目と3軒目の訪問先の間に2軒家があった。

ニ　3軒目と4軒目の訪問先は隣接していた。

ホ　4軒目と5軒目、5軒目と6軒目の訪問先の間にそれぞれ2軒あった。

A A家　　　**B** B家　　　**C** C家　　　　**D** D家　　　　　**E** E家

F F家　　　**G** G家　　　**H** A家かB家　　**I** A家かC家

問題4　　　　　　　　　　　　　　　　　　　　制限時間：**180秒**

下図はある規則に従い、次々に移動する順番を示している。

Y

23	52	33	13	34
43	15	53	42	51
54	21	11	22	32
12	35	41	45	14
55	44	25	31	24

→ X

各欄の数値は、十の位がX、一の位がYを表し、その位置に□で示されている数値が次の移動先になる。Xであれば左からのX番目、Yであれば下からのY番目を表す。それを「XY」と表す。例えば「32」の位置には 41 と書かれており、次に「41」の 31 と書かれている位置に移動する。

(1)「54」の位置から3回移動すると、どの位置になりますか。

A「12」　　**B**「15」　　**C**「23」　　**D**「25」　　**E**「31」　　**F**「51」

(2) 3回移動すると「25」の位置になった。最初はどの位置になりますか。

A「12」　　**B**「21」　　**C**「25」　　**D**「32」　　**E**「41」　　**F**「52」

学習日： 月 日

与えられた情報から順序を図にまとめる

● 数直線で図にする

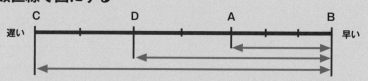

● 不等式（または→）で図にする

C>D>A>B
C→D→A→B

● 隣接はまとめマークをする

C>D>A>B

※上記を参考に自分の記号を考える

例題 1

制限時間：90秒

A〜Fの6人がトライアスロン大会に出場し、Eが優勝した。以下のことが分かっているとき、確実にいえるのはどれですか。ただし、同着はなかったものとする。

① AはCより早く、両者の間に1人ゴールした。

② Bより先にEが、後にCがゴールした。

③ FはEの次にゴールした

A AはBより早かった　　　　B Bは4位だった　　　　C Cは6位だった
D CはDより後にゴールした　　E E、F以外の順位は分からない
F Dは6位ではない

❶ 情報を不等号により記号化する

① A>[ ]>C （[ ]は1人）

② E>[ ]>B>[ ]>C （[ ]は0~3人と不確定）

③ E>F

❷ これらを組み合わせる

E優勝と③により1位、2位が決まる。

　1位(E)　2位(F)

①によりAとCの間に1人入り、②によりCよりBの順位が良いため

考えられる組み合わせは3通り。

　イ　E>F>B>**A**>[D]>**C**

　ロ　E>F>D>**A**>[B]>**C**

　ハ　E>F>**A**>[B]>**C**>D

❸ 確実にいえる（すべてにおいて正しい）
　　かを選択肢で確認する

A　AはBより早かった　　　　　→ ロ・ハで正しいが、イでは誤り

B　Bは4位だった　　　　　　　→ ハのみ正しいが、イ・ロでは誤り

C　Cは6位だった　　　　　　　→ イ・ロで正しいが、ハでは誤り

D　CはDより後にゴールした　　→ イ・ロで正しいが、ハでは誤り

E　E、F以外の順位は分からない　→ イ・ロ・ハ3通りの順位があり正しい

F　Dは6位ではない　　　　　　→ イ・ロで正しいが、ハでは誤り

よって、確実にいえるのはEである。

解答
E

練習問題

解答&解説は別冊P.7～8参照

問題1

制限時間：**200秒**

A～Gの7人が駅で待ち合わせをして、その状況は以下の通りであった。

ア　AはBより3分早く来て、CはBより3分遅く来た

イ　Eは待ち合わせ4分前に来たDの7分後に、FはGの後に来た

ウ　Gが着いたのはAに遅れること10分で、ちょうど待ち合わせの時間だった

次の各問に答えなさい。

(1) 遅刻をしたのは誰ですか。

A　Dのみ　　B　Fのみ　　C　Eのみ　　D　GとF　　E　DとE　　F　EとF

(2) 同時刻に来たと確実にいえるのは誰と誰ですか。

A　CとG　　B　CとD　　C　DとG　　D　DとF　　E　GとE　　F　GとF

(3) 以下のうち確実にいえるのはどれですか。

A　AはDの7分前に来た　　　　　　　B　BはDの4分前に来た

C　Cは集合時間の4分前に来た　　　　D　EはFの後に来た

E　Gと同じ時間に着いた者がいる　　　F　Fは最後に来た

問題2

制限時間：**100秒**

5人が同じ仕事を行なうのにかかる時間を測ったところ、最初にできた者と最後にできた者の所要時間の差は19分あった。また、最初と2番目の差は2分、2番目と3番目の差は6分であり、3番目の所要時間は5人の平均所要時間と同じであった。このとき、3番目と4番目の差は何分ですか。

A　1分　　B　2分　　C　3分　　D　4分　　E　5分　　F　6分

問題3

a〜eの5人が1500m走を行ない、その結果は以下の通りであった。このとき、確実にいえるものはどれですか。

ア　aはbより5秒遅かった

イ　dはaより早く、cより7秒遅かった

ウ　eはdより早く、bより遅かった

A aとcの差は最高9秒である　　　　**B** aとdの差は最低2秒である

C bとdの差は最低3秒である　　　　**D** bとeの差は最高4秒である

E cとeの差は最高6秒である　　　　**F** cとdの差は最高8秒である

問題4

S、T、U、Vの4人の数学のテストの順番について、以下のことが分かっている。

Ⅰ）　UはSよりも順番が良かった

Ⅱ）　Vの点数はSとTの点数の平均点と同じである

Ⅲ）　同じ点数の者はいない

（1）次の中で、Uの順番として必ずしも誤りとはいえないものはどれですか。

1　1番　　　2　2番　　　3　3番　　　4　4番

A 1だけ　　　　**B** 2だけ　　　　**C** 3だけ　　　　**D** 4だけ

E 1と3　　　　**F** 2と4　　　　**G** 1と2と3　　　**H** 1と3と4

（2）上記Ⅰ）、Ⅱ）、Ⅲ）に加えて、次のことが分かった。

Ⅳ）　UはTよりも順番が良かった。

このほかに次の1、2、3、のうち少なくともどの情報が加われば、4人の順番は確定するか1つ選びなさい。

1　UはVよりも良かった

2　Uは1番だった

3　TはVよりも良かった

A 1だけ　　　　**B** 2だけ　　　　**C** 3だけ　　　　**D** 1と2

E 1と3　　　　**F** 2と3　　　　**G** 1と2と3すべて

学習日：　　月　　日

与えられた情報を図や表にして解答する

●リーグ戦は表にして、「勝ち」と それに対する「負け」を記入

BがCに勝った場合、
B欄のCの位置に○を記入、
C欄のBの位置に×を記入

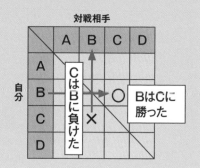

例題　1

制限時間：**60秒**

A〜Dの4人がリーグ戦でテニスの試合をした。　その結果について次のことが分かっている。　引き分けはなかった。

Ⅰ：Aは2勝1敗だった

Ⅱ：Bは1勝2敗だった

Ⅲ：CはBには勝ったがDに負けた

Ⅳ：DはAに勝った

以上のことから確実にいえるのは、次のどれですか。

A Dは全勝で優勝した　　**B** AはBとDに勝った　　**C** Cは2勝1敗だった

D CはAに勝った　　**E** Dが負けたのはAだ　　**F** BはAに負けた

G BはCに勝った

❶ 問題文の情報から表に記入する

条件Ⅰ、Ⅱは対戦相手が分からず、この段
階では記入できない。
条件Ⅲ、Ⅳから○×が記入できる。

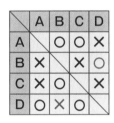

対戦相手

自分	A	B	C	D
A				×
B			×	
C		○		×
D	○		○	

❷ Aを記入する

Aの2勝1敗の1敗がDと分かり、
BとCには勝ったことが確定する。

	A	B	C	D
A		○	○	×
B	×			×
C	×	○		×
D	○		○	

❸ Bを記入する

Bの1勝2敗の2敗が分かり、
すべて確定する。

	A	B	C	D
A		○	○	×
B	×		×	○
C	×	○		×
D	○	×	○	

❹ 選択肢を確認する

A Dは全勝で優勝した　誤り（2勝1敗）
B AはBとDに勝った　誤り（BとCに勝った）
C Cは2勝1敗だった　誤り（1勝2敗）
D CはAに勝った　誤り（Aに負けている）
E Dが負けたのはAだ　誤り（Bに負けている）
F BはAに負けた　正解
G BはCに勝った　誤り（Cには負けている）

解答

F

問題1 制限時間：**160秒**

A～Dの4チームがリーグ戦でフットサルの試合をした。その結果について次のことが分かっている。引き分けはなかった。

Ⅰ：Aは1勝2敗だった

Ⅱ：BはAとDに勝った

Ⅲ：CはDに負けた

Ⅳ：DはAに勝った

（1）以上のことからこの時点で確実にいえるのは、次のどれですか。

A AはBに勝った   **B** Bは全勝だった   **C** BはCに勝った

D CはAに勝った   **E** CはBに負けた   **F** Cは2勝1敗だった

G DはBに負けた

（2）上記IからⅣの情報のほか、次のどれが少なくとも加われば4人の勝敗が確定しますか。

① AがCに勝った

② BがCに勝った

③ DがCに勝った

A ①だけ   **B** ②だけ   **C** ③だけ   **D** ①と②

E ①と③   **F** ②と③   **G** ①と②と③すべて

問題2　制限時間：**90秒**

A〜Gの7チームが、バスケットボールのトーナメント戦を行った。Ⅰ〜Ⅲまでのことが分かっているとき、正しいのは次のうちどれですか。

Ⅰ：AはGに勝ち、Fに負けた
Ⅱ：EはCに勝ち、Aに負けた
Ⅲ：DはFと対戦しなかった

A　AはGと2回戦で対戦した　　　**B**　Bは1回戦で負けた
C　Cはシード権があった　　　　**D**　DはBと対戦した
E　Eは決勝戦に出た　　　　　　**F**　Fは3戦3勝であった

問題3　制限時間：**90秒**

大阪、京都、奈良、滋賀、和歌山の各府県代表による剣道大会が行われ、試合形式は図Aのようなトーナメント戦であった。この試合の結果について、ア〜エのようなことが分かっているとき、確実にいえるのは、A〜Eのどれになりますか。ただし、試合の組み合わせについては不明である。

ア　滋賀チームは、最初和歌山チームに勝ち、次に京都チームと対戦した
イ　奈良チームは、最初の試合で負けてしまったが、対戦相手は優勝した
ウ　大阪チームを破った相手は、結局2回試合をした
エ　3回試合をしたチームはなかった

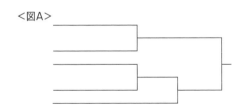

<図A>

A　優勝したのは滋賀チームである
B　奈良チームは和歌山チームと対戦した
C　和歌山チームは大阪チームに勝った
D　京都チームは、1回しか試合をしなかった
E　1回しか試合をしなかったのは、奈良チームと和歌山チームである

命題の対偶を求め、三段論法を活用する

● 対偶 ($\overline{B} \to \overline{A}$)

「AならばBである」が真のとき、
その対偶「BでなければAではない」は真

● 三段論法 (A→B→C)

「AならばB」「BならばC」は真のとき、
三段論法によって「AならばC」は真

例題 1

制限時間：90秒

「自動車を持っている人はオートバイを持っていない」「自動車を持っていない人は自転車を持っている」ということが正しいといえるとき、次のうち正しいといえるのはどれですか。

A オートバイを持っている人は自動車を持っている

B 自転車を持っている人は自動車を持っていない

C 自動車を持っていない人はオートバイを持っている

D オートバイを持っていない人は自転車を持っている

E オートバイを持っている人は自転車を持っている

❶ 2つの命題の対偶を求める

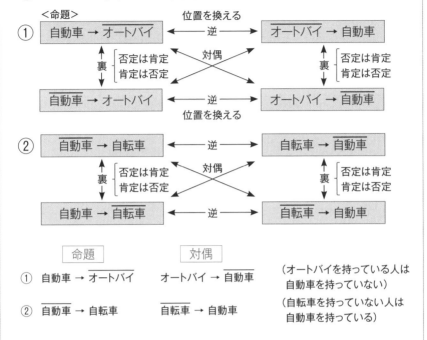

命題	対偶	
① 自動車 → オートバイ‾	オートバイ → 自動車‾	（オートバイを持っている人は自動車を持っていない）
② 自動車‾ → 自転車	自転車‾ → 自動車	（自転車を持っていない人は自動車を持っている）

❷ 三段論法を利用する

上記❶の命題と対偶の合計4つを利用して三段論法を考える。
オートバイ → 自動車‾ → 自転車　が成り立つ。

解答

別解　命題に対する対偶のスピード作成法

以下の①②で完成

X → Y　（XであればYであるを記号で表す）

①位置を反対にする　Y → X

②否定は肯定、肯定は否定　Y‾ → X‾　（否定は上にバーを付ける）

問題1
制限時間：**80秒**

「国語が得意でないならば数学が得意だ」ということが正しいといえるとき、次のうち正しいといえるのはどれですか。

A 国語が得意ならば数学が得意だ
B 国語が得意ならば数学が得意でない
C 数学が得意ならば計算が得意だ
D 数学が得意でないならば国語が得意だ
E 計算が得意でないならば国語が得意だ
F 数学が得意ならば国語は得意でない

問題2
制限時間：**80秒**

「自然が好きならば山が好きだ」ということが正しいといえるとき、次のうち正しいといえるのはどれですか。

A 山が好きならば山登りが好きだ
B 山が好きならば自然が好きだ
C 自然が好きでないならば山が好きでない
D 自然が好きならば山登りが好きだ
E 山が好きでないならば自然が好きでない
F 山が好きならば自然が好きでない

問題3
制限時間：**80秒**

「冬が好きならば雪が好きである」「温泉が好きならば冬が好きである」「旅行が好きならば温泉が好きである」ということが正しいといえるとき、次のうち正しいといえるのはどれですか。

A 冬が好きならば旅行が好きである
B 雪が好きならば旅行が好きである
C 旅行が好きならば雪が好きである
D 日本人には温泉好きが多い
E 温泉が好きならば旅行が好きである
F 旅行を楽しむならば温泉がよい

問題4　　　　　　　　　　　　　　　　　　　　　　　　　　制限時間：**100秒**

「日本に住んでいなければ関東に住んでいない」「東京に住んでいれば関東に住んでいる」ということが正しいといえるとき、次のうち正しいといえるのはどれですか。

A 関東に住んでいなければ日本に住んでいない
B 日本に住んでいれば東京に住んでいる
C 日本に住んでいれば関東に住んでいる
D 東京に住んでいなければ関東に住んでいない
E 関東に住んでいれば東京に住んでいる
F 日本に住んでいなければ東京に住んでいない

問題5　　　　　　　　　　　　　　　　　　　　　　　　　　制限時間：**100秒**

次のア、イの命題が成り立っているとき、確実にいえるものはどれですか。
ア　数学が得意であれば、英語が得意でない
イ　国語が得意であれば、英語も得意である

1　数学が得意でなければ、英語が得意である
2　英語が得意でなければ、数学が得意である
3　国語が得意でなければ、英語も得意でない
4　英語が得意であれば、国語が得意でない
5　国語が得意であれば、数学が得意でない
6　英語が得意であれば、数学が得意でない

A 1のみ	**B** 2のみ	**C** 3のみ	**D** 4のみ	**E** 5のみ
F 6のみ	**G** 2と4	**H** 1と5	**I** 3と5	**J** 5と6

順列・組み合わせ

学習日：　　月　　日

順列・組み合わせの公式を覚える

● 順列 → 並び順を区別する

この数値からスタートし1ずつ引き、右の数の分だけ掛け算する

公式　　$_5P_3 = 5 \times 4 \times 3 = 60$

この数だけ掛け算する

● 組み合わせ → 並び順を区別しない

分子はPと同じで、その数値からスタートして1ずつ引き、右の数の分だけ掛け算する

公式　　$_5C_3 = \dfrac{5 \times 4 \times 3}{3 \times 2 \times 1} = 10$

分母はその数値から1ずつ引き、1まで掛ける

● 順列・組み合わせの応用

1. 「○○以上」(余事象)
   すべての場合の数－特定の場合の数＝特定以外の場合の数
2. AとBが連続して起こる(積の法則)
   A×B
3. AとBが同時には起こらない(和の法則)。問題文では「または」
   A＋B

例題 **1**

制限時間：**45秒**

1、2、3、4、5、6の6枚のカードがある。このうち3枚を選び、3桁の整数をつくるとき、何通りの整数ができますか。

A 20通り	**B** 36通り	**C** 60通り	**D** 120通り
E 240通り	**F** 320通り	**G** 380通り	**H** 440通り

わかる！　解法のテクニック

❶ 順列か組み合わせかを判断する

6枚の中から3枚のカードを選び、3桁の整数をつくるという問題。

例えば「1、2、3」の3枚のカードを選んだ場合、並べる順番によって異なる整数となる（「123」、「321」など）。従って、順列の公式を利用する。

❷ 順列Pの公式を使う

$_6P_3 = 6 \times 5 \times 4 = 120$

解答 D

例題 **2**

制限時間：45秒

6人グループの中から3人の委員を選ぶとき、委員の選び方は何通りありますか。

A	20通り	B	24通り	C	40通り	D	92通り
E	120通り	F	240通り	G	360通り	H	480通り

わかる！　解法のテクニック

❶ 順列か組み合わせかを判断する

例えばA、B、Cの3人を選んだ場合、並び順は関係ない（「ABC」または「CBA」でも同じ）。従って、組み合わせの公式を利用する。

❷ 組み合わせCの公式を使う

$_6C_3 = \dfrac{6 \times 5 \times 4}{3 \times 2 \times 1} = 20$

解答 A

練 習 問 題

解答&解説は別冊P.11〜12参照

問題1

制限時間：**45秒**

1から3のカードから2枚取り、2桁の整数をつくると何通りの数がつくれますか。

A 3通り   B 6通り   C 12通り

D 24通り   E 32通り   F 48通り

問題2

制限時間：**45秒**

5個の異なる数字1、2、3、4、5のうち3個の数字を取って並べるとき、3桁の整数は何通りできますか。

A 8通り   B 10通り   C 24通り   D 60通り   E 120通り

問題3

制限時間：**45秒**

AからHの8人から、3人の役員を選出することになった。選び方は何通りありますか。

A 24通り   B 56通り   C 112通り

D 168通り   E 336通り   F 1680通り

問題4

制限時間：**45秒**

A、B、C、Dの4人のテニス選手がいる。シングルスの試合のため、この4人の試合をする順番を決めたい。Aを第1試合か第4試合にする選び方は何通りありますか。

A 12通り   B 24通り   C 36通り

D 48通り   E 56通り   F 68通り

問題5

制限時間：**45秒**

女子3人、男子2人の5人でリレーの順番を決める。男子が先頭を走ることになっているとき、走る順番は何通りありますか。

A 14通り   B 24通り   C 28通り

D 38通り   E 46通り   F 48通り

44

問題6

制限時間：60秒

女子4人、男子4人の8人から女子3人、男子2人のリレー選手を選び、その走る順番を決める。走る順番は何通りありますか。

A 24通り　　　**B** 48通り　　　**C** 72通り

D 120通り　　　**E** 1260通り　　　**F** 2880通り

問題7

制限時間：180秒

ある会社の新入職員10人（男女5人ずつ）で2日間の研修を行なう。1日の司会は1人が行う。

(1) そのうちから朝礼の司会を2人選びたい。ただし、初日と2日目は違う人を選ぶ場合、何通りの選び方がありますか。

A 45通り　　**B** 90通り　　**C** 109通り　　**D** 150通り　　**E** 250通り　　**F** 280通り

(2) そのうちから朝礼の司会を2人選びたい。何通りの選び方がありますか。

A 39通り　　**B** 45通り　　**C** 60通り　　**D** 85通り　　**E** 90通り　　**F** 98通り

(3) そのうちから朝礼の司会を2人選びたい。ただし、2日間の司会を男女が異なるように選ぶ場合、何通りの選び方がありますか。

A 5通り　　**B** 10通り　　**C** 25通り　　**D** 30通り　　**E** 47通り　　**F** 50通り

問題8

制限時間：180秒

男子2人、女子3人からなる5人が、合唱コンクールで舞台に並ぶことになった。

(1) 5人が横1列に並ぶとき、両端が男子になる並び方は何通りありますか。

A 1通り　　**B** 10通り　　**C** 12通り　　**D** 25通り　　**E** 30通り　　**F** 90通り

(2) 5人が横1列に並ぶとき、男子が隣り合う並び方は何通りありますか。

A 39通り　　**B** 48通り　　**C** 60通り　　**D** 75通り　　**E** 80通り　　**F** 98通り

(3) 5人が横1列に並ぶとき、男子が隣り合わない並び方は何通りありますか。

A 24通り　　**B** 48通り　　**C** 72通り　　**D** 88通り　　**E** 99通り　　**F** 120通り

学習日： 月 日

確率の公式を覚える

● 確率＝ $\dfrac{\text{ある事柄が起こる場合の数}}{\text{起こりうるすべての場合の数}}$

1.『積の法則』
AとBが連続して起こる確率＝Aの起こる確率×Bの起こる確率

2.『余事象』
Aが少なくとも1回起こる確率：1－Aが1回も起こらない確率

3.『和の法則』
複数パターン：Aの起こる確率＋Bの起こる確率

4.『同時の法則』
C：組み合わせで計算

例題 1

制限時間：45秒

赤球5個と白球3個が入った袋から、球を戻さずに2つの球を取り出すとき、2つとも赤球である確率を求めなさい。

A $\dfrac{2}{7}$ B $\dfrac{5}{14}$ C $\dfrac{1}{2}$ D $\dfrac{4}{7}$ E $\dfrac{9}{14}$ F $\dfrac{5}{7}$ G $\dfrac{11}{14}$ H $\dfrac{6}{7}$

わかる！ 解法のテクニック

❶ 問題文にそって、公式の分母・分子を考える

この問題は「球を戻さずに」とされているため、次のように考えることができる。

① 1つ目に赤球を取り出す確率 $= \dfrac{5}{8}$　……ある事柄の数だから、赤球を5通り選べる
　　　　　　　　　　　　　　　　　　……すべての場合の数だから8通り選べる

② 2つ目に赤球を取り出す確率 $= \dfrac{4}{7}$　……①で赤球を取っているから、赤球は4個
　　　　　　　　　　　　　　　　　　……8個から①で1個減り7個

❷ 連続の法則を使う

2つの事柄が連続で起こる確率は、Aの起こる確率×Bの起こる確率

①、②が連続して起こる確率 $= \dfrac{5}{8} \times \dfrac{4}{7} = \dfrac{5}{14}$

※1度取り出した球を袋に戻してから取り出し、2球とも赤球である確率は $\dfrac{5}{8} \times \dfrac{5}{8} = \dfrac{25}{64}$

解答

例題 **2**

制限時間：60秒

赤球5個と白球3個が入った袋から、球を戻さずに2つの球を取り出すとき、少なくとも1つが赤球である確率を求めなさい。

A $\dfrac{3}{28}$　　**B** $\dfrac{9}{28}$　　**C** $\dfrac{5}{14}$　　**D** $\dfrac{3}{7}$　　**E** $\dfrac{13}{28}$　　**F** $\dfrac{5}{8}$　　**G** $\dfrac{9}{14}$　　**H** $\dfrac{25}{28}$

わかる！ 解法のテクニック

❶ 2つとも白球の確率を引く

「少なくとも1つが赤球である確率」が問われているので、
『2つとも白球である確率』を引く計算をする。

① 2つとも白球を取り出す確率 $= \dfrac{3}{8} \times \dfrac{2}{7} = \dfrac{3}{28}$

② 少なくとも1つが赤球である確率 $= 1 - \dfrac{3}{28} = \dfrac{28}{28} - \dfrac{3}{28} = \dfrac{25}{28}$

解答

問題1　　　　　　　　　　　　　　　　　　　　　　　　　制限時間：**150秒**

大小のサイコロを2個振る。以下の問いに答えなさい。

（1）2個とも奇数が出る確率はいくつですか。

A $\frac{1}{28}$　　B $\frac{1}{12}$　　C $\frac{1}{8}$　　D $\frac{1}{6}$　　E $\frac{1}{4}$　　F $\frac{1}{2}$

（2）2個の目の合計が8以上になる確率はいくつですか。

A $\frac{1}{36}$　　B $\frac{1}{18}$　　C $\frac{1}{12}$　　D $\frac{5}{36}$　　E $\frac{5}{18}$　　F $\frac{7}{18}$　　G $\frac{5}{12}$　　H $\frac{7}{12}$

（3）大小どちらか一方が3の倍数になる確率はいくつですか。

A $\frac{1}{72}$　　B $\frac{1}{18}$　　C $\frac{1}{12}$　　D $\frac{1}{9}$　　E $\frac{5}{18}$　　F $\frac{7}{18}$　　G $\frac{4}{9}$　　H $\frac{2}{3}$

問題2　　　　　　　　　　　　　　　　　　　　　　　　　制限時間：**120秒**

A、Bの2人がサイコロを1回ずつ振って、出た目の大きい方が勝つゲームをした。

（1）Aが3以上を出して勝つ確率を求めなさい。

A $\frac{1}{36}$　　B $\frac{1}{18}$　　C $\frac{1}{12}$　　D $\frac{5}{36}$　　E $\frac{5}{18}$　　F $\frac{7}{18}$　　G $\frac{17}{36}$　　H $\frac{7}{12}$

（2）AがBとの差を2以上つけて勝つ確率を求めなさい。

A $\frac{1}{36}$　　B $\frac{1}{18}$　　C $\frac{1}{12}$　　D $\frac{5}{36}$　　E $\frac{5}{18}$　　F $\frac{7}{18}$　　G $\frac{17}{36}$　　H $\frac{7}{12}$

問題3　

あるバスケットボール部員がフリースローのシュートを2回行った場合の成功する確率は1回目が0.8、2回目が0.9でした。

（1）2回とも成功する確率はいくつか。

A 0.16　　**B** 0.56　　**C** 0.72　　**D** 0.8　　**E** 0.9　　**F** 0.98

（2）2回とも失敗する確率はいくつか。

A 0.02　　**B** 0.08　　**C** 0.09　　**D** 0.17　　**E** 0.56　　**F** 0.72

（3）1回だけ成功する確率はいくつか。

A 0.1　　**B** 0.18　　**C** 0.2　　**D** 0.26　　**E** 0.28　　**F** 0.32

問題4　

Sを含む5人で当番を1人決めるため、5本のうち当たりくじが1本入っているくじを引くことにした。

（1）同時に5人がくじを引いたとき、Sが当たる確率はいくつですか。

A $\dfrac{1}{5}$　　**B** $\dfrac{2}{7}$　　**C** $\dfrac{5}{12}$　　**D** $\dfrac{3}{7}$　　**E** $\dfrac{1}{2}$　　**F** $\dfrac{7}{12}$　　**G** $\dfrac{5}{8}$　　**H** $\dfrac{2}{3}$

（2）くじを順番に引き、引いたくじを戻さずに、Sが4番目に引くことになった。Sが当たる確率はいくつですか。

A $\dfrac{1}{5}$　　**B** $\dfrac{2}{7}$　　**C** $\dfrac{5}{12}$　　**D** $\dfrac{3}{7}$　　**E** $\dfrac{1}{2}$　　**F** $\dfrac{7}{12}$　　**G** $\dfrac{5}{8}$　　**H** $\dfrac{2}{3}$

（3）くじを順番に引き、引いたくじを戻して引いたところ、1番目、2番目がはずれたため、Sが3番目に引くことになった。Sが当たる確率はいくつですか。

A $\dfrac{16}{125}$　　**B** $\dfrac{3}{14}$　　**C** $\dfrac{2}{7}$　　**D** $\dfrac{5}{12}$　　**E** $\dfrac{1}{2}$　　**F** $\dfrac{7}{12}$　　**G** $\dfrac{5}{8}$　　**H** $\dfrac{2}{3}$

問題5

制限時間：**220秒**

S、Tを含む7人で当番を2人決めるため、7本のうち当たりくじが2本入っているくじを引くことにした。引く順番は最初にSが、2番目にTが引くことになった。

（1）くじを順番に引いて、引いたくじを戻さない場合、SとTがともに当たる確率はいくつですか。

A $\dfrac{1}{21}$　B $\dfrac{2}{7}$　C $\dfrac{5}{12}$　D $\dfrac{10}{21}$　E $\dfrac{1}{2}$　F $\dfrac{11}{21}$　G $\dfrac{5}{8}$　H $\dfrac{2}{3}$

（2）くじを順番に引いて、引いたくじを戻さない場合、SかTどちらか一方だけが当たる確率はいくつですか。

A $\dfrac{1}{21}$　B $\dfrac{1}{5}$　C $\dfrac{5}{21}$　D $\dfrac{2}{7}$　E $\dfrac{5}{12}$　F $\dfrac{3}{7}$　G $\dfrac{10}{21}$　H $\dfrac{11}{21}$

（3）くじを順番に引いて、引いたくじを戻さない場合、少なくともSかTが当たる確率はいくつですか。

A $\dfrac{1}{5}$　B $\dfrac{5}{21}$　C $\dfrac{2}{7}$　D $\dfrac{3}{7}$　E $\dfrac{10}{21}$　F $\dfrac{1}{2}$　G $\dfrac{11}{21}$　H $\dfrac{2}{3}$

問題6

制限時間：**300秒**

白球8個、黒球6個が入っている袋がある。

（1）同時に4個を取り出すとき、4個とも白球である確率を求めなさい。

A $\dfrac{4}{143}$　B $\dfrac{6}{143}$　C $\dfrac{7}{143}$　D $\dfrac{8}{143}$　E $\dfrac{10}{143}$　F $\dfrac{15}{143}$

（2）同時に4個を取り出すとき、白球が2個、黒球が2個出る確率を求めなさい。

A $\dfrac{10}{143}$　B $\dfrac{15}{143}$　C $\dfrac{28}{143}$　D $\dfrac{60}{143}$　E $\dfrac{90}{143}$　F $\dfrac{128}{143}$

（3）同時に4個を取り出すとき、少なくとも1個は白球が出る確率を求めなさい。

A $\dfrac{15}{1001}$　B $\dfrac{15}{143}$　C $\dfrac{278}{1001}$　D $\dfrac{56}{143}$　E $\dfrac{139}{143}$　F $\dfrac{986}{1001}$

（4）少なくとも2個以上は白球が出る確率を求めなさい。

A $\dfrac{15}{1001}$　**B** $\dfrac{143}{1001}$　**C** $\dfrac{278}{1001}$　**D** $\dfrac{556}{1001}$　**E** $\dfrac{826}{1001}$　**F** $\dfrac{912}{1001}$

問題7　　　　　　　　　　　　　　　　　　　制限時間：**300秒**

AとBの2人が3セットの卓球の試合をし、先に2セット先取した方が勝ちとする。
各セットでAがBからセットを取る確率が $\dfrac{1}{3}$ であるとき、次の問に答えなさい。

（1）試合開始からBが2セット連続取って勝つ確率はいくつですか。

A $\dfrac{1}{9}$　**B** $\dfrac{4}{21}$　**C** $\dfrac{2}{9}$　**D** $\dfrac{8}{27}$　**E** $\dfrac{8}{21}$　**F** $\dfrac{4}{9}$　**G** $\dfrac{2}{3}$　**H** $\dfrac{25}{27}$

（2）Bがセット数2対1で勝つ確率はいくつですか。

A $\dfrac{2}{27}$　**B** $\dfrac{2}{21}$　**C** $\dfrac{1}{9}$　**D** $\dfrac{4}{27}$　**E** $\dfrac{8}{27}$　**F** $\dfrac{1}{3}$　**G** $\dfrac{5}{9}$　**H** $\dfrac{6}{7}$

（3）Bが勝つ確率はいくつですか。

A $\dfrac{1}{9}$　**B** $\dfrac{4}{27}$　**C** $\dfrac{2}{9}$　**D** $\dfrac{8}{27}$　**E** $\dfrac{7}{21}$　**F** $\dfrac{5}{9}$　**G** $\dfrac{20}{27}$　**H** $\dfrac{7}{9}$

学習日：　　月　　日

基本公式をしっかり押さえる

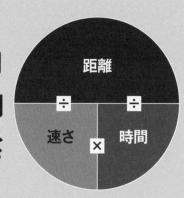

- ●距離＝速さ×時間
- ●速さ＝距離÷時間
- ●時間＝距離÷速さ

単位をそろえる
「m⇔km」、「分⇔時間」など問題文に単位の異なる数値が
混在する場合は、選択肢に合わせて単位を統一する

例題 1

制限時間：**30秒**

36kmの道のりを自転車で一定の速さで走ると、1.5時間かかった。自転車の速さは
毎分何mですか。

A 24m　　**B** 54m　　**C** 240m　　**D** 300m　　**E** 400m

わかる！　解法のテクニック

❶ 基本公式を確認する

距離と時間から速さを求める → 速さ＝$\dfrac{距離}{時間}$

❷ 単位をそろえる

問題文から毎分何mと問われており、
36km＝36000m、1.5時間＝90分だから、
36000m÷90分＝400m/分

解答
E

例題 **2**

制限時間：**60秒**

3.6km離れた2地点から、Pは毎分78m、Qは毎分72mの速さで同時に互いに向かって出発した。2人が出会うのは何分後ですか。

A 24分後　　**B** 25分後　　**C** 26分後　　**D** 27分後　　**E** 28分後

わかる！　解法のテクニック

❶ 基本公式を確認する

距離と速さから時間を求める → 時間＝$\dfrac{距離}{速さ}$

❷ 2人が毎分何m近づくかを考える

2人の距離は1分間に78＋72＝150m近づくことになる。
速さは毎分150mと考えればよい。
単位を統一し（3.6km＝3600m）、
基本公式に入れて計算すると、
3600m÷150m／1分＝24分となる。

解答
A

練 習 問 題

解答&解説は別冊P.16〜18参照

問題1

1周3.9kmある池のまわりをA君は毎分68m、B君は毎分62mで同時に同じ場所から逆方向に歩き始めた。2人が出会うのは何分後ですか。

A	5分	B	10分	C	15分	D	20分
E	25分	F	30分	G	35分	H	40分

問題2

1周900mある池のまわりをA君は毎分68m、B君は毎分62mで同時に同じ場所から同方向に歩き始めた。AがBに追いつくのは何時間後ですか。

A	1時間	B	1.5時間	C	2時間	D	2.5時間
E	2.45時間	F	3時間	G	3.25時間	H	3.5時間

問題3

A、Bの2人が、周囲が1800mある池のまわりを回るのに、同時に同じ場所を出発して反対の方向に回ると、20分で出会い、同じ方向に回ると、60分でAとBが並んだ。A、Bそれぞれがこの池を1周するのにかかる時間の差は何分ですか。

A	30分	B	35分	C	40分	D	45分
E	50分	F	55分	G	60分	H	65分

問題4

A地点からC地点まで30kmの道のりがある。ある車がA地点を出発してから途中のB地点まで毎時30kmの速さで走り、B地点からC地点までは毎時40kmの速さで走ると、A地点からC地点までは全体で54分かかる。B地点は、A地点から何kmのところにありますか。

A	6km	B	8km	C	10km	D	15km
E	18km	F	25km	G	27km	H	38km

問題5

田中さんはAからBに向かって午後1時に出発した。ABの中間点までは時速15km で、その後は時速10kmで進んだとき、Bに着いたのは何時何分ですか。ただし、 AからBまでの距離は30kmである。

A 午後3時	**B** 午後3時15分	**C** 午後3時30分	**D** 午後3時45分
E 午後4時	**F** 午後4時10分	**G** 午後4時15分	**H** 午後4時25分

問題6

57kmの道のりを、途中までは時速40kmのバスに乗り、その後、時速4kmで歩 いたら全体で90分かかった。歩いた時間は何分ですか。

A 5分　**B** 10分　**C** 15分　**D** 20分　**E** 25分　**F** 30分　**G** 35分

問題7

A、B両地点間は20kmある。この2地点間を往復するのに、行きは時速15kmの 速さで行き、出発してから3時間で往復したい。帰りの速さは時速何kmにすれば よいでしょうか。

A 8km	**B** 9km	**C** 10km	**D** 11km
E 12km	**F** 13km	**G** 14km	**H** 15km

問題8

P、Q間を車で往復するとき、行きは時速 x (km)、帰りは時速 y (km)で走ると、 往復での平均時速 z (km)は次の式で表せる。

$$\frac{1}{z} = \frac{1}{2}\left(\frac{1}{x} + \frac{1}{y}\right)$$

P、Q間を行きは時速30kmで走り、また往復の平均時速は24kmだった。帰りは 時速何kmで走りましたか。

A 16km	**B** 18km	**C** 20km	**D** 25km
E 30km	**F** 35km	**G** 38km	**H** 42km

問題9

車を使ってP地点からドライブに出掛けました。
Q地点で10分休憩した後、目的地R地点に11時45分に到着しました。

P地点	発	9:40
		↓
Q地点	着	10:20
	発	10:30
		↓
R地点	着	11:45

(1) PとQの間を平均時速60kmで走った場合、PQ間の距離は何kmですか。

A 25km　　B 30km　　C 32.5km　　D 35km　　E 40km

F 45km　　G 47.5km　　H 50km　　I 55km　　J 57.7km

(2) QR間の距離は90kmあります。QR間を平均時速何kmで走ったことになりますか。

A 40km　　B 42.5km　　C 47.5km　　D 50km　　E 52.5km

F 60km　　G 62.5km　　H 65km　　I 72km　　J 120km

問題10

右図はO駅を出発し、P・Q駅を経由してR駅に向かう特急電車 x の時刻表である。

O駅	発	8:20
		↓
P駅	着	10:00
	発	10:05
		↓
Q駅	着	11:25
	発	11:30
		↓
R駅	着	12:05

(1) OとPの間の平均時速が90kmだった場合、OP間の距離は何kmですか。

A 70km　　B 86km　　C 90km　　D 95km

E 100km　　F 120km　　G 140km　　H 150km

(2) PQ間の距離は112kmある。PQ間を平均時速何kmで走ったことになりますか。

A 50km　　B 65km　　C 76km　　D 84km

E 92km　　F 100km　　G 105km　　H 124km

(3) x 電車がQ駅を定刻で出発してから20km地点で、同じQ駅を11時20分に出発した普通電車 y に先頭電車同士で追いついた。 x 電車はその地点まで平均時速80kmで走っていた。 y 電車のその地点までの平均時速は何kmですか。

A 40km　　B 48km　　C 56km　　D 64km

E 72km　　F 76km　　G 82km　　H 94km

問題11

J駅～M駅間の上りx電車（急行）と下りy電車（特急）の時刻表は、以下の通りである。

駅名	J駅からの距離(km)	x電車	y電車
J駅	0	8：17	8：01
K駅	20	7：57	↓通過
L駅	35	7：47	↓通過
M駅	ｱ	7：35	8：ｲ

（1）x電車はL～K駅間を平均時速何kmで走っていますか。

A 25km   **B** 50km   **C** 52.5km   **D** 60km   **E** 62.5km

F 70km   **G** 82.5km   **H** 90km   **I** 100km   **J** 120km

（2）x電車はM～L駅間を平均時速85kmで走っている。上記空欄アに入る数値はどれですか。

A 17   **B** 30   **C** 38   **D** 40   **E** 48

F 52   **G** 55   **H** 60   **I** 65   **J** 85

（3）y電車はJ～M駅間を平均時速104kmで走っている。上記空欄イに入る時刻はどれですか。

A 20   **B** 26   **C** 30   **D** 31   **E** 36

F 40   **G** 43   **H** 45   **I** 50   **J** 52

（4）x電車がK駅を定刻に出発し平均時速で走ると、y電車とK～J駅間の中央で先頭がすれ違う。y電車はそこまで平均時速何kmで走っていますか。

A 60km   **B** 70km   **C** 80km   **D** 90km   **E** 100km

F 105km   **G** 110km   **H** 115km   **I** 120km   **J** 125km

集合(ベン図)

学習日：　　月　　日

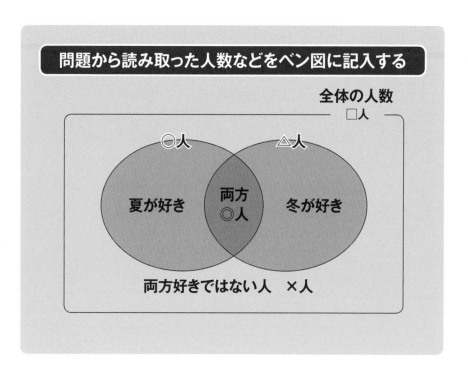

問題から読み取った人数などをベン図に記入する

全体の人数
□人

○人　　　　　△人

夏が好き　　両方◎人　　冬が好き

両方好きではない人　×人

例題 1

制限時間：60秒

ある会社で300人にアンケートを行ったところ、次のような結果となった。

　・海外旅行に行きたい　　はい190人　　いいえ110人
　・国内旅行に行きたい　　はい220人　　いいえ80人

海外旅行・国内旅行のどちらにも行きたいに該当する人が127人だったとき、「どちらも行きたくない」に該当する人は何人いましたか。

A	17人	B	23人	C	28人	D	37人
E	41人	F	52人	G	59人	H	78人

わかる! 解法のテクニック

❶ ベン図の作成方法を覚える

(1)外枠を全体の人数とする。

(2)①の集合を円で表す。

(3)②の集合を円で表す。

(4)①②に含まれる両方に該当する部分を重ね合わせる。

（①の円②の円の共通の人数は最終的には重複しており控除する）

(5)円以外の部分は①②以外を表す。

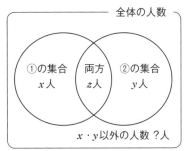

全体の人数−$(x+y-z)$＝x・y以外の人数

❷ 問題よりベン図を作成する

ベン図から、問題で問われている「どちらも行きたくない」に該当するのは、円の外の人だということが分かる。その人数を求めるために、まずは、円の中の人数を求める。

円の中の人数を求めるときは、円の重なっている部分（どちらも行きたいに該当する127人）がポイントとなる。

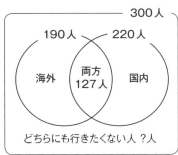

⇒ この127人は、「海外旅行に行きたい」と答えた190人の中にも「国内旅行に行きたい」と答えた220人の中にも含まれている。

円の中の人数は両方に含まれている127人を除かなければいけないので、190＋220−127＝283人となる。

求めるのは円の外の人数なので、全体300人から円の中の人数を引き、300−283＝17人

解答

❶

非言語　集合（ベン図）

59

練 習 問 題

解答&解説は別冊P.19〜20参照

問題1

制限時間：**60秒**

あるクラスの生徒50人を対象に英語と数学のテストをした結果、英語が合格点に達した者は28人、数学が合格点に達した者は35人であった。両科目とも合格点に達しなかった者は3人だった。英語、数学ともに合格点に達した者は何人いますか。

A 14人　　**B** 15人　　**C** 16人　　　**D** 17人　　　**E** 18人　　　**F** 19人

問題2

制限時間：**60秒**

41人のクラスで社会のテストと理科のテストを実施したところ、社会のテストで合格点に達した者は21人、両方とも合格点に達した者は7人、両方とも合格点に達しなかった者が3人であった。理科のテストで合格点に達した者は何人ですか。

A 10人　　**B** 16人　　**C** 22人　　　**D** 24人　　　**E** 27人　　　**F** 31人

問題3

制限時間：**120秒**

200名に京都についてアンケートを行った。結果は以下のとおりである。

質問項目	アンケート結果			
京都は好きですか	はい	175人	いいえ	25人
金閣寺に行ったことはありますか	はい	160人	いいえ	40人
三千院に行ったことはありますか	はい	105人	いいえ	95人

（1）京都が好きだと答えた人で金閣寺に行ったことがあると答えた人は142人だった。京都は好きではないと回答した人で金閣寺に行ったことのある人は何人ですか。

A 5人　　**B** 12人　　**C** 18人　　　**D** 42人　　　**E** 48人　　　**F** 164人

（2）金閣寺に行ったことがない人の80%の人が三千院にも行ったことがないと答えた。金閣寺にも三千院にも行ったことのある人は何人ですか。

A 55人　　**B** 67人　　**C** 80人　　　**D** 85人　　　**E** 97人　　　**F** 123人

問題4　制限時間：**90**秒

ある街の100人を対象に調査したところ、サーフィンをしたことがある人は28人、ボディーボードをしたことがある人は45人、ダイビングのみをしたことがある人は41人だった。そのいずれもしたことがない人がいないとき、サーフィンとボディーボードの両方をしたことがある人は何人ですか。

A 14人　　**B** 15人　　**C** 16人　　**D** 17人　　**E** 18人　　**F** 19人

問題5　制限時間：**100**秒

ある地域の150世帯を対象に調査したところ、a新聞を購読しているのは61世帯、a新聞またはb新聞（両新聞購読を含む）を購読しているのが101世帯、b新聞<u>のみ</u>を購読しているのは22世帯、c新聞を購読しているのは70世帯、また、b新聞またはc新聞を購読しているのが105世帯、いずれの新聞も購読していない世帯が25世帯であるとき、a新聞のみを購読しているのは何世帯ですか。

A 20世帯　　**B** 21世帯　　**C** 22世帯
D 23世帯　　**E** 24世帯　　**F** 25世帯

問題6　制限時間：**180**秒

あるフードコートを新たにつくるため、下記の料理経験者を募集したところ、40人が集まった。今まで経験のある料理のすべての種類を調査した結果は以下のとおりである。

中華料理　18人　　　　フランス料理　10人　　　　日本料理　33人
そのうち、
中華料理と日本料理の両方とも経験がある者は　　　　　　12人
日本料理とフランス料理の両方とも経験がある者は　　　　　6人
中華料理とフランス料理の両方とも経験がある者は　　　　　5人
である。

（1）フランス料理だけの経験者は何人ですか。
A 0人　　**B** 1人　　**C** 2人　　**D** 3人　　**E** 4人　　**F** 5人

（2）3つの料理とも経験のある者は何人ですか。
A 0人　　**B** 1人　　**C** 2人　　**D** 3人　　**E** 4人　　**F** 5人

料金の割引

学習日： 月 日

割引対象者と対象外の人数を分けて計算する

● 割引料金＝通常料金×（1ー割引率）

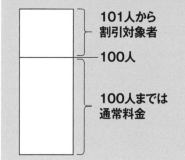

101人から
割引対象者

100人

100人までは
通常料金

150人の場合
150－100＝50人が対象者

101人から対象者だが計算上
は100で計算

例題 1

制限時間：**120秒**

ある動物園の入園料は、通常料金は学生1000円ですが、団体割引制度があり、100人以下の場合は通常料金、100人を超えた人数分は10%引きになり、300人を超えた人数分は20%引きになる。
次の問いに答えなさい。

（1）170名の団体で入園する場合の総額はいくらですか。

A 150000円　　**B** 163000円　　**C** 184000円　　**D** 200000円

E 220000円　　**F** 250000円　　**G** 289000円　　**H** 300000円

わかる! 解法のテクニック

❶ 割引制度に合わせて 2つの区分の金額を求める

100人まで（通常金額）　1000円×100人＝100000円

❷ 割引対象者の人数、割引額を計算

割引対象者は101人目からだが、計算上は100で計算する。

割引料金＝通常料金×（1－割引率）

10%引きの金額

1000円×（1－0.1）×（170人－100人）＝63000円

　　　合計　100000円＋63000円＝163000円

解答 **B**

(2) 500人の団体で入園する場合の1人当たりの金額を均一にするにはいくらですか。

A 500円　　　B 610円　　　C 720円　　　D 780円

E 800円　　　F 850円　　　G 880円　　　H 910円

わかる! 解法のテクニック

❶ 割引制度に合わせて 3つの区分の金額を求める

100人まで（通常金額）　1000円×100人＝100000円

101〜300人（10%引きの金額）

1000円×（1－0.1）×（300人－100人）＝180000円

500〜301人（20%引きの金額）

1000円×（1－0.2）×（500人－300人）＝160000円

合計　100000円＋180000円＋160000円＝440000円

❷ 均一料金を計算する

解答 **G**

440000円÷500人＝880円

問題1

制限時間：**150秒**

ある美術館の入館料は、通常料金は2000円ですが、学生には団体割引システムがあり、100人以下の場合は通常料金の10%引き、100人を超えた人数分は20%引きになり、300人を超えた人数分は30%引きになる。

次の問いに答えなさい。

（1）340名の団体で入館する場合の総額はいくらですか。

A 350000円   **B** 380000円   **C** 384000円   **D** 400000円

E 486000円   **F** 556000円   **G** 564000円   **H** 600000円

（2）500名の団体で入館する場合、1人当たりの金額を均一にするといくらですか。

A 1280円   **B** 1345円   **C** 1380円   **D** 1420円

E 1480円   **F** 1525円   **G** 1560円   **H** 1625円

問題2

制限時間：**160秒**

あるホテルは修学旅行の生徒に割引きを実施している。通常料金は1泊8000円ですが、人数が100人以下の場合は通常料金の1割引き、100人を超えた人数分は2割引きになる。

次の問いに答えなさい。

（1）180名の団体で宿泊する場合の1泊の総額はいくらですか。

A 890000円   **B** 980000円   **C** 1000000円   **D** 1020000円

E 1123000円   **F** 1232000円   **G** 1344000円   **H** 1600000円

（2）この割引き制度を利用して1泊したところ1人7040円の均一料金で利用できた。何人で宿泊しましたか。

A 90人   **B** 125人   **C** 130人   **D** 150人

E 155人   **F** 160人   **G** 165人   **H** 180人

問題3

制限時間：160秒

ある旅館の宿泊料金は通常12000円であり、連泊すると割引きになり5泊目から10%引き、10泊目からは25%引きになる。

(1)6日間連泊すると1日当たりはいくらですか。

A 9800円	**B** 10120円	**C** 10400円	**D** 10450円
E 10600円	**F** 11050円	**G** 11600円	**H** 11800円

(2)宿泊料金の合計が156000円のとき、全部で何泊しましたか。

A 10日	**B** 12日	**C** 15日	**D** 18日
E 19日	**F** 20日	**G** 24日	**H** 27日

問題4

制限時間：210秒

あるテーマパークの入園料は、通常料金は大人5000円、子供3000円です。入園料には、子供同伴の場合の割引制度があり、入園者数が30人を超えた場合、大人は通常料金の10%引きになり、子供は半額になる。
次の問いに答えなさい。

(1)大人10人、子供24人で入園する場合の総額はいくらですか。

A 72500円	**B** 76000円	**C** 81000円	**D** 85000円
E 88000円	**F** 92500円	**G** 94000円	**H** 95500円

(2)大人24人、子供34人で入園する場合、いくら割引きを受けることになりますか。

A 52000円	**B** 60000円	**C** 61000円	**D** 63000円
E 68000円	**F** 72000円	**G** 84000円	**H** 90000円

(3)大人と子供合わせて、40人で入園した場合の総額が105000円だった。子供は何人ですか。

A 12人	**B** 15人	**C** 18人	**D** 20人
E 23人	**F** 25人	**G** 28人	**H** 30人

割合

学習日： 月 日

割合の数値を理解する

割合の表示

分数($\frac{A}{B}$)	小数(0.01)	百分率(%)	歩合(割・分・厘)
$\frac{1}{2}$	0.5	50%	5割
$\frac{1}{20}$	0.05	5%	5分
$\frac{1}{200}$	0.005	0.5%	5厘

- xのyに対する割合 → $\frac{x}{y}$で計算する
- 5の25に対する割合 → $\frac{5}{25}$＝0.2(20%、2割)と表示
- 25の5に対する割合 → $\frac{25}{5}$＝5(倍)

例題 1

制限時間：90秒

ある小学校の生徒の自転車の保有率を調査したところ、全校生徒の47%は持っていた。全校生徒のうち男子は55%であり、その男子の自転車保有率は60%でした。女子の自転車保有率は何%ですか。必要なときは、最後に小数第3位を四捨五入しなさい。

A 22%
B 26.5%
C 30.16%
D 31.11%

E 37.5%
F 48.23%
G 49.66%
H 50.33%

❶ 全校生徒を仮に100人として求める

男子の人数は100人×55％＝55人（女子の人数45人）

男子保有者は55人×60％＝33人

全校生徒の保有率が47％だから、全体の保有者は100人×47％＝47人

女子の保有者＝全体の保有者－男子の保有者

47人－33人＝14人

女子だけの保有率は$\frac{14}{45}$×100＝31.11％

❷ 割合で考える

男子　55％（全体）　　　女子　45％（全体）

男子持っている 60％ （学校全体に対しては 55％×60％＝33％）	女子持っている ?％ 47％－33％＝14％	持っている 47％（全体）
男子持っていない 40％ 55％－33％＝22％	女子持っていない 53％－22％＝31％ または45％－14％＝31％	持っていない 53％（全体）

男子の学校全体に対する保有率＝学校全体の男子の割合×男子の保有率

　55％×60％＝33％（全体に対する割合）

全体の保有率47％から男子の学校全体に対する保有率33％を引くと、女子の学校全体の保有率が計算できる

　47％－33％＝14％（女子の学校全体の保有率）

学校全体に対する女子の割合は45％だから

女子だけの保有率＝$\frac{14}{45}$＝0.3111

0.3111×100＝31.11％

解答

D

問題1

制限時間：**60秒**

「市の施設を利用したことがあるか」の質問に対して、あると答えたのは全体の72%、その男女比率は3：5でした。女性利用者数が540人のとき、この質問に答えた人数は何人ですか。

A 900人	**B** 960人	**C** 980人	**D** 1000人
E 1080人	**F** 1200人	**G** 1370人	**H** 1560人

問題2

制限時間：**80秒**

A君は、所持金の $\frac{2}{5}$ より300円少ない金額で書籍を買った。その後、アルバイトをして1500円を得たので、所持金の $\frac{3}{7}$ より500円多く使ってCDを購入したところ、残金は1900円になった。A君の最初の所持金を求めなさい。

A 2000円	**B** 2200円	**C** 3000円	**D** 3600円
E 3900円	**F** 4000円	**G** 4500円	**H** 5000円

問題3

制限時間：**160秒**

ある大学において学生の出身高校を調査したところ、県内高校卒が60%であり、その男女の比率は3：2でした。

（1）県内高校卒の男子学生数は900人であった。大学全体の学生数は何人ですか。

A 1750人	**B** 1770人	**C** 1800人	**D** 1820人
E 1900人	**F** 2000人	**G** 2500人	**H** 2800人

（2）県外高校卒の男女の比率は4：1でした。女子学生のうち県外高校卒の割合は何%ですか。なお必要なときは、最後に小数第1位を四捨五入しなさい。

A 15%	**B** 18%	**C** 20%	**D** 22%
E 24%	**F** 25%	**G** 28%	**H** 30%

問題4

ある地区における5月の生花の総出荷数は5000本である。そのうち60%がカーネーションです。そのうち白色が40%、白色以外の65%がピンク色です。

(1)白色のカーネーションの出荷数は生花の総出荷数の何%に当たりますか。
なお必要なときは、最後に小数第2位を四捨五入しなさい。

A 24%　　**B** 29%　　**C** 35.9%　　**D** 37.5%　　**E** 42.8%　　**F** 52.5%

(2)来年度の計画として生花の総出荷数を2割増加させ、かつカーネーションの出荷割合を80%に増加するとピンク色のカーネーションの出荷数は何本になりますか。

A 1569本　**B** 1764本　**C** 1872本　　**D** 1902本　　**E** 2033本　　**F** 2256本

(3)総出荷数、カーネーションの出荷割合は変わらず、ピンク色を400本増やした場合、ピンク色のカーネーションの出荷はカーネーション全体の何%ですか。なお必要なときは、最後に小数第2位を四捨五入しなさい。

A 29.9%　**B** 40.1%　**C** 45.6%　　**D** 46.7%　　**E** 50.8%　　**F** 52.3%

問題5

ある客船の乗客を調査したところ、日本人が40%、そのうち女性が60%だった。また、乗客全員の45%は男性である。

(1)日本人女性は乗客全員の何%ですか。

A 15%　　　　**B** 16.5%　　　**C** 20.5%　　　**D** 24%
E 27.5%　　　**F** 30%　　　　**G** 38.5%　　　**H** 40%

(2)外国人女性は乗客全員の何%ですか。

A 5%　　　　**B** 6%　　　　**C** 10%　　　　**D** 12%
E 17%　　　**F** 26%　　　**G** 31%　　　**H** 42%

(3)外国人男性が174人だった。乗客全員は何人ですか。

A 480人　　　**B** 550人　　　**C** 600人　　　**D** 750人
E 800人　　　**F** 820人

学習日：　月　　日

基本公式をしっかり覚えて応用する

● 売買損益の基本公式

定価：予定販売価格	
原価×（1＋利益率）	
売価：実際販売価格	
定価×（1－割引率）	
原価：購入価格	
定価÷（1＋利益率）	
利益	
予測利益	定価－原価
実際利益	売価－原価

原価を"1"として考える
（利益率を0.2、定価の割引率を0.1とした場合）
定価　　　　1×（1＋0.2）＝1.2
売価　　　　1.2×（1－0.1）＝1.08
実際利益　　1.08－1＝0.08

例題　1

制限時間：**30秒**

6000円で購入した商品に、原価の20％の利益を見込んで定価をつけた。定価はいくらですか。

A 4800円　　　**B** 5000円　　　**C** 6000円　　　**D** 7200円

E 7500円　　　**F** 7800円　　　**G** 8000円

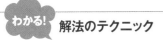

わかる! 解法のテクニック

利益	0.2
原価	1

定価(原価の1.2倍)

定価＝原価×(1＋利益率)より
6000円×(1＋0.2)＝7200円

解答
D

例題 2

制限時間：**30秒**

例題1の商品が売れないので、定価の15%引きで販売することにした。
利益はいくらになりますか。

A 0円　　**B** 120円　　**C** 300円　　**D** 375円　　**E** 900円　　**F** 1000円

わかる! 解法のテクニック

❶ 売価＝定価×(1－割引率)より 売価を計算

7200円×(1－0.15)＝6120円

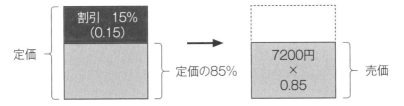

割引 15% (0.15)

定価 — 定価の85%

7200円 × 0.85 — 売価

❷ 売価－原価＝実際の利益

解答
B

6120円－6000円＝120円

71

練 習 問 題

解答&解説は別冊P.23〜24参照

問題1

原価1200円の品物を定価の15%引きで売ると95円の損になる。定価はいくらですか。

A 800円   **B** 900円   **C** 1000円   **D** 1100円

E 1200円   **F** 1300円

問題2

制限時間：60秒

仕入れ値の2割5分の利益を見込んで、150円の定価をつけた商品がある。最低でも仕入れ値の1割の利益を得るには、値引きできる金額は最高でいくらですか。

A 12円   **B** 14円   **C** 16円   **D** 18円   **E** 19円   **F** 20円

問題3

制限時間：120秒

あるお店で、原価200円の品物を500個仕入れて、30%の利益を見込んで定価をつけた。このうち、350個を定価で売った。

（1）残りの150個が売れ残ったとすると、利益または損失は何円ですか。

A 9000円の利益   **B** 11500円の利益   **C** 20000円の利益

D 31000円の利益   **E** 9000円の損失   **F** 11500円の損失

G 20000円の損失   **H** 31000円の損失

（2）残りの150個を定価の30%引きですべて売ったとき、総利益または総損失はいくらになりますか。

A 8200円の利益   **B** 12400円の利益   **C** 18300円の利益

D 22000円の利益   **E** 8200円の損失   **F** 12400円の損失

G 18300円の損失   **H** 22000円の損失

問題4

ある商品180個を仕入れ、全体の $\frac{1}{2}$ を25%、全体の $\frac{1}{3}$ を30%の利益を見込んで定価をつけた。残りは破損してしまったので廃棄すると、全体の利益が1260円となった。この商品の1個当たりの原価はいくらですか。

A 120円　　**B** 130円　　**C** 140円　　**D** 150円　　**E** 160円　　**F** 170円

問題5

P、Q2個の商品を合わせて3000円で仕入れ、Pは30%、Qは20%の利益を見込んで定価をつけて2個とも販売したところ、780円の利益があった。Pの仕入れ値はいくらですか。

A 750円　　　　**B** 1000円　　　　**C** 1280円　　　　**D** 1500円

E 1800円　　　　**F** 2600円

問題6

ある商品を定価の10%引きで売っても、なお、原価の8%の利益が出るようにするには、定価を原価の何%増しにすればよいでしょうか。

A 10%　　**B** 15%　　**C** 20%　　**D** 25%　　**E** 39%　　**F** 32%

問題7

定価の2割引きの売価で販売しても、原価の2割の利益が出るように定価を設定した。

（1）定価750円の商品の場合、原価はいくらですか。

A 400円　　**B** 450円　　**C** 500円　　**D** 600円　　**E** 630円　　**F** 660円

（2）原価800円の商品の場合、定価はいくらですか。

A 80円　　　　**B** 900円　　　　**C** 1000円　　　　**D** 1100円

E 1200円　　　　**F** 1300円

（3）この定価の設定の場合、原価に対する利益率はいくらですか。

A 0.05　　**B** 0.1　　**C** 0.15　　**D** 0.2　　**E** 0.3　　**F** 0.5

学習日： 　月　　日

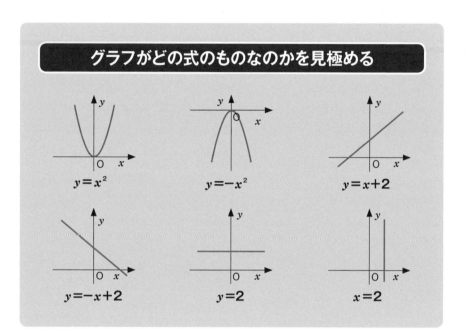

グラフがどの式のものなのかを見極める

$y=x^2$ 　　$y=-x^2$ 　　$y=x+2$

$y=-x+2$ 　　$y=2$ 　　$x=2$

例題 1

制限時間：60秒

次の2つの式によって示される直線と
放物線は図のように6つの領域に分ける。

$$\begin{cases} y=x+2 \\ y=x^2 \end{cases}$$

次の連立不等式が表す領域はどれですか。

$$\begin{cases} y<x+2 \\ y>x^2 \end{cases}$$

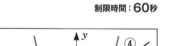

A ①と⑤ 　　B ②と③ 　　C ②と③と⑥ 　　D ①と④ 　　E ⑤と⑥ 　　F ⑥

わかる! 解法のテクニック

❶ どの式のものなのかを見極める

＜xが横軸、yが縦軸＞

$y=x+2$

xに0を入れる	$y=0+2=2$
xに1を入れる	$y=1+2=3$
xに−1を入れる	$y=-1+2=1$
xに−2を入れる	$y=-2+2=0$

よって直線になる

$y=x^2$

xに0を入れる	$y=0×0=0$
xに1を入れる	$y=1×1=1$
xに2を入れる	$y=2×2=4$
xに−1を入れる	$y=(-1)×(-1)=1$
xに−2を入れる	$y=(-2)×(-2)=4$

よって放物線になる

❷ 不等式により領域を決める

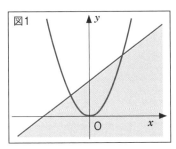

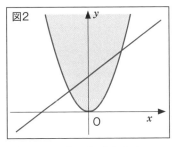

$y<x+2$は、yが小さい不等号で下の領域、図1の赤い部分を表す。

$y>x^2$は、yが大きい不等号で上の領域、図2の赤い部分を表す。

❸ 共通部分を確認する

求める領域はこれらの共通部分を表すから、
⑥の領域となる。

問題1

制限時間：**60秒**

下のグラフは$y=x^2$によって示される放物線である。不等式$y<x^2$で表される領域は次のうちどれですか。

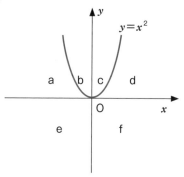

A abcd　　**B** ad　　**C** adef　　**D** ae　　**E** bc　　**F** ef

問題2

制限時間：**60秒**

下のグラフは$y=x+2$によって示される直線である。不等式$y>x+2$で表される領域は次のうちどれですか。

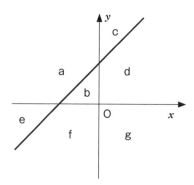

A abcd　　**B** adef　　**C** ace　　**D** bdfg　　**E** cdg　　**F** efg

問題3

下のグラフは、ア～ウの式によって示される直線と放物線である。

ア～ウの等号の式を①の領域を表すように不等号に変えたとき、右開きの不等号がつくのは、ア～ウのどれですか。

ア　$y=-x^2+2$

イ　$y=x$

ウ　$x=0$

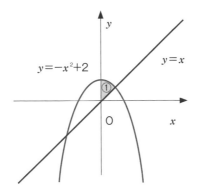

A ア　　　　**B** イ　　　　**C** ウ　　　　**D** アとイ　　　　**E** アとウ　　　　**F** イとウ

問題4

次の連立不等式が表す領域は右の図のどれですか。

$$\begin{cases} y<4 \\ y>x^2 \end{cases}$$

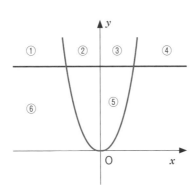

A ①と②と③と④　　　**B** ②　　　**C** ③　　　**D** ②と③　　　**E** ②と③と⑤　　　**F** ⑤

次の3つの式によって示される直線は図のように6つの領域に分ける。

① $y = x + 3$

② $y = -x + 5$

③ $y = \dfrac{1}{2} x$

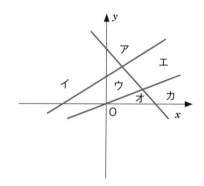

(1) 上記3つの式をすべて左開きの不等号に変えたときに、3つの不等式によって表される領域はどれですか。

A ア   **B** イ   **C** エ   **D** カ   **E** アとイ   **F** イとエ

(2) 3つの不等式によってエを表す領域にするには、上記(1)のすべて左開きの不等号からどれを右開きの不等号に変えればよいですか。

A ①   **B** ②   **C** ③   **D** ①と②   **E** ①②③すべて   **F** 該当なし

問題6

次の3つの式によって示される直線は図のように8つの領域に分ける。

①$y=|x|-3$

②$x=-3$

③$y=\dfrac{1}{2}x$

（ただし①の$|x|$は、xの絶対値を表す）

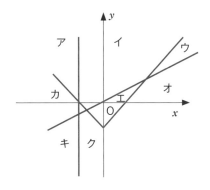

（1）ウの領域を表すためには、上記3つの式のうち左開きの不等号に変えるのはどれですか。

A ①　　**B** ②　　**C** ③　　**D** ①と②　　**E** ②と③　　**F** ①②③すべて

（2）上記3つの式をすべて右開きの不等号に変えたときに、3つの不等式によって表される領域はどれですか。

A ア　　**B** カ　　**C** キ　　**D** ク　　**E** カとキ　　**F** キとク

学習日： 月 日

外枠の境界線（縦軸と横軸）の数値を読み取る

- 条件に合う点の座標の数値を読み取る
- 点aは、部品Sは30個、部品Tは5個の点
- 点cは、部品Sは30個、部品Tは20個の点

2点の共通点からその境界線を
条件と確認する。

点aと点cでつくる直線（境界線）を与えられ
た条件と不等号などを使って確認する。

どちらも部品Sが30個以下になっている。
S≦30

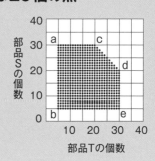

例題 1

制限時間：45秒

ある製品の製造に当たり、部品S、Tの数について、次のように定めた。

条件ア　Sの数は5個以上にすること

条件イ　Sの数は30個以下にすること

条件ウ　Tの数は5個以上にすること

条件エ　Tの数は30個以下にすること

条件オ　SとTの合計は50個以下にすること

右図は、Sの個数を縦軸にTの個数を横軸にとって図示した
ものである。図点は上記条件のすべてを満たす組み合わせを表す。

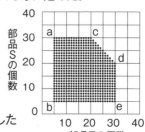

（1）点aと点bでつくる直線は、上記条件のどれを示しますか。

A ア　　B イ　　C ウ　　D エ　　E オ　　F すべて違う

解法のテクニック

❶ 問題を把握する

本問はグラフの縦軸に部品S、横軸に部品Tの数値を示している。
図点は与えられた条件のすべてを満たす組み合わせを表すため、点の外枠は
各条件の境界線になっており、その条件を守った内側に図点がある。

❷ 2点の座標の数値を読み取る

点aは部品Sが30個・部品Tが5個、点bは部品Sが5個・部品Tが5個。

❸ 2点の共通点から条件を確認する

両点とも部品Tが5個(T≧5)で、それより多い箇所に
図点があり、条件ウの部品Tが5個以上の境界線を表す。

解答
C

非言語 グラフ（条件と領域）

1

例題 2

制限時間：**80秒**

各部品の価格が下記のとき、点aから点eのうち価格が3500円より低くなるのはどれですか。部品Sは1個60円、部品Tは1個100円とする。

A 点aと点b **B** 点bと点c **C** 点bと点e **D** 点aと点d
E 点bと点cと点e **F** 点aと点bと点e

解法のテクニック

❶ 各点の個数に金額を掛けて計算する

	部品S	部品T	
点a	30×60＝1800円	5×100＝500円	合計2300円
点b	5×60＝300円	5×100＝500円	合計800円
点c	30×60＝1800円	20×100＝2000円	合計3800円
点d	20×60＝1200円	30×100＝3000円	合計4200円
点e	5×60＝300円	30×100＝3000円	合計3300円

よって点a、b、e

解答
F

練 習 問 題

解答&解説は別冊P.26〜28参照

問題1

制限時間：**200秒**

ある会社の1週間のパソコン研修で行うソフトAとソフトBの学習時間について、次のように定めた。

条件ア　ソフトAの学習時間は5時間以上にすること

条件イ　ソフトAの学習時間は15時間以下にすること

条件ウ　ソフトBの学習時間は10時間以上にすること

条件エ　ソフトBの学習時間は20時間以下にすること

条件オ　ソフトAとソフトBの合計学習時間は30時間以下にすること

以下は、ソフトAの学習時間を縦軸にソフトBの学習時間を横軸に取って図示したものである。

図点は上記条件のすべてを満たすソフトAとソフトBの組み合わせ時間を表す。

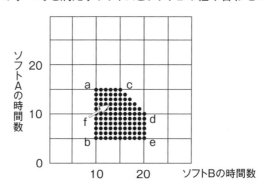

（1）点bと点eでつくる直線は、上記条件のどれを示しますか。

A ア　　　**B** イ　　　**C** ウ　　　**D** エ　　　**E** オ　　　**F** すべて違う

（2）点dと点eでつくる直線は、上記条件のどれを示しますか。

A ア　　　**B** イ　　　**C** ウ　　　**D** エ　　　**E** オ　　　**F** すべて違う

（3）上記条件オを示す境界線はどの点とどの点ですか。

A 点aと点b　　　**B** 点aと点c　　　**C** 点bと点e　　　**D** 点cと点d

E 点dと点e　　　**F** すべて違う

（4）ソフトAとソフトBの合計時間が点fと同じになる点はどれですか。

A 点aと点b　　**B** 点aと点e　　**C** 点bと点c　　**D** 点bと点e

E 点cと点e　　**F** 点dと点e

（5）研修の1時間当たりの費用として以下の金額がかかる場合、点a、点b、点c、点d、点eのうち価格が35000円より高くなるのはどれですか。

ソフトA　1000円／1時間　　　　ソフトB　1500円／1時間

A 点aと点b　　**B** 点bと点c　　**C** 点bと点e　　**D** 点dと点e

E 点cと点d　　**F** 点aと点cと点d

問題2

ある携帯電話の製造に当たり、重量とコストの両面から部品A、Bの数について、次のように定めた。

条件ア　Aの数は5個以上にすること

条件イ　Aの数は18個以下にすること

条件ウ　Bの数は15個以上にすること

条件エ　Bの数は30個以下にすること

条件オ　Aの使用個数はBの使用個数より4個以上少なくすること

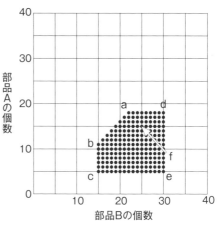

下図は上記5つの条件を満たすAB部品の組み合わせを点で示している。

（1）点aと点bでつくる直線は、上記条件のどれを示しますか。

A ア　　**B** イ　　**C** ウ　　**D** エ　　**E** オ

（2）部品A（1個200円）、部品B（1個80円）のとき、点fにかかるコストはいくらですか。

A 3750円　　**B** 3975円　　**C** 4250円　　**D** 5000円

E 5100円　　**F** 5250円

(3)各部品の重さが以下のとき、点a、点b、点c、点d、点eのうち点fより軽くなるのはどれですか。

部品A　12g　　　　部品B　10g

A 点a　　**B** 点b　　**C** 点c　　**D** 点d　　**E** 点e　　**F** 点aと点b

G 点bと点c　**H** 点cと点e　**I** 点bと点cと点e

(4)前頁の条件ア〜オに下記条件カを追加したとき、すべての条件を満たす点が表す図形はどれですか。

条件カ　部品Aと部品Bの合計を40個以下とする

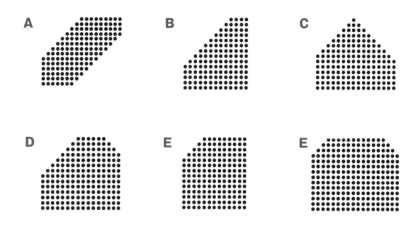

問題3　　　　　　　　　　　　　　　　　　　　制限時間：**200秒**

果物の詰め合わせをつくるに当たり、りんごとみかんの数について、次のように定めた。

条件ア　りんごの数は5個以上にすること

条件イ　りんごの数は15個以下にすること

条件ウ　みかんの数は12個以上にすること

条件エ　みかんの数は20個以下にすること

条件オ　りんごの数はみかんの個数以下にすること

条件カ　りんごとみかんの合計は32個以下にすること

次の図は、りんごの個数を縦軸にみかんの個数を横軸に取って図示したものである。図点は上記条件のすべてを満たす組み合わせを表す。

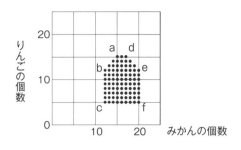

（1）点aと点bでつくる直線は、上記条件のどれを示しますか。

A ア　　　**B** イ　　　**C** ウ　　　**D** エ　　　**E** オ　　　**F** カ

（2）点dと点eでつくる直線は、上記条件のどれを示しますか。

A ア　　　**B** イ　　　**C** ウ　　　**D** エ　　　**E** オ　　　**F** カ

（3）りんごとみかんの価格が下記のとき、点a、点b、点c、点d、点e、点fのうち価格が2番目に高くなるのはどれですか。

りんご　1個120円　　みかん　1個80円

A 点a　　**B** 点b　　**C** 点c　　**D** 点d　　**E** 点e　　**F** 点f

（4）上記の条件ア〜カに下記条件キを追加したとき、すべての条件を満たす点で表す図形はどれですか。

条件キ　りんごとみかんの合計を22個以上とする

りんご　1個120円　　みかん　1個80円

A

B

C

D

E

F

学習日：　　月　　日

解法に必要な3つのルールを理解する

(1)取扱量×比率の計算を記号で示してある

図1

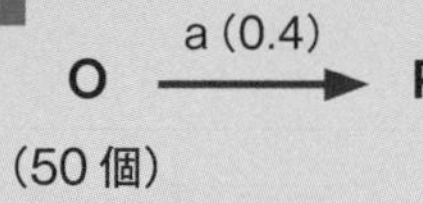

$$O \xrightarrow{a\,(0.4)} P$$

(50個)

O社が取り扱う商品(50個)が
比率a(0.4)でP社に入荷された。
P=0.4×50=20(個) → P=aO
と表す。

(2)2ルートからはプラスする

図2

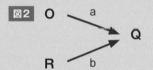

2ルートから集まるものは
上記(1)のものをプラスする。
Q=aO+bR

(3)経由は後ろを変化させる

図3

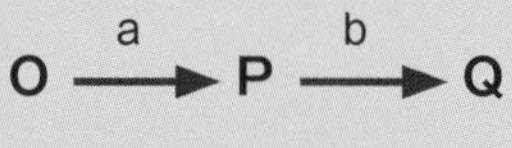

$$O \xrightarrow{a} P \xrightarrow{b} Q$$

経由はPの後ろ(集まる方)を
Pと入れ換える。
$Q=b\underline{P}$
　　aO
Pの替わりにaOを入れ、
Q=abOとも表現できる。

ある商品が複数の会社を経由して納品される物の流れを表す場合、O社が出荷した
商品が比率aでP社に入荷されたとき、これを右の 図1 のように示す。この場合O
社、P社が取り扱う商品数をそれぞれO、Pとすると式P＝aOが成り立つ。
同様にO社がQ社に比率aで出荷したとき、R社がQ社に比率bで出荷したときを右
の 図2 のように示す。この場合、式Q＝aO＋bRが成り立つ。

また、O社からP社に比率aで出荷したもののうちP社を経由して、さらにQ社に比率bで出荷されたとき、これを右の **図3** のように示す。

この場合、式Q＝bPが成り立ち、またPはaOで計算できるから、Q＝b(aO)＝abOとも表す。

また式は、例えば(a＋b)O＝aO＋bO
c(a＋b)O＝acO＋bcOのような演算は成り立つとする。

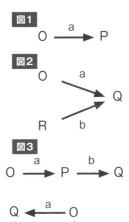

図1
図2
図3

上記の条件で右の図を表す式として適切なのはどれですか。

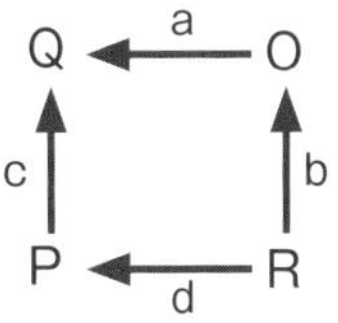

ア Q＝cP＋aO 　　イ Q＝cdR＋abR
ウ Q＝cdR＋abO

A ア 　　　　　　**B** イ 　　　　　**C** ウ
D アとイ
E アとウ 　　　　**F** イとウ 　　　**G** すべて

わかる! 解法のテクニック

❶ Qに一番近いOとPで表現する

Q＝cP＋aO
よってアは正解。

❷ 経由OとPを別の表現に変える

$Q = c\dfrac{P}{dR} + a\dfrac{O}{bR}$

よってcdR＋abR　イも正解。
ウはQ＝cdR＋abO
bの比率はO社の後ろのR社の比率であり、
それをO社に掛けるのは間違い。

解答

D

練 習 問 題

解答&解説は別冊P.28参照

問題1

制限時間：120秒

ある商品が複数の会社を経由して納品される物の流れを表す場合、O社が出荷した商品が比率aでP社に入荷されたとき、これを次の 図1 のように示す。

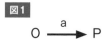

図1

$$O \xrightarrow{\quad a \quad} P$$

O社とP社が取り扱う商品数をそれぞれO、Pとすると、式P＝aOが成り立つ。
同様にO社がQ社に比率aで出荷したとき、R社がQ社に比率bで出荷したときを次の 図2 のように示す。

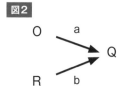

図2

この場合、式Q＝aO＋bRが成り立つ。
また、O社からP社に比率aで出荷したもののうちP社を経由して、さらにQ社に比率bで出荷されたとき、これを次の 図3 のように示す。

図3

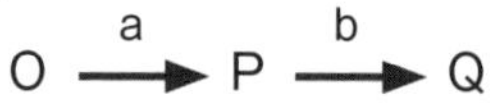

$$O \xrightarrow{\quad a \quad} P \xrightarrow{\quad b \quad} Q$$

この場合、式Q＝bPが成り立ち、またPはaOで計算できるから、
Q＝b（aO）＝abOとも表す。
また式は、例えば（a＋b）O＝aO＋bO、c（a＋b）O＝acO＋bcOのような演算は成り立つとする。

(1) 以下の条件で右の図を表す式として適切なのはどれですか。

ア　Q＝cdR＋aO

イ　Q＝abS＋cP＋dR

ウ　Q＝cP＋abO

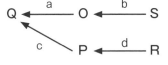

A ア　　**B** イ　　**C** ウ　　**D** アとイ　　**E** アとウ　　**F** すべて

(2) 上図においてa、dが0.3、b、cが0.5である場合、S社の取り扱う商品のうちQ社に納品されるのは何%ですか。

A 15%　**B** 25%　**C** 30%　**D** 42.5%　**E** 45%　**F** 55.5%

問題2　　　　　　　　　　　　　　　　　　　　　制限時間：**160秒**

(1) 問題1の条件で右の図を表す式として適切なのはどれですか。

ア　Q＝afR＋eR＋bcP

イ　Q＝bP＋cO＋eR＋aS

ウ　Q＝(bc＋afd＋ed)O

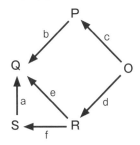

A ア　　　　　**B** イ　　　　　**C** ウ　　　　　　　**D** アとイ

E アとウ　　**F** すべて適切　　**G** すべて不適切

(2) 上記(1)図においてa、b、eが0.3、c、d、fが0.5である場合、O社の取り扱う商品のうちQ社に納品されるのは何%ですか。

A 35%　　　　**B** 37.5%　　　**C** 38.5%　　　**D** 40.5%

E 45%　　　　**F** 50%　　　　**G** 100%

(3) 上記(2)の割合において、O社からQ社に納品される商品のうち、S社を経由しないものは、S社を経由するものの何%ですか。

A 25%　　　　**B** 40%　　　　**C** 52%　　　　**D** 40.5%

E 250%　　　**F** 400%　　　**G** 450%

学習日：　　月　　日

文中の数値が何に該当するのか注意する

● 全体を1と考える

全体の $\frac{2}{5}$ は「全体1を5等分したものの2」

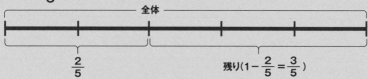

残りの $\frac{1}{2}$ は「残り（全体に対する $\frac{3}{5}$）を2等分したものの1」

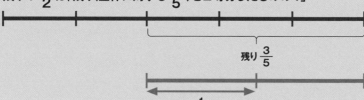

$\frac{3}{5} \times \frac{1}{2} = \frac{3}{10}$（この値は上記 ◄──► の長さの全体に対する割合を示す）

例題 1

制限時間：**150秒**

ある人がヨーロッパツアーに参加することになり、契約時に旅行代金を総額の $\frac{4}{15}$ 支払った。次の問いに答えなさい。

(1) 旅行直前に総額の $\frac{1}{3}$ を支払い、残金は旅行後に支払うことにした。旅行までに<u>支払った額は総額のどれだけに当たりますか。</u>手数料、利息は考えないこととする。

A $\frac{7}{15}$　　**B** $\frac{3}{5}$　　**C** $\frac{15}{7}$　　**D** 4倍　　**E** 5倍　　**D** 6.5倍

わかる! 解法のテクニック

❶ 値が何に対するものなのかを確認

$\frac{4}{15}$ と $\frac{1}{3}$ は同じ（総額）ものに対する割合だから、そのまま合計できる。

❷ 支払い額の計算をする

旅行までの支払い額　$\frac{4}{15} + \frac{1}{3} = \frac{4}{15} + \frac{5}{15} = \frac{9}{15} = \frac{3}{5}$

❸ 総額に対する割合を計算する

問われているのは、旅行までに支払った額は総額のどれだけに当たるか。

旅行までの支払い額÷総額（全体）

$\frac{3}{5} \div 1 = \frac{3}{5}$　この問題では❷の金額をそのまま解答してもよい。

解答

(2)旅行直前に契約時に支払った額の $\frac{2}{3}$ を支払い、残金は旅行後に支払うことにした。その残金は総額のどれだけに当たりますか。

A $\frac{1}{3}$　　B $\frac{2}{5}$　　C $\frac{4}{9}$　　D $\frac{5}{9}$　　E $\frac{3}{5}$　　F $\frac{13}{15}$

わかる! 解法のテクニック

❶ 同じ基準の分数に直す

直前支払額の分数 $\frac{2}{3}$ は総額に対するものではなく、契約時に支払った額の $\frac{2}{3}$ になるので、総額に対する割合に直す。契約時支払額 $\frac{4}{15}$（総額に対する割合）にその $\frac{2}{3}$ を掛ければ総額に対する割合になるので、$\frac{4}{15} \times \frac{2}{3}$ で計算する。

❷ 均一料金を計算する

旅行までの支払い額　$\frac{4}{15} + \frac{4}{15} \times \frac{2}{3} = \frac{4}{15} + \frac{8}{45} = \frac{12}{45} + \frac{8}{45} = \frac{20}{45} = \frac{4}{9}$

旅行残金　$1 - \frac{4}{9} = \frac{5}{9}$

解答

練 習 問 題

解答&解説は別冊P.29〜30参照

問題1

制限時間：60秒

ある人がアフリカツアーに参加することになり、契約時に旅行代金を総額の $\frac{4}{15}$ 支払った。

旅行直前に総額の $\frac{1}{3}$ を支払い、残金は旅行後に支払うことにした。その残金は総額のどれだけに当たりますか。手数料、利息は考えないこととする。

A $\frac{2}{5}$　　B $\frac{2}{3}$　　C $\frac{11}{15}$　　D $\frac{13}{15}$　　E $\frac{14}{15}$　　F $\frac{43}{45}$

問題2

制限時間：140秒

ある夫婦が世界一周ツアーに参加することになり、契約時に総額の $\frac{2}{15}$ を支払った。

次の問いに答えなさい。

(1) 旅行直前に契約時に支払った額の $\frac{2}{3}$ を支払い、残金は旅行後に支払うことにした。

その<u>残金は総額</u>のどれだけに当たりますか。手数料、利息は考えないこととする。

A $\frac{11}{15}$　　B $\frac{2}{3}$　　C $\frac{7}{9}$　　D $\frac{13}{15}$　　E $\frac{14}{15}$　　F $\frac{43}{45}$

(2) 旅行直前に総額の $\frac{1}{3}$ を支払い、残金は旅行後に支払うことにした。

その<u>残金は契約時支払額</u>のどれだけに当たりますか。手数料、利息は考えないこととする。

A $\frac{7}{15}$　　B $\frac{8}{15}$　　C $\frac{15}{8}$　　D $\frac{15}{7}$　　E 4倍　　F 5倍

問題3　　　　　　　　　　　　　　　　　　　　　　　　制限時間：160秒

ある人がバイクを購入することになり、契約時に頭金として購入総額の $\frac{1}{4}$ を支払った。残金は10回の均等払いにすることにした。手数料、利息は考えないこととする。

次の問いに答えなさい。

（1）均等に支払う1回当たりの金額は、購入総額のどれだけに当たりますか。

A $\frac{1}{40}$　　**B** $\frac{1}{20}$　　**C** $\frac{3}{50}$　　**D** $\frac{3}{40}$　　**E** $\frac{2}{25}$　　**F** $\frac{3}{20}$

（2）均等払いを4回終えた時点の残金は、購入総額のどれだけに当たりますか。

A $\frac{4}{50}$　　**B** $\frac{3}{25}$　　**C** $\frac{11}{40}$　　**D** $\frac{9}{20}$　　**E** $\frac{11}{20}$　　**F** $\frac{7}{10}$

問題4　　　　　　　　　　　　　　　　　　　　　　　　制限時間：160秒

ある会社が土地を購入するに当たり、購入総額の $\frac{1}{4}$ を手付金として支払った。受け渡し時に手付金の $\frac{2}{5}$ を支払った。なお、分割に対する利息などは考慮しない。

（1）支払い後の残高は購入総額のどれだけに当たりますか。

A $\frac{1}{4}$　　**B** $\frac{7}{20}$　　**C** $\frac{1}{2}$　　**D** $\frac{13}{20}$

E $\frac{3}{4}$　　**F** $\frac{4}{5}$　　**G** $\frac{17}{20}$　　**H** $\frac{9}{10}$

（2）支払い後の残高を20回の均等払いにした場合、12回目を支払った後、今までの支払い総額は購入総額のどれだけに当たりますか。

A $\frac{39}{100}$　　**B** $\frac{14}{25}$　　**C** $\frac{37}{50}$　　**D** $\frac{77}{100}$

E $\frac{79}{100}$　　**F** $\frac{21}{25}$　　**G** $\frac{43}{50}$　　**H** $\frac{47}{50}$

学習日：　　月　　日

数式中のnに数値を入れて、素早く計算する

- 問題文をきちんと把握する
- 与えられた数値の意味を理解する
- 代入する数値の間違いに気をつける

例題 **1**

制限時間：**80秒**

ある企業では、採用からn（年）後のパートの時給$k(n)$を、次の式のように計算している。

$k(n)=k(n-1)+30n+50$ 　$(n>0)$

採用時$k(0)=0$のとき、$k(0)=a$とする（a＝採用時の時給）

採用時の時給が900円のとき、2年後の時給はいくらですか。

A　960円 　　　　B　1010円 　　　　C　1090円

D　1160円 　　　　E　1250円 　　　　F　1300円

> **わかる!**　解法のテクニック

❶ 条件を1つずつ確認する

①(n>0)により、算式上は年数nには0より多い数値が代入される。

②採用時n=0のとき　$k(0)=a$

　aは採用時の時給の金額なので、本問はa=900円

❷ 問われているのは2年後の時給

①採用時　$k(0)$=900円

②1年後　　nに1を代入して

$$k(1)=k(1-1)+30×1+50$$
$$k(1)=k(0)+30×1+50$$

①の$k(0)$=900円より、

$$k(1)=900+30+50=980円$$

③2年後　　nに2を代入して

$$k(2)=k(2-1)+30×2+50$$
$$k(2)=k(1)+60+50$$

②の$k(1)$=980円より、

$$k(2)=980+60+50=1090円$$

解答
C

別解　**この算式の意味を考えてみる**

$k(n)=k(n-1)+30n+50$

nに年数を入れて計算を行うため、

前半部分$k(n-1)$で前年の時給金額を計算する。

1年後であれば、$k(1-1)$ → $k(0)$<問題の条件から900円>

よって採用時の時給900円から

　1年後は30×1+50=80円アップ。

　2年後は1年後の時給に30×2+50=110円アップ。

問題1

制限時間：**80秒**

ある企業では採用からn年後の学生アルバイトの時給$k(n)$を、次の式のように計算している。

$k(n) = k(n-1) + 10n + 80$ （$n > 0$）

採用時$n = 0$のとき

$k(0) = a$として計算する（a＝採用時の時給）。

採用時の時給が1200円のとき、3年後の時給はいくらですか。

A 1210円　**B** 1280円　**C** 1290円　**D** 1390円　**E** 1410円　**F** 1500円

問題2

制限時間：**80秒**

ある企業では採用からn年後のアルバイトの時給$k(n)$を、次の式のように計算している。

$k(n) = k(n-1) + 10n + 80$ （$n > 0$）

採用時$n = 0$のとき

$k(0) = a$として計算する（a＝採用時の時給）。

3年後の時給が1650円の場合、採用時の時給はいくらですか。

A 1150円　**B** 1230円　**C** 1250円　**D** 1300円　**E** 1350円　**F** 1400円

問題3

制限時間：**100秒**

下記の計算式はマウスの繁殖を示したものである。$f(n)$は、n年後の個体数である。

$f(n) = 3f(n-1) - f(n-3)$

ただし、初めの個体数を$f(0)$とし、$f(-1)$、$f(-2)$など、$n < 0$のときは$f(n) = 0$とする。

初めの個体数が2個のときにおける、3年後の個体数はいくつですか。

A 20個　**B** 52個　**C** 60個　**D** 88個　**E** 96個　**F** 122個

問題4　　　　　　　　　　　　　　　　　　　　　　　　制限時間：**100**秒

次のデータはマウスの繁殖を計算式にしたものである。$f(n)$は、n年後の個体数である。

$f(n)=3f(n-1)-f(n-3)$

ただし、初めの個体数を$f(0)$とし、$f(-1)$、$f(-2)$など、$n<0$のときは$f(n)=0$とする。

3年後の個体数が416個の場合、最初の個体数はいくつですか。

A　12個　　**B**　16個　　**C**　18個　　**D**　22個　　**E**　52個　　**F**　66個

問題5　　　　　　　　　　　　　　　　　　　　　　　　制限時間：**120**秒

ある企業では採用からn年後の学生アルバイトの時給k(n)を、次の式のように計算している。

$k(n)=k(n-1)+10n+80$　　$(n>0)$

採用時$n=0$のとき　$k(0)=a$として計算する（$a=$採用時の時給）。

Aは2年前から時給1000円で働き始めている。今回新しく時給1150円で働き始めたBと両者の時給がちょうど100円差になるのは、Aの採用から何年後ですか。

A　1年後　　**B**　2年後　　**C**　3年後　　**D**　4年後　　**E**　5年後　　**F**　6年後

問題6　　　　　　　　　　　　　　　　　　　　　　　　制限時間：**220**秒

ある生物のn年後の個体数$f(n)$は次のような計算式で表すことができる。

$f(n)=3f(n-1)-f(n-2)$

また、初めの個体数を$f(0)$とし、$f(-1)$、$f(-2)$など$f(n)$が$n<0$のときは$f(n)=0$とする。

（1）初めの個体数が25個のとき、3年後の個体数はいくつになりますか。

A　120個　　**B**　130個　　**C**　180個　　**D**　230個　　**E**　355個　　**F**　525個

（2）3年後の個体数が420個のとき、最初の個体数はいくつでしたか。

A　8個　　**B**　9個　　**C**　12個　　**D**　18個　　**E**　20個　　**F**　24個

学習日： 　月　　日

各装置の変化を記号で表す

● 装置の変化を記号で簡略化する

〈P型〉装置に入ってきた2つの信号を加える

（例）

$$4 \longrightarrow \boxed{\underset{P}{+}} \longrightarrow 6$$

$$2 \longrightarrow$$

〈Q型〉装置に入ってきた2つの信号を掛ける

（例）

$$4 \longrightarrow \boxed{\underset{Q}{\times}} \longrightarrow 8$$

$$2 \longrightarrow$$

〈R型〉装置に入ってきた信号が0であれば0、正の数であれば1、
負の数であれば−1

（例）

$$-3 \longrightarrow \boxed{\begin{array}{l} 0 \to 0 \\ + \to 1 \\ - \to -1 \\ R \end{array}} \longrightarrow -1$$

例題 1

制限時間：90秒

正の数、0、負の数を信号として入力したとき、以下のような規則で変化させる装置がある。

＜P型＞　入ってきた2つの信号を加える。

（例）

$$4 \longrightarrow \boxed{P} \longrightarrow 6$$

$$2 \longrightarrow$$

＜Q型＞　入ってきた2つの信号を掛ける。

（例）

$$4 \longrightarrow \boxed{Q} \longrightarrow 8$$

$$2 \longrightarrow$$

これらの2つの装置をつないで、図のような回路をつくった。入力信号X1、X2、X3、X4の組み合わせアからウのうち、Y=0となるものはどれですか。

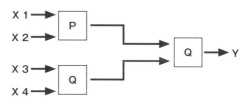

	アの場合	イの場合	ウの場合
X1	8	5	−6
X2	7	−2	6
X3	−9	−1	3
X4	0	3	4

A アだけ　　**B** イだけ　　**C** ウだけ　　　　　　**D** アとイ

E アとウ　　**F** イとウ　　**G** アとイとウのすべて　　**H** すべて0にならない

わかる! 解法のテクニック

❶ それぞれの場合を装置で確認する

アの場合

P　8+7=15

1つ目のQ　−9×0=0

2つ目のQ　15×0=0

イの場合

P　5+(−2)=3

1つ目のQ　−1×3=−3

2つ目のQ　3×(−3)=−9

ウの場合

P　−6+6=0

1つ目のQ　3×4=12

2つ目のQ　0×12=0

解答

E

よって、Y=0となるのは、アとウの場合である。

❶

非言語　ブラックボックス

練 習 問 題

解答&解説は別冊P.31〜33参照

問題1

制限時間：**80秒**

ある数値を入力したとき、次の例のような規則で出力する装置がある。
PとQ、2つの装置をつないで下のような回路をつくった。2を入力したとき、Xは
いくつになりますか。

（例）

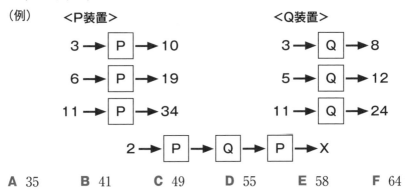

A	35	B	41	C	49	D	55	E	58	F	64

問題2

制限時間：**80秒**

ある数値を入力したとき、次の例のような規則で出力する装置P、Qがある。下の
図のような回路があり、Yにある数値を入力したところ、出力された数値は130で
あった。Yの数値として正しいものはどれですか。

（例）

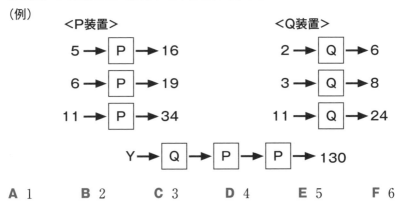

A	1	B	2	C	3	D	4	E	5	F	6

問題3　　　　　　　　　　　　　　　　　　　　　　　　制限時間：**90**秒

0と1を信号として入力したとき、以下のような規則で変化させる装置がある。

<P型>　0を入力すると1に、1を入力すると0になる。

（例）

$$0 \longrightarrow \boxed{P} \longrightarrow 1$$

<Q型>　2つの信号を同時に入力し、少なくともどちらか一方が0の場合は0
　　　　となる。2つの信号の両方が1の場合は1になる。

（例）

$$0 \longrightarrow \boxed{Q} \longrightarrow 0$$
$$1 \longrightarrow$$

<R型>　2つの信号を同時に入力し、少なくともどちらか一方が1の場合は1
　　　　となる。2つの信号の両方が0の場合は0になる。

（例）

$$0 \longrightarrow \boxed{R} \longrightarrow 1$$
$$1 \longrightarrow$$

これら4つの装置をつないで、図のような回路をつくった。入力信号X1、X2、
X3、X4の組み合わせアからウのうち、Y＝0となるものはどれですか。

	アの場合	イの場合	ウの場合
X1	1	1	0
X2	1	0	0
X3	0	1	1
X4	1	0	0

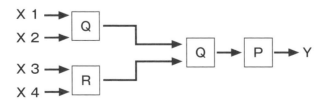

A アだけ　　　**B** イだけ　　　**C** ウだけ　　　　　　　**D** アとイ

E アとウ　　　**F** イとウ　　　**G** アとイとウのすべて　　**H** すべて0にならない

0と1を信号として入力したとき、以下のような規則で変化させる装置がある。

<P型>　　0を入力すると1に、1を入力すると0になる。

（例）　　　　0 ──▶ [P] ──▶ 1

<Q型>　　2つの信号を同時に入力し、少なくともどちらか一方が0の場合は0となる。

（例）　　　　0 ──▶
　　　　　　　　　　[Q] ──▶ 0
　　　　　　　1 ──▶

<R型>　　2つの信号を同時に入力し、少なくともどちらか一方が1の場合は1となる。

（例）　　　　0 ──▶
　　　　　　　　　　[R] ──▶ 1
　　　　　　　1 ──▶

これらの3つの装置をつないで、以下の図のような回路をつくった。入力信号X1、X2、X3、X4の組み合わせアからウのうち、Y＝0となるものはどれですか。

	アの場合	イの場合	ウの場合
X1	1	0	1
X2	1	1	0
X3	1	1	0
X4	0	0	0

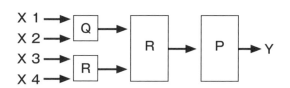

A アだけ　　**B** イだけ　　**C** ウだけ　　　　　　**D** アとイ
E アとウ　　**F** イとウ　　**G** アとイとウのすべて　**H** すべて0にならない

問題5

制限時間：90秒

次の例のように整数を信号として入力したとき、以下のような規則で変化させる装置がある。

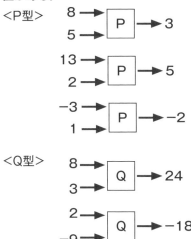

＜P型＞

8 →
5 → [P] → 3

13 →
2 → [P] → 5

−3 →
1 → [P] → −2

＜Q型＞

8 →
3 → [Q] → 24

2 →
−9 → [Q] → −18

ほかに、R型は入ってきた数値が0であれば0、正の数であれば1、負の数であれば−1を出力する。これらの3つの装置をつないで、数値を入力した場合、Y＝0となるものはどれですか。

	アの場合	イの場合	ウの場合
X1	6	−3	−6
X2	7	0	6
X3	−5	−1	4
X4	0	−3	4

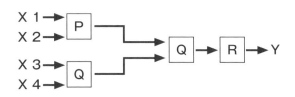

X1 →
X2 → [P] →
               [Q] → [R] → Y
X3 →
X4 → [Q] →

A アだけ　　**B** イだけ　　**C** ウだけ　　　　**D** アとイ

E アとウ　　**F** イとウ　　**G** アとイとウのすべて　　**H** すべて0にならない

学習日： 月 日

数式や記号で表された処理を正確に行う

- **フローチャート中の処理方法を推定する**

- **フローチャートを使って計算する**

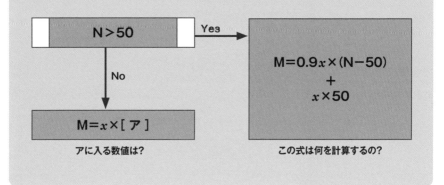

N>50

Yes → M=0.9x×(N−50) + x×50

No ↓

M=x×[ア]

アに入る数値は？

この式は何を計算するの？

例題 1

制限時間：**100秒**

ある会社の経理部は、資格手当として次の基準が設けられている。

1. 国家試験合格者には30000円を加算する。
2. 国家試験に合格はしていないが、経理の実務経験が5年以上の者には5000円を加算する。
3. 国家試験に合格はしていないが、1級合格者には3000円、2級合格者には2000円を加算する。

このとき右の図に示すような方法で金額を決めるものとする。

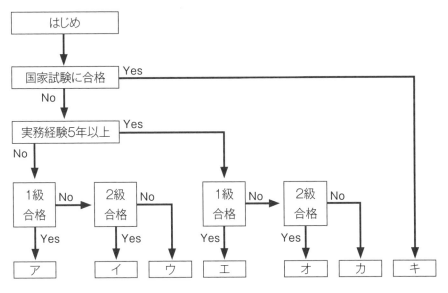

(1)オに入る金額はいくらですか。

A 2000円　**B** 5000円　**C** 7000円　**D** 8000円　**E** どちらも該当しない

わかる！ 解法のテクニック

オは国家試験に合格の判定でNo、実務経験5年以上の判定でYes、
1級合格の判定でNo、2級合格の判定でYesの箇所になる。
よって金額は5000円＋2000円＝7000円

解答
C

---

(2)入社3年目、28歳、男性、経理実務経験7年、1級合格者は、ア～キのどの
　　箇所に該当し、手当はいくらですか。

A ア3000円　**B** ア5000円　**C** エ7000円　**D** エ8000円　**E** オ8000円

わかる！ 解法のテクニック

国家試験に合格していない実務経験5年以上の1級合格者は、
5000円＋3000円＝8000円で、エの箇所になる。

解答
D

練 習 問 題

解答&解説は別冊P.33～34参照

問題1 制限時間：**240秒**

このフローチャートは与えられた2つの数X、Yについて、ある計算を実行している。
下記の問いに答えなさい。

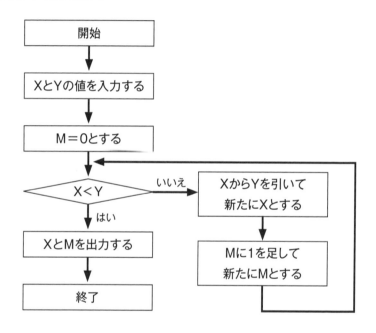

(1) X＝41、Y＝12としたとき、最終的に出力されたXとMの数値の組み合わせ
で正しいものはどれですか。

A X=41　M=4 **B** X=41　M=3 **C** X=12　M=4

D X=12　M=3 **E** X=5　M=4 **F** X=5　M=3

(2) X＝540、Y＝85としたとき、X、Yについて、出力されたXとMの数値の
組み合わせで正しいものはどれですか。

A X=-60　M=-4 **B** X=-10　M=-5 **C** X=-10　M=-6

D X=60　M=4 **E** X=-30　M=4 **F** X=30　M=6

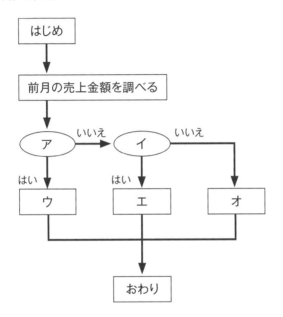

問題2　　　　　　　　　　　　　　　　　　　　　　制限時間：**90秒**

ある小売店で、前月の売上金額が700万円未満の場合は新聞に広告を出す、700万円以上900万円未満の場合は顧客にダイレクトメールを出す、900万円以上の場合は街頭チラシを配布することにした。下図が広告戦略を決定するフローであるとき、ア、イに入るものを次の中から選びなさい。ただし、前月の売上金額をp（単位・万円）とする。

| はじめ |
| 前月の売上金額を調べる |

ア ── いいえ ──▶ イ ── いいえ ──▶

（はい）ウ　　（はい）エ　　オ

| おわり |

A ア…$900 \geqq p$　イ…$700 > p$　　　　**B** ア…$900 > p$　イ…$700 > p$

C ア…$900 \leqq p$　イ…$700 < p$　　　　**D** ア…$900 < p$　イ…$700 < p$

E ア…$900 \geqq p$　イ…$700 \geqq p$　　　**F** ア…$900 > p$　イ…$700 \geqq p$

G ア…$900 \leqq p$　イ…$700 \leqq p$　　　**H** ア…$900 < p$　イ…$700 \leqq p$

107

ある文具店ではノートの割引について次のように決めている。

1. ノートの購入総数が100冊までは、1冊x円の定価にて販売
2. 100冊を超えて300冊までのときは、100冊を超えた冊数分が定価の1割引になり、あとは1に準じる
3. 300冊を超える場合は、超えた冊数分が定価の2割引になり、あとは1、2に準じる

このとき下図に示すような計算で、ノートの購入総額Mを算出する。図中の[ア][イ]に入る値として適切なものを組み合わせているのはどれですか。

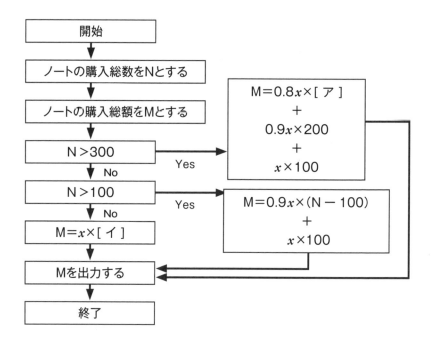

A ア…N　　　　イ…N
B ア…N　　　　イ…300
C ア…N−100　イ…N
D ア…N−300　イ…N
E ア…100　　　イ…300
F ア…200　　　イ…300−N
G ア…N　　　　イ…300−N
H AからGのどれでもない

問題4　　　　　　　　　　　　　　　　　　　　　　　　　**制限時間：160秒**

ある企業は、コピーの使用料をその月の使用枚数に応じて契約している。1カ月の使用枚数が20000枚までは定額の30000円、20001 ～ 30000 枚が1枚当たり1.4円、30000枚超の枚数は1枚当たり1.2円。その契約内容を以下の図で示すとき、次の設問に答えなさい。

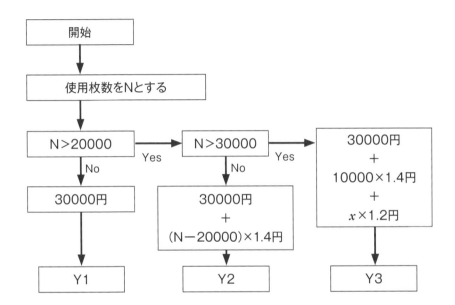

（1）月の使用枚数が25830枚のときはどの箇所にいくらで出力されますか。

A Y1　30000円　　　　**B** Y2　8162円　　　　**C** Y3　28162円

D Y3　38162円　　　　**E** Y2　36996円　　　　**F** Y2　38162円

（2）x に入る値として適切なものは、以下のうちどれですか。

A N　　　　　　**B** N－20000　　**C** N－30000　　**D** 10000

E 20000　　　**F** 30000

鶴亀算

学習日： 月 日

問題文から方程式をつくる

連立方程式の解き方

●代入法

$\begin{cases} x+y=30 \quad 変形して y=30-x \cdots\cdots ① \\ 50x+120y=2340 \quad\cdots\cdots\cdots\cdots\cdots\cdots ② \end{cases}$

①を②のyの部分に代入する

$50x+120(30-x)=2340$

$50x+3600-120x=2340$

$70x=1260 \qquad x=18 \quad y=12$

●加減法

$\begin{cases} 2500 \times x+1000 \times y=15000 \quad\cdots\cdots ① \\ x+y=9 \quad\cdots\cdots\cdots\cdots\cdots\cdots\cdots\cdots\cdots ② \end{cases}$

②を1000倍して①から引く

$$\begin{array}{r} 2500x+1000y=15000 \\ -\underline{) \quad 1000x+1000y=9000} \\ 1500x \qquad\qquad =6000 \\ x=4 \quad y=5 \end{array}$$

例題 1

制限時間：60秒

1個150円のプリンと1個200円のケーキを合計13個購入したら、代金の合計は2300円だった。プリンは何個買いましたか。

A 5個 **B** 6個 **C** 8個 **D** 10個 **E** 11個

わかる! **解法のテクニック**

① 方程式をつくる

プリンの数をx個、ケーキの数をy個とし、以下の算式を立てる。

① $x+y=13$　　$y=13-x$

② $150x+200y=2300$

> ケーキの数は、合計からプリンの数を引く

①を②に代入して、$150x+200(13-x)=2300$

$50x=300$　　$x=6$個

よってプリン6個、ケーキ$y=13-6=7$個

プリン	150円×6個＝900円		個数	13個
ケーキ	200円×7個＝1400円		代金	2300円

解答

例題 **2**

制限時間：**60秒**

1個150円のプリンと1個200円のケーキを合計18個購入したら、プリンの代金の合計がケーキの代金の合計より250円高かった。プリンは何個買いましたか。

A 5個　　　**B** 6個　　　**C** 8個　　　**D** 10個　　　**E** 11個

わかる! **解法のテクニック**

プリンの数をx個、ケーキの数をy個とし、以下の算式を立てる。

① $x+y=18$　　$y=18-x$ …… ①'

② $150x-200y=250$円

> プリンの合計金額はケーキの合計金額よりも250円高い

①'を②に代入して、$150x-200(18-x)=250$

$150x-3600+200x=250$

$350x=3850$　　$x=11$個

よって、プリン11個、ケーキ$y=18-11=7$個

プリン	150円×11個＝1650円	個数	13個
ケーキ	200円×7個＝1400円	差額	250円

解答

練 習 問 題

解答&解説は別冊P.34～35参照

問題1　制限時間：**80秒**

ある遊園地の入場料は大人が1800円、子供が700円である。19人が入場して代金は19900円だった。子供の数は何人ですか。

A 3人　　**B** 6人　　**C** 9人　　**D** 10人　　**E** 13人　　**F** 16人

問題2　制限時間：**80秒**

50円切手と80円切手を合わせて30枚購入し、代金が2160円だった。50円切手は何枚購入しましたか。

A 5枚　　**B** 8枚　　**C** 12枚　　**D** 18枚　　**E** 20枚　　**F** 22枚

問題3　制限時間：**80秒**

1本50円のボールペンと1冊100円のノートが、合わせて30個あり、合計金額は2300円であった。ボールペンとノートはそれぞれいくつずつありますか。

A ボールペン9本　　ノート21冊　　　**B** ボールペン11本　　ノート19冊
C ボールペン14本　　ノート16冊　　　**D** ボールペン18本　　ノート12冊
E ボールペン20本　　ノート10冊　　　**F** ボールペン23本　　ノート7冊
G AからFのいずれでもない

問題4　制限時間：**80秒**

松本氏は、会社の同僚20人にお土産を買って帰ることにした。600円のクッキーと450円のキャンディーを合わせて人数分買って、全部で10000円以内に抑えたい。このときクッキーは何個まで買うことができますか。

A 5個　　**B** 6個　　**C** 7個　　**D** 8個　　**E** 9個　　**F** 10個

問題5　制限時間：**80秒**

ある教室に生徒が50人いる。生徒の年齢は8歳と9歳で、生徒の年齢の合計は、434歳になる。この教室に8歳の生徒は何人いますか。

A 13人　　**B** 14人　　**C** 15人　　**D** 16人　　**E** 17人　　**F** 18人

問題6
制限時間：**90秒**

連続した3つの正の偶数a、b、cがある。aとbそれぞれの平方の和と、cの平方が等しいとき、$a+b+c$の値はいくらですか。

A 20　　**B** 22　　**C** 24　　**D** 26　　**E** 28　　**F** 30

問題7
制限時間：**90秒**

クラス全員に鉛筆を均等に配ろうと思い、はじめに7本ずつ配ったところ、1人だけ3本しか配ることができなかった。そこで1人につき2本ずつ減らして均等に配り終えると、今度は82本余った。用意した鉛筆は全部で何本ですか。

A 297本　**B** 298本　**C** 299本　　**D** 300本　　**E** 301本　　**F** 302本

問題8
制限時間：**90秒**

500円玉と100円玉がいくつかあり、500円玉の個数は100円玉の個数より11個少なく、合計金額は8300円である。100円玉の個数は次のうちどれですか。

A 13個　　**B** 18個　　**C** 20個　　**D** 23個

E 28個　　**F** 30個　　**G** 38個

問題9
制限時間：**90秒**

ある町で町内会旅行にバスを借りることになり、バス料金として大人は2000円、子供は1000円ずつ徴収した。しかし参加者が予定より少なく、合わせて68人だったので、徴収した金額はバスのレンタル代金の80000円より少なかった。このとき、大人の人数は最大何人ですか。

A 11人　　**B** 12人　　**C** 13人　　**D** 14人　　**E** 15人　　**F** 16人

問題10
制限時間：**90秒**

ある高校の体育祭に参加した人数は全部で400人（男子生徒、女子生徒、教師・保護者の男性・女性）で、そのうち男性は160人、教師・保護者の女性は20人であった。また、生徒の人数は教師・保護者の人数の4倍であった。このとき、男子生徒は何人ですか。

A 60人　　**B** 70人　　**C** 80人　　**D** 90人　　**E** 100人　　**F** 110人

仕事算

学習日：　　月　　日

基本公式に数値を入れて計算する

● **1日（時間）当たりの仕事量**

$$= \frac{1}{\text{所要日数（時間）}}$$

● **仕事量＝1日（時間）当たりの**
仕事量×働いた日数（時間）

● **全体の仕事日数**

$$= \frac{1}{\text{各人の1日当たりの仕事量の和}}$$

※全体の量から考える場合、分子が1となる。残りの量から考える場合は、1を残りの仕事量に置き換えて計算する。

例題 1

制限時間：150秒

ある仕事をするのに甲1人では20時間、乙1人では12時間、丙1人では15時間かかる。

（1）3人同時に働いたら、仕事は何時間で終わりますか。

A 3時間　　**B** 4時間　　**C** 5時間　　**D** 6時間　　**E** 7時間　　**F** 8時間

わかる！　解法のテクニック

❶ 1人の1時間当たりの仕事量を計算する

基本公式を利用して、1時間当たりの仕事量＝$\dfrac{1}{\text{所要日数（時間）}}$

仕事全体の量を1とすると、1人の1時間当たりの仕事量は

甲 $\dfrac{1}{20}$、乙 $\dfrac{1}{12}$、丙 $\dfrac{1}{15}$

❷ 3人での1時間当たりの仕事量を計算する

3人一緒に働くと1時間当たりの仕事量は $\dfrac{1}{20}+\dfrac{1}{12}+\dfrac{1}{15}=\dfrac{1}{5}$

❸ 全体の仕事時間を計算する

基本公式を利用して、全体の仕事時間＝1÷各人1時間の仕事量の和

よって、かかる時間は $1÷\dfrac{1}{5}=5$時間

解答

(2) 3人で3時間働いた後、残りを甲1人で行った。甲1人では何時間働きました
か。

A 3時間　　**B** 4時間　　**C** 5時間　　**D** 6時間　　**E** 7時間　　**F** 8時間

わかる！　解法のテクニック

❶ 3人で3時間働いたときの仕事量を計算

3人で3時間働いたときの仕事量は $\dfrac{1}{5}×3$時間$=\dfrac{3}{5}$

❷ 甲1人で行った時間を計算

甲1人で行ったのは $1-\dfrac{3}{5}=\dfrac{2}{5}$

基本公式を応用して、残りの仕事時間＝残りの仕事量÷甲1時間の仕事量

だから、$\dfrac{2}{5}÷\dfrac{1}{20}=8$時間

解答

練 習 問 題

解答&解説は別冊P.35～37参照

問題1　制限時間：30秒

Aはある仕事を1人ですると50日かかり、Bは同じ仕事を1人ですると30日かかる。A、Bが一緒に仕事をした場合の1日の仕事量を求めなさい。

A $\dfrac{4}{75}$　**B** $\dfrac{2}{25}$　**C** $\dfrac{8}{75}$　**D** $\dfrac{3}{25}$　**E** $\dfrac{7}{25}$　**F** $\dfrac{2}{5}$

問題2　制限時間：60秒

ある仕事をするのにA 1人では5日かかり、B 1人では8日かかる。この仕事を2人で一緒にすると何日かかりますか。

A 2日　　**B** 3日　　**C** 4日　　**D** 5日　　**E** 6日　　**F** 7日

問題3　制限時間：80秒

甲1人で6時間、乙1人で12時間かかる仕事がある。甲が1人で2時間働いた後、その残りを乙が1人で働いて仕上げた。乙は仕事を終了するのに、何時間働きましたか。

A 4時間　**B** 5時間　**C** 6時間　**D** 7時間　**E** 8時間　**F** 9時間

問題4　制限時間：80秒

甲1人ですれば10日かかる仕事を、甲乙2人ですると6日でできる。その仕事の $\dfrac{3}{5}$ を甲1人でした後、残りを乙1人ですると、全部で何日かかりますか。

A 8日　　**B** 10日　　**C** 11日　　**D** 12日　　**E** 14日　　**F** 16日

問題5　制限時間：80秒

ある仕事をするのに甲一人では20日、乙一人では12日、丙一人では15日かかる。3人同時に働き始め、途中で甲は2日、乙と丙はそれぞれ1日の休みをとった。仕事は3人が働き始めてから何日で終了しましたか。

A 5.5日　**B** 5.75日　**C** 6日　**D** 6.25日　**E** 6.5日　**F** 7.75日

問題6

テストの採点を30日間で終わらせなければならない。18人で12日間かかって$\frac{1}{3}$しか終わっていない。残りの日数で採点を終わらせるためには何人で行えばよいでしょうか。ただし、1人1日当たりの仕事量は同じとする。

A 20人 **B** 22人 **C** 24人 **D** 26人 **E** 28人 **F** 30人

問題7

容積が30キロリットルの水槽に水を入れるのに、最初にA管で4時間入れたのち、B管で3時間入れると満水になる。また、A管で3時間入れたのち、B管で5時間入れても満水になる。A管とB管を同時に使って水を入れると、この水槽は何時間何分で満水になりますか。

A 1時間10分 **B** 2時間 **C** 3時間 **D** 3時間40分
E 4時間20分 **F** 4時間50分

問題8

20日で仕上げなければならない仕事がある。はじめ10人で仕事をしていたが、14日経っても全体の$\frac{2}{5}$の仕事しかできなかったため、人数を増やすことにした。予定日までに完成させるためには、あと何人増やせばよいでしょうか。ただし、1人1日当たりの仕事量は同じとする。

A 21人 **B** 22人 **C** 23人 **D** 24人 **E** 25人 **F** 26人

問題9

30日で仕上げなければならない仕事を14人でしていたが、16日経っても$\frac{1}{4}$しかできず、人数を増やすことにした。予定日までに完成させるには、何人増やせばよいでしょうか。ただし、1人1日当たりの仕事量は同じとする。

A 30人 **B** 31人 **C** 32人 **D** 33人 **E** 34人 **F** 35人

学習日：　月　　日

問われている年数をxにして計算式をつくる

● 経過した年数をxにする

<線分図>

例題 1

制限時間：45秒

現在、父は44歳で、子供の年齢は8歳である。父の年齢が子供の年齢の4倍になるのは、何年後ですか。

A 1年後　　**B** 2年後　　**C** 3年後　　**D** 4年後　　**E** 6年後　　**F** 7年後

わかる! 解法のテクニック

❶ 年数をxとして方程式を立てる

$44+x=(8+x)\times4$

$44+x=32+4x$

$3x=12$

$x=4$

父親の年齢＋xは、子供の年齢＋xの4倍

解答

D

制限時間：**45秒**

現在、父は67歳で、子供の年齢は39歳です。父の年齢が子供の年齢の3倍だったのは、何年前ですか。

A 3年前　　**B** 8年前　　**C** 10年前　　**D** 12年前　　**E** 25年前　　**F** 30年前

> **わかる!** **解法のテクニック**

❶ 何年前をxとして計算式をつくる

x年前に父親の年齢が子供の年齢の3倍だったとすると、

$67-x = (39-x) \times 3$

$67-x = 117-3x$

$3x-x = 117-67$

　$2x = 50$　　　$x=25$

解答
E

制限時間：**60秒**

現在、両親2人の年齢の和は子供の年齢の12倍である。2年前には16倍であったとすると、2年前の子供の年齢はいくつですか。

A 4歳　　　**B** 5歳　　　**C** 6歳　　　**D** 7歳　　　**E** 8歳　　　**F** 9歳

> **わかる!** **解法のテクニック**

現在の両親の年齢の和をx歳、子供の年齢をy歳とする連立方程式をつくる。

$x=12y$ …… ①

$x-(2人 \times 2年)=16(y-2年)$ …… ②

②より、$x-4=16y-32$

$x-16y=-28$　　$x=16y-28$

これに①を代入すると

$16y-28=12y$

　　　$4y=28$　　　$y=7$

2年前は$7-2=5$歳

解答
B

解答&解説は別冊P.37参照

問題1

制限時間：**60秒**

現在、両親の年齢の和は子供の年齢の8倍である。4年前には14倍であったとすると、4年後には何倍になりますか。

A 5.5倍 　　**B** 6倍 　　　**C** 6.5倍 　　　**D** 7倍 　　　**E** 7.5倍 　　　**F** 8倍

問題2

制限時間：**60秒**

現在、父と母の年齢はそれぞれ40歳と38歳で、子供の年齢は11歳と7歳である。父と母の年齢の和が子供2人の年齢の和の3倍になるのは何年後ですか。

A 6年後 　**B** 7年後 　　**C** 8年後 　　　**D** 9年後 　　　**E** 10年後 　　　**F** 11年後

問題3

制限時間：**80秒**

私の父親は母親より2歳年上で、4年後には弟の年齢の2倍になる。
母親の年齢が現在40歳だとすると、現在の弟の年齢はいくつになりますか。

A 17歳 　　**B** 19歳 　　**C** 21歳 　　　**D** 23歳 　　　**E** 25歳 　　　**F** 27歳

問題4

制限時間：**80秒**

父と母と息子の3人がいる。父は母より4歳年上で、8年後には父の年齢は息子の年齢の2倍になり、9年前には母の年齢は息子の年齢の3倍であった。父と母の年齢の和が息子の年齢の4倍になるのは何年後ですか。

A 6年後 　**B** 9年後 　　**C** 12年後 　　　**D** 15年後 　　　**E** 18年後 　　　**F** 20年後

問題5

制限時間：**80秒**

両親の年齢の和が、長男と長女と次男の年齢の和よりも26大きい。このとき長男は次男より9つ年上で、長女は次男より7つ年上である。3人の子供たちの年齢の和が73だとすると、両親の年齢の和が3人の子供たちの年齢の和と等しくなるのは、次男の年齢がいくつのときですか。

A 19歳 　　**B** 26歳 　　**C** 32歳 　　　**D** 35歳 　　　**E** 45歳 　　　**F** 52歳

Chapter 2

言語能力問題

基礎的な語彙力、文章読解力を問う問題が出題される
「言語能力問題」を解くには、日ごろから意識して語彙数を
増やしておくことが重要です。「2語の関係」や
「語句の意味」、「長文読解」など出題される問題を
つかんでおきましょう。

同意語

学習日：　　月　　日

漢字に惑わされず、本来の意味で解答する

① 語の本来の意味を把握する

② 基本語と同じ漢字を含む語に注意する

③ 選択肢を消去法でチェックする

④ 短文をつくり、言い換えができるか確認する

⑤ たくさんの同意語を覚える

わかる! 解法のテクニック

　主に二字熟語の名詞の同意語を中心に覚えておく。ただし、動詞・形容詞・副詞などの同意語が出題されることもあるので注意が必要。二字熟語の名詞の場合、同じ漢字1字を含むものと、同じ漢字を含まないものとに分けることができる。

■ 同じ漢字を含むもの

永久＝永遠	屋外＝戸外	企画＝計画
返答＝応答	自然＝天然	同席＝同座

■ 同じ漢字を含まないもの

刊行＝出版	専念＝没頭	冷静＝沈着
欠点＝短所	賛成＝同意	方法＝手段

　同じ漢字を含むものの場合は、同意語であることが比較的、分かりやすい。「休憩＝休息」のように、日常レベルの問題も出されるが、「矛盾＝撞着（どうちゃく）」のような、普段聞き慣れない言葉もしばしば出されるため、日ごろから言語に対する関心を高く持っておくことが重要である。

練　習　問　題

解答&解説は別冊P.38～40参照

例に示した2語と同じ関係になっている言葉を選びなさい。

問題1
（例）遺憾：残念

意図

- A　図書
- B　思惑
- C　意志
- D　陳列
- E　宣伝

問題2
（例）倹約：節約

反目

- A　執着
- B　対等
- C　確信
- D　確執
- E　賛同

問題3
（例）示唆：暗示

納得

- A　疑問
- B　合点
- C　領収
- D　利益
- E　反発

問題4
（例）故国：祖国

支持

- A　仲間
- B　反対
- C　異議
- D　自賛
- E　賛成

問題5
（例）消極：受動

束縛

- A　収束
- B　捕縛
- C　拘束
- D　緊縮
- E　拘引

問題6
（例）傑出：卓越

親切

- A　落胆
- B　親子
- C　簡単
- D　丁寧
- E　真実

問題7
（例）忍耐：我慢

心配

- A　懸案
- B　不足
- C　安心
- D　楽観
- E　懸念

問題8
（例）容易：簡単

廉価

- A　安価
- B　時価
- C　声価
- D　平価
- E　市価

問題9
（例）衰微：衰退

及第

- A　次第
- B　競合
- C　合格
- D　科挙
- E　昇格

問題10

(例)感心：敬服

作用

```
┌ A  反応
├ B  機能
├ C  支点
├ D  慣性
└ E  力点
```

問題11

(例)さまよう：さすらう

さっさと

```
┌ A  出し抜けに
├ B  不意に
├ C  思いがけず
├ D  とっさに
└ E  素早く
```

問題12

(例)励む：努力する

悟る

```
┌ A  会釈する
├ B  集まる
├ C  理解する
├ D  投げ出す
└ E  反省する
```

問題13

(例)信用：信頼

単調

```
┌ A  平然
├ B  平気
├ C  平行
├ D  平和
└ E  平板
```

問題14

(例)宣伝：広告

思慮

```
┌ A  哲学
├ B  思想
├ C  分別
├ D  大義
└ E  感謝
```

問題15

(例)重宝：便利

借金

```
┌ A  赤字
├ B  返済
├ C  負債
├ D  債権
└ E  取立
```

問題16

(例)丁寧：丹念

原因

```
┌ A  結果
├ B  結論
├ C  動機
├ D  因果
└ E  証拠
```

問題17

(例)寄与：貢献

明白

```
┌ A  平然
├ B  歴然
├ C  憮然
├ D  毅然
└ E  公然
```

問題18

(例)同感：共感

機構

```
┌ A  組織
├ B  改革
├ C  会社
├ D  構築
└ E  制度
```

問題19

（例）うらむ：そねむ

　　はむかう

- A　あおる
- B　あがなう
- C　あらがう
- D　あがく
- E　あえぐ

問題20

（例）あきらか：判然

　　いきなり

- A　自然
- B　突然
- C　漠然
- D　毅然
- E　天然

問題21

（例）いろいろ：あれこれ

　　いきなり

- A　ひそかに
- B　のこのこ
- C　だしぬけ
- D　はらはら
- E　はっきり

問題22

（例）進歩：発達

　　互角

- A　優勢
- B　対等
- C　対立
- D　情勢
- E　延長

問題23

（例）無愛想：仏頂面

　　したり顔

- A　悲哀
- B　期待
- C　得意
- D　冷淡
- E　悠然

問題24

（例）ばったり：偶然

　　ひっそり

- A　分散
- B　解散
- C　離散
- D　閑散
- E　霧散

問題25

（例）いじらしい：けなげだ

　　すがすがしい

- A　元気だ
- B　平和だ
- C　孤独だ
- D　爽快だ
- E　立派だ

問題26

（例）薄情だ：冷淡だ

　　騒々しい

- A　心もとない
- B　見苦しい
- C　はずかしい
- D　おとなしい
- E　うるさい

問題27

（例）ふらふら：へとへと

　　すらすら

- A　もたもた
- B　すたすた
- C　ぱらぱら
- D　どんどん
- E　つるつる

漢字が反対の意味でも、語の意味までそうとは限らない

①語の本来の意味を把握する
②問題の語の漢字と対の意味に当たる漢字の
　出題には注意
③選択肢を消去法でチェックする
④たくさんの反意語を覚える

> わかる！ **解法のテクニック**

　同意語と同様に、二字熟語の名詞が最もよく出題され、同じ漢字を含むものと含まないものとに分けることができる。

■同じ漢字を含むもの

主観⇔客観	絶対⇔相対	必然⇔偶然
奇数⇔偶数	陽気⇔陰気	急性⇔慢性

■同じ漢字を含まないもの（こちらの方が出題率は高い）

義務⇔権利	需要⇔供給	延長⇔短縮
安全⇔危険	具体⇔抽象	拡大⇔縮小
過去⇔未来	故意⇔過失	内容⇔形式
質疑⇔応答	個人⇔集団	解放⇔拘束

　このほか、「栄える⇔寂れる」などの動詞の反意語や、「暖かい⇔涼しい」などの形容詞、「てきぱき⇔もたもた」などの副詞の反意語もチェックしておきたい。

練 習 問 題

解答&解説は別冊P.40～43参照

例に示した2語と同じ関係になっている言葉を選びなさい。

問題1

（例）名誉：恥辱

巧妙

- A 劣化
- B 優劣
- C 劣等
- D 拙劣
- E 卑劣

問題2

（例）芳香：悪臭

膨脹

- A 拡大
- B 収縮
- C 収束
- D 縮小
- E 欠乏

問題3

（例）左遷：栄転

生産

- A 消滅
- B 浪費
- C 殺生
- D 消費
- E 破産

問題4

（例）デジタル：アナログ

クラシック

- A メカニズム
- B 音楽
- C 演歌
- D モダン
- E ジャズ

問題5

（例）獲得：喪失

冷静

- A 興奮
- B 活発
- C 炎熱
- D 沈着
- E 熱気

問題6

（例）諮問：答申

先導

- A 乖離
- B 服従
- C 充足
- D 独立
- E 追従

問題7

（例）真実：虚偽

防衛

- A 攻撃
- B 攻勢
- C 攻略
- D 攻防
- E 攻守

問題8

（例）干渉：放任

異端

- A 正統
- B 末端
- C 正常
- D 中心
- E 伝統

問題9

（例）貫徹：中絶

例外

- A 規則
- B 法律
- C 模範
- D 原則
- E 原本

127

問題10

(例)ごうごう：ちょろちょろ

　すたすた

- A てくてく
- B どんどん
- C ちょこちょこ
- D こそこそ
- E のろのろ

問題11

(例)あがる：おりる

　濁る

- A 美しい
- B 清い
- C 澄む
- D 混ぜる
- E 幼い

問題12

(例)ひんやり：ぽかぽか

　のろのろ

- A じりじり
- B きっちり
- C てきぱき
- D はらはら
- E じわじわ

問題13

(例)廃止：存置

　破壊

- A 崩壊
- B 建設
- C 設計
- D 設立
- E 爆発

問題14

(例)ほめる：けなす

　堂々と

- A こっそりと
- B そろそろと
- C とろとろと
- D 細々と
- E よろよろと

問題15

(例)特殊：一般

　おもむろに

- A ゆっくりと
- B 速やかに
- C 静かに
- D せっかちに
- E かろやかに

問題16

(例)軽率：慎重

　貯蓄

- A 資金
- B 支出
- C 預金
- D 浪人
- E 浪費

問題17

(例)現実：理想

　禁止

- A 無視
- B 通行
- C 許可
- D 拒否
- E 可能

問題18

(例)煩雑：簡素

　進歩

- A 後進
- B 後継
- C 遅速
- D 行進
- E 後退

問題19

（例）ゆったり：ぎりぎり

からから

- **A** すいすい
- **B** じとじと
- **C** すっかり
- **D** きらきら
- **E** はっきり

問題20

（例）満足だ：不満だ

疎遠だ

- **A** おおっぴらだ
- **B** 交際する
- **C** 親密だ
- **D** 親切だ
- **E** 近い

問題21

（例）進む：退く

怠ける

- **A** 励む
- **B** 遊ぶ
- **C** 起きる
- **D** 休む
- **E** 励ます

問題22

次の語と反対の意味の
言葉を選びなさい。

緊張

- **A** 怠惰
- **B** 束縛
- **C** 弛緩
- **D** 安寧
- **E** 睡眠

問題23

例に示した二語と同じ関係になっている対を
選びなさい。

（例）卑近：高遠

ア　精巧：簡素
イ　穏やかだ：急激だ
ウ　醜い：美しい

A アだけ　　　　**B** イだけ　　　　**C** ウだけ

D アとイ　　　　**E** アとウ　　　　**F** イとウ

問題24

例に示した二語と同じ関係になっている対を
選びなさい。

（例）集合：解散

ア　寒い：涼しい
イ　前進：後退
ウ　あげる：さがる

A アだけ　　　　**B** イだけ　　　　**C** ウだけ

D アとイ　　　　**E** アとウ　　　　**F** イとウ

漢字のイメージから連想すると誤ることが多い

① 語句の意味をきちんと考える
② 熟語で用いられている漢字の意味を考えてみる
③ 選択肢を消去法でチェックする
④ 語句を使った例文をつくってみる

 わかる! 解法のテクニック

　問題形式は、ある言葉が提示され、その言葉の正しい意味(説明)を選択肢の中から選ぶものが大半である。出題語句は、日常あまり使わないものや難解なものも含まれる。

<例題>
■次の言葉の意味として、最も適切なものを1つ選びなさい。

傀儡

- **A** 強制的に労働をさせられる人
- **B** 他人の言うままに行動し、利用される人
- **C** 意志が強く、積極的に行動する人
- **D** 自己主張の強い、頑固一徹の人
- **E** 風流心があり、俗世間を離れた人

　その語を含む文が提示されず、言葉だけが提示されるケースが多い。文章で出題された場合は、単語の意味を知らなくても前後の内容から類推できるが、このような問題では意味を推理することができないため、その言葉の意味を知らなければ解答できない。例に挙げた問題の「傀儡」は、「かいらい」と読み、正解はBである。

練 習 問 題

解答&解説は別冊P.43〜46参照

次の言葉の意味として、最も適切なものを1つ選びなさい。

問題1

断続

- **A** 本を読むのをやめること
- **B** 途中でやめること
- **C** 断りながら続けること
- **D** 途切れながら続くこと
- **E** いつまでも続くこと

問題2

安閑

- **A** 気楽なこと
- **B** 静かな田舎暮らしをすること
- **C** 安全な所で静かに暮らすこと
- **D** 安静にして眠っていること
- **E** 隠居して静かに暮らすこと

問題3

同工異曲

- **A** 口がうまいことの例え
- **B** それらしく見せることの例え
- **C** 似ていることの例え
- **D** 急場をしのぐことの例え
- **E** 人をだますことの例え

問題4

暫時

- **A** ときどき
- **B** いつまでも
- **C** しだいに
- **D** しばらくの間
- **E** 一瞬の間

問題5

遂行

- **A** 途中で挫折すること
- **B** 素早く実行すること
- **C** 重大な任務を負うこと
- **D** 最後までやり遂げること
- **E** 最大限の努力をすること

問題6

述懐

- **A** 小声で話すこと
- **B** 苦労話を聞かせること
- **C** おしゃべりな人のこと
- **D** 思い出を話すこと
- **E** 弁解すること

問題7

踏襲

- **A** 手を切ること
- **B** 徒歩で行進すること
- **C** 不意を襲うこと
- **D** 俗世間を捨てること
- **E** 受け継ぐこと

問題8

陳腐

- **A** ありふれたもの
- **B** 店頭に展示するもの
- **C** その場に適した行動をとること
- **D** 貴重な品物
- **E** 秘蔵しているもの

問題9
奇特

- **A** 目新しいものを好んで使うこと
- **B** 特別なものだけを選び出すこと
- **C** 素晴らしいものに遭えること
- **D** 風変わりな行ないを繰り返すこと
- **E** 行ないや心掛けが優れていること

問題10
陶酔

- **A** 酔ったように何かを見つめること
- **B** うっとりした目つきで周りを見ること
- **C** 酔っぱらってふらふらすること
- **D** うっとりとその境地に浸ること
- **E** すっかり酔って寝入ってしまうこと

問題11
拘泥

- **A** 決断力がなく優柔不断なこと
- **B** 自分の意見を言わないこと
- **C** 捕縛されること
- **D** 泥沼に足を踏み入れること
- **E** 物事にこだわること

問題12
達観

- **A** 相手の技量を見抜くこと
- **B** 素早く解答を出すこと
- **C** あきらめずに努力をすること
- **D** 広く大きな見通しを持っていること
- **E** 同じ地点で観測を続けること

問題13
やるせない

- **A** 様子が分からない
- **B** どうしようもない
- **C** 重大な任務を負うこと
- **D** 腹立たしい
- **E** 頑固だ

問題14
気が置けない

- **A** 信じられない
- **B** 落ち着かない
- **C** 油断できない
- **D** 気を遣わずにすむ
- **E** 集中力がない

問題15
閑古鳥が鳴く

- **A** 友達がいなくて寂しい思いをする
- **B** することがなくて手持無沙汰である
- **C** 不運な出来事が重なる
- **D** 客が来なくて商売がはやらない
- **E** 自然環境が抜群に優れている

問題16
下手物（げてもの）

- **A** 出来のよくない作品
- **B** 芝居のうまくない役者
- **C** 風変わりで異様なもの
- **D** 品のよくない作品
- **E** 価値のないもの

問題17

かたずを飲む

- **A** その場の空気を敏感に察知する
- **B** 緊張して成り行きを見守る
- **C** まずい食事を我慢してとる
- **D** 感動のあまり息がとまる
- **E** 相手の理不尽な要求を受ける

問題18

門前雀羅を張る

- **A** 訪問者がなくひっそりすること
- **B** 寺社の参詣人があふれていること
- **C** 神仏にたいそう御利益があること
- **D** 繁殖した雀を捕獲すること
- **E** 参詣人をあてこんで商売をすること

問題19

一旗あげる

- **A** 出世した姿を故郷の人に見せる
- **B** 目印を立てる
- **C** 死者の追悼をする
- **D** 敵に降伏の合図をする
- **E** ある商売に成功する

問題20

感に堪えない

- **A** 初めての感情を味わう
- **B** 自分を見失う
- **C** 激しく怒る
- **D** 深く感動する
- **E** 良さが分からない

問題21

氷山の一角

- **A** とても鋭いこと
- **B** 途中でやめてしまうこと
- **C** 明るみになったのは
　　ごく一部に過ぎないということ
- **D** 徐々に寒くなっていくこと
- **E** 犯罪の一端を担うこと

問題22

声を曇らす

- **A** 声が悲しそうな調子になる
- **B** 声が今にも泣きそうに震える
- **C** 声の調子を下げる
- **D** 人に聞こえないように声を低くする
- **E** 声を小さくする

問題23

煙にまく

- **A** 詐欺を働き利益を得る
- **B** 忍術の秘法を会得する
- **C** 冗談を言って笑わせる
- **D** 話をうやむやにする
- **E** 火事に巻き込まれる

問題24

破天荒

- **A** 敵同士が協力し合うこと
- **B** 人の意見を聞かないこと
- **C** 今まで誰もしなかったことをすること
- **D** 事の成り行きを心配して見守ること
- **E** 自分の失敗を隠すこと

問題25
目に余る

- **A** ひどい状態で見過ごせないこと
- **B** とてもかわいがる様子
- **C** 数が多くてすぐには計算できないこと
- **D** 優れた行ないを続けること
- **E** 貧しい暮らしぶりのこと

問題26
石に布団は着せられず

- **A** 無駄なことはするな
- **B** 親は子供を大切にすべきだ
- **C** できないことはしようと思うな
- **D** 生きているうちに親を大切にせよ
- **E** 子供に対して過保護はよくない

問題27
もぬけの殻

- **A** 頑丈に守られている様子
- **B** 警備が薄いことの例え
- **C** 期待以下の結果にがっかりすること
- **D** 人が逃げてしまった後の様子
- **E** 物事が早く進む様子

問題28
鳶（とび）が鷹を生む

- **A** できそうもないことを成し遂げる
- **B** ありもしないことがまかり通る
- **C** びっくりしてあっけにとられる
- **D** 突拍子もないことが起きる
- **E** 平凡な親から優秀な子ができる

問題29
二の足を踏む

- **A** 気が弱くて目立たない様子
- **B** 思い切ってできない様子
- **C** 利き足を負傷している様子
- **D** 片足しか使えない様子
- **E** 動作が鈍くて効率の悪い様子

問題30
漁夫の利

- **A** 大勢の人が利益を上げること
- **B** 魚を捕って生活すること
- **C** 専門家が鑑定すること
- **D** 第三者が利益を横取りすること
- **E** 魚釣りがうまいこと

問題31
折り紙付き

- **A** 自尊心が旺盛なこと
- **B** 祈りが込められていること
- **C** おまけまでついていること
- **D** 親切心にあふれていること
- **E** 確かだと保証されること

問題32
名を流す

- **A** 悪い評判を立てられる
- **B** 名前を忘れる
- **C** 名札をつけない
- **D** 責任逃れをする
- **E** 選挙運動をする

問題33

単刀直入

- **A** 相手に遠慮をしないこと
- **B** いきなり本題に入ること
- **C** ナイフでくだものを切ること
- **D** 話の内容が分かりやすいこと
- **E** 1人で敵陣に攻め入ること

問題34

羊頭狗肉

- **A** 毎日肉食をすること
- **B** 見せかけだけが立派なこと
- **C** 話の内容が矛盾していること
- **D** 値切って買い物をすること
- **E** 犬が羊を追うこと

問題35

一日千秋

- **A** 寂しさが続くこと
- **B** 激しく動くこと
- **C** 秋の一日を長く感じること
- **D** はっきりしていること
- **E** 待ち遠しいこと

問題36

不即不離

- **A** 永続不変の関係でいること
- **B** つかず離れずの関係を保つこと
- **C** すぐに離れることのない関係でいること
- **D** 離れたりくっついたりの関係でいること
- **E** どうしても離れられない関係のこと

問題37

南船北馬

- **A** 地方によって習慣が異なること
- **B** 絶えずあちこちを旅行すること
- **C** その場に適した行動をとること
- **D** めったにないよい機会のこと
- **E** どんなときにも助けてくれる人がいること

問題38

月下氷人

- **A** 亡くなった人のこと
- **B** 体温の低い人のこと
- **C** 仲人のこと
- **D** すぐれた歌人のこと
- **E** 平凡な人のこと

問題39

空前絶後

- **A** どこにでもあること
- **B** 気を失うこと
- **C** 健康を損なうこと
- **D** とても珍しいこと
- **E** 友情を絶つこと

問題40

朝雲暮雨

- **A** 世間無常の例え
- **B** 何らかの因果関係の例え
- **C** 1日中うっとうしい気持ちの例え
- **D** 男女の堅い契りの例え
- **E** 梅雨の時期の例え

同じ漢字やイメージが似ている語句に注意

① 同じ漢字やイメージが似ている語句は熟考する
② 熟語で用いられている漢字の意味を考えてみる
③ 選択肢を消去法でチェックする
④ 慣用句や故事成語などを覚える

わかる! 解法のテクニック

　問題は、ある言葉の意味・内容が文章で書かれてあり、それが選択肢の中のどの言葉に該当するかを答えさせるもの。選択肢に紛らわしい言葉が並べられていることが多い。慣用句や故事成語などもしばしば出題される。

＜例題＞
■次の文の意味を表す最も適切な言葉を選びなさい。

物事の急所や要点のこと
- A 拮抗
- B 正則
- C 正解
- D 当座
- E 正鵠

　選択肢には、普段よく使われる言葉もあるが、なかには見慣れない言葉も含まれる。また、同じ漢字を使った選択肢が並ぶことも多い。漢字に惑わされず、それぞれの選択肢の意味を思い浮かべながら、解答していくことが大切。例に挙げた問題は、Eが正解で「せいこく」と読む。

練　習　問　題

解答&解説は別冊P.46〜49参照

次の文の意味を表す最も適切な言葉を選びなさい。

問題1
まちがいがないと認め、責任を持つこと

- **A** 保証
- **B** 保険
- **C** 補償
- **D** 保障
- **E** 交渉

問題2
炎を立てて勢いよく燃え上がる様子

- **A** きらきら
- **B** くらくら
- **C** たらたら
- **D** ひらひら
- **E** めらめら

問題3
誰よりも自分が偉いとうぬぼれること

- **A** 唯我独尊
- **B** 我田引水
- **C** 自画自賛
- **D** 独立自尊
- **E** 隠忍自重

問題4
よく調べて受け取ること

- **A** 徴収
- **B** 査収
- **C** 精査
- **D** 領収
- **E** 査定

問題5
述べ方が長く、無駄のあること

- **A** 余話
- **B** 冗話
- **C** 厚情
- **D** 口上
- **E** 冗長

問題6
うれしいことなどがあって動作が弾む様子

- **A** いらいら
- **B** いそいそ
- **C** ひそひそ
- **D** きりきり
- **E** ちゃっかり

問題7
私と母とで、一生懸命に説得したけれど、弟はどうしても自分の意見を曲げることはなかった

- **A** もっぱら
- **B** おざなり
- **C** あまねく
- **D** かたくな
- **E** あながち

問題8
立派な人物は世に出るまでに時間がかかること

- **A** 人間到る処青山あり
- **B** 蝸牛の歩み
- **C** 千里の道も一歩から
- **D** 五十歩百歩
- **E** 大器晩成

137

問題9
文章が自然に書かれ、優れて美しい様

- A 天馬行空
- B 天空海闊
- C 天真爛漫
- D 天網恢恢
- E 天衣無縫

問題10
人のすきをうかがって悪事を働く

- A 目をかすめる
- B 目を奪う
- C 目を疑う
- D 目を配る
- E 目をくらます

問題11
何もしないで、ことの成り行きに任せること

- A 手をこまねく
- B 腕を磨く
- C 胸を借りる
- D 腹を割る
- E 肝に銘じる

問題12
役目が軽く物足りないこと

- A 力不足
- B 初舞台
- C 役不足
- D 軽はずみ
- E 役者不足

問題13
非常に素早いこと

- A 行きがけの駄賃
- B 飛ぶ鳥を落とす勢い
- C 脱兎の勢い
- D 以心伝心
- E 騎虎の勢い

問題14
気楽につきあうことのできる人

- A 八方美人
- B 風流人
- C 酸いも甘いもかみわけた人
- D 気が置ける人
- E 気が置けない人

問題15
失敗しないように前もって用心すること

- A 他人の飯を食う
- B 対岸の火事
- C 立て板に水
- D 医者の不養生
- E 転ばぬ先の杖

問題16
昔の事柄をよく調べて、新しい物事に対する知識を得ること

- A 隔靴掻痒
- B 虎視眈々
- C 温故知新
- D 臨機応変
- E 杓子定規

問題17
その人を立てて、功績を譲ること

- **A** 花を咲かせる
- **B** 花を持たせる
- **C** 花も恥じらう
- **D** 花をたむける
- **E** 花を添える

問題18
人に元気がなく、しょんぼりしている様子

- **A** 青菜に塩
- **B** 前門の虎、後門の狼
- **C** 青天の霹靂
- **D** 氷山の一角
- **E** 無聊をかこつ

問題19
口数の少ない無愛想な人

- **A** 人非人
- **B** 無頼漢
- **C** 硬骨漢
- **D** 朴念仁
- **E** 好々爺

問題20
能力や質がそろっていて、見劣りするものがないこと

- **A** ふぞろい
- **B** よりどりみどり
- **C** ひとそろい
- **D** そろいぶみ
- **E** 粒ぞろい

問題21
その場をごまかすこと

- **A** のろしを上げる
- **B** 盗人の昼寝
- **C** 機転が利く
- **D** お茶を濁す
- **E** 煙にまく

問題22
予算をオーバーすること

- **A** あごが出る
- **B** 足が出る
- **C** 手も足も出ない
- **D** 足を洗う
- **E** 足が早い

問題23
不必要で無駄なこと

- **A** 瓢箪から駒
- **B** 糠に釘
- **C** 月夜に提灯
- **D** 豆腐に鎹
- **E** 他山の石

問題24
権力や勢力のあるものにはかなわないから、反抗せずに従っているのがよい

- **A** 泣く子と地頭には勝てぬ
- **B** 郷に入りては郷に従え
- **C** 触らぬ神にたたりなし
- **D** 寄らば大樹のかげ
- **E** 長いものには巻かれろ

学習日：　　月　　日

多義語や助詞・助動詞の意味

① 漢字1文字の場合、本来の意味ではなく、特別な意味で使われる

② 例文の下線部を別の語に言い換えて確認する

③ 助動詞は文法的な意味を考える

わかる! 解法のテクニック

　例えば「手」という1字は、人間の手、物事の方法や手段、囲碁や将棋の指し手、労働力、技術、所有すること、筆跡、つながりなど、ほかにも多数の用法があり、多くの意味に使われる。1字の持つ意味が同じものを選ぶ。

【「手」の用例】

人間の手（手をたたく）、方法や手段（手の打ちようがない）、指し手（そんな手があったのか!）、労働力（猫の手も借りたい）、技術（手が上がりましたね）、所有（よいものが手に入りました）、筆跡（枯れた手ですね）、つながり（彼女と手を切った）

＜例題＞

■下線部の語と最も近い意味で使われているものを1つ選びなさい。

　　　（例）病気<u>で</u>会社を休む

　　　├ **A** 材木<u>で</u>小屋をつくる
　　　├ **B** 受験勉強<u>で</u>暇がない
　　　├ **C** 駅前<u>で</u>待ち合わせをする
　　　├ **D** 電車<u>で</u>各地を旅行する
　　　└ **E** 一カ月<u>で</u>完成する工事

　Bが正解。「病気で会社を休む」の「で」は、原因・理由を表す格助詞。同じ用法はB。Aは材料、Cは場所、Dは手段、Eは期限を表す格助詞である。

練 習 問 題

解答&解説は別冊P.50〜52参照

下線部の語と最も近い意味で使われているものを1つ選びなさい。

問題1

（例）彼の論理は<u>穴</u>だらけだ

- A 下位打線が<u>穴</u>だ
- B 競馬で大<u>穴</u>を当てた
- C 道路が<u>穴</u>だらけで走りづらい
- D 観光の<u>穴</u>場を知っている
- E 帳簿に<u>穴</u>が開いてしまった

問題2

（例）これでは<u>顔</u>が立たない

- A うれしそうな<u>顔</u>をする
- B 彼女は<u>顔</u>が売れている
- C この町では<u>顔</u>が広い
- D 大きな<u>顔</u>をするな
- E 失態によって<u>顔</u>をつぶされた

問題3

（例）相手<u>方</u>に補償金を請求する

- A 母<u>方</u>の親戚と会う
- B 来し<u>方</u>を振り返る
- C 自然科学の<u>方</u>にも興味がある
- D その<u>方</u>とは面識があります
- E ひもの結び<u>方</u>が難しい

問題4

（例）新学期の時間割を<u>組む</u>

- A 腕を<u>組む</u>
- B 徒党を<u>組む</u>
- C 足場を<u>組む</u>
- D 版を<u>組む</u>
- E 足を<u>組む</u>

問題5

（例）彼の口車に<u>乗る</u>

- A 始発電車に<u>乗る</u>
- B 儲け話に一口<u>乗る</u>
- C ついおだてに<u>乗る</u>
- D 事件が電波に<u>乗る</u>
- E 好調の波に<u>乗る</u>

問題6

（例）弁護士<u>の</u>君に任せる

- A 三人目<u>の</u>子を産む
- B 少し<u>の</u>辛抱
- C 九州<u>の</u>人に聞く
- D 新しい<u>の</u>がよい
- E 次男<u>の</u>健二に頼む

問題7

（例）手を<u>ぬく</u>

- A 朝食を<u>ぬく</u>
- B 先頭ランナーを<u>ぬく</u>
- C しみを<u>ぬく</u>
- D 籍を<u>ぬく</u>
- E センターの頭上を<u>ぬく</u>

問題8

（例）<u>勝手</u>な行動はできない

- A 使い<u>勝手</u>のよい部屋
- B <u>勝手</u>口から取り次ぎを頼む
- C <u>勝手</u>に使っては困る
- D <u>勝手</u>知ったる他人の家
- E ここでは<u>勝手</u>が違う

問題9

（例）これでよさそうだ

- **A** そこは静かだそうだ
- **B** これは温かそうだ
- **C** 今日はないそうだ
- **D** 体は健康だそうだ
- **E** それを聞きたいそうだ

問題10

（例）無理がきかない

- **A** 見通しがきく
- **B** 薬がきく
- **C** 先生にきく
- **D** 気がきく
- **E** 音楽をきく

問題11

（例）不況に強い業種

- **A** 胃腸が強い
- **B** 見かけよりしんが強い
- **C** 熱に強い材質
- **D** 責任感が強い
- **E** 手を強く握る

問題12

（例）この調味料の味は塩に近い

- **A** うれしさに泣き出した
- **B** 打率では彼に劣る
- **C** フナを釣りに行く
- **D** 京都駅に着いた
- **E** 庭に大きな桜がある

問題13

（例）水を冷やせば氷になる

- **A** 走ればきっと間に合う
- **B** 歌もうまければ楽器もうまい
- **C** 聞けば分かるだろう
- **D** 鉄も熱すれば溶ける
- **E** やめるならば今のうちだ

問題14

（例）文学にあつい思いを抱く

- **A** あつい風呂に入る
- **B** 手あつい葬儀をする
- **C** あつい視線を集める
- **D** 仏教へのあつい信仰
- **E** あつい人情の持ち主

問題15

（例）知っていながら知らないふりをする

- **A** 本を読みながら歩くのは危険だ
- **B** ビデオを見ていながらにして旅をする
- **C** 狭いながらも楽しい我が家
- **D** アルバイトをしながら大学に通う
- **E** 我ながらそそっかしいのにあきれる

問題16

（例）話しているのに聞こうとしない

- **A** 君が速いのに感心した
- **B** 熱いのに冷たいのを混ぜる
- **C** 宿題をするのに時間がかかる
- **D** 秋だというのにまだ暑い
- **E** 彼女が学校へ行くのに出会う

問題17

（例）軽いタッチの小説を読む

- **A** 軽く解ける問題
- **B** 軽い酒が好きだ
- **C** 人を軽く見る
- **D** 彼女は口が軽い
- **E** 軽い傷を負う

問題18

（例）開始時間に遅れないように

- **A** 彼のおばさんのように親切な
人はめずらしい
- **B** 今日は真冬のように寒い一日だ
- **C** このテレビは故障しているように思える
- **D** 遊び過ぎないように注意しよう
- **E** よろしくご指導くださいますように

問題19

（例）人のいない島に行くのは、
とても怖い

- **A** それは、僕のだ
- **B** 明日の天気は、晴れである
- **C** 外出の準備に忙しい
- **D** 君のような男になりたい
- **E** 色の薄い着物がほしい

問題20

（例）ほかより細かい字で書く

- **A** 細かいお金がない
- **B** 細かいことは気にするな
- **C** 細かいことは言うな
- **D** 野菜を細かく刻む
- **E** 細かい情報を得る

問題21

（例）それは確かではない

- **A** みっともない格好はするな
- **B** そんなものは見たくない
- **C** 君には教えられない
- **D** おさない妹がいる
- **E** そんなことはしないでいい

問題22

（例）ふるさとがしのばれる

- **A** 木造校舎の時代が思い出される
- **B** 犬にほえられる
- **C** 満員電車で足を踏まれる
- **D** 先生も登山に行かれる
- **E** 子供でも行かれる

文章整序

学習日： 月 日

4つのポイントを組み合わせて判断する

①「最初の一文」を見つける
- ・話題提起にふさわしい内容になっているもの
- ・原則として、接続語や指示語で始まっていないもの

②接続語・指示語に注意
- ・順接語と逆接語
- ・原因、結果や並列関係を表す語
- ・指示語の指示内容は、原則としてその前に存在する

③「最後の一文」を決める
- ・提示文章の全体の結論が述べられていることが多い

④解答案を読み直す
- ・意味が取りにくくないか
- ・接続語・指示語が正しく機能しているか
- ・構成(話題提起→結論)が正しく読み取れるか

> **わかる!** 解法のテクニック

上記のポイントを素早く組み合わせて判断する。

いくつかの考え方(解答に至る方法)を併用して解いてみる。

<例題> A~Fの各文を、正しい順に並べ替えなさい。

A 現在ではそれは影を潜め、それだけ漢字の使い方はやさしくなったような
 感じがします。

B そのことに心を配ることは、よい文章を読み書きしたいと思う人には大切で
 す。

C しかし現代日本語をよく読み、よく書けるようになるには、やはり漢語が大き
 な役割をしています。

D　昔は、むずかしい、人の知らないような漢字の言葉を振りまわす人が、いかにも学問がある、言葉がよく分かる人と扱われました。

E　現在、カタカナ語が猛烈な勢いで増えています。

F　とはいえ、一見ありふれた言葉、ありふれた漢字も、よく考えてみると微妙な働きをしています。

1. D→A→C→E→F→B　　　2. D→A→B→E→C→F
3. E→D→B→A→F→C　　　4. E→C→D→A→F→B
5. E→B→F→D→C→A

《解答・解説》

文章整序問題では、まず先頭にくる文章を決める。先頭の文章は、原則として接続語や指示語で始まっていないもの、さらに全体の話題提起にふさわしいものを選ぶ。A・B・C・Fには、「それ」「そのこと」「しかし」「とはいえ」という指示語や接続語があり、先頭の文章にはふさわしくない。DとEとでは、全体の話題提起によりふさわしいのはEということになる。

A：影を潜め、の「それ」は、
D：「むずかしい漢字を振りまわす人が言葉がよく分かる人とされたこと」を指している。
【D→A】とつながる。（※Eで始まり、D→Aというつながりを含む選択肢は4）
Cの「しかし」は逆接の接続語なので、Cの前にはCとは逆の内容の文が入る。
E：カタカナ語が増えている→C：「しかし」やはり漢語が大きな役割を果たしている
【E→C】

E　現在、カタカナ語が猛烈な勢いで増えています。

C　しかし現代日本語をよく読み、よく書けるようになるには、やはり漢語が大きな役割をしています。

D　昔は、むずかしい、人の知らないような漢字の言葉を振りまわす人が、いかにも学問がある、言葉がよく分かる人と扱われました。

A　現在ではそれは影を潜め、それだけ漢字の使い方はやさしくなったような感じがします。

F　とはいえ、一見ありふれた言葉、ありふれた漢字も、よく考えてみると微妙な働きをしています。

B　そのことに心を配ることは、よい文章を読み書きしたいと思う人には大切です。

解答
4

問題1

次のa〜eの文を正しい順に並べ替えなさい。

a. 暖められた地球からは熱が放射されます。

b. 地球の気温は、太陽からのエネルギー入射と地球からのエネルギー放射のバランスによって決定されています。

c. これにより、地球上は、平均気温約14℃という生物の生存が可能な環境に保たれています。

d. 地球は太陽からのエネルギーで暖められます。

e. 大気に含まれる二酸化炭素をはじめとする温室効果ガスがこの熱を吸収し、再び地表に戻しており、これを再放射といいます。

A b−c−e−a−d　　　　**B** b−d−c−a−e　　　　**C** b−d−a−e−c
D d−a−c−e−b　　　　**E** d−c−a−e−b　　　　**F** d−e−c−a−b

問題2

次の文を正しい順に並べたとき、4番目に来るのはどれか。

ア 国民の中に潜んでいた海外への憧憬が、このような食事という形で現れたのだろうか。

イ 1人1人が自分の考えで、食のスタイルを選べる時代が到来したということだ。

ウ その一方で、玄米や胚芽米など日本古来の主食を見直す動きも出てきている。

エ それまで多くの家庭で一般的であった米食は、より手軽なパンやパスタに取って代わられた。

オ 戦後、日本が国際化していくにあたって、最も大きな影響を受けたものが「食文化」である。

問題3

次のa〜eの文を正しい順に並べ替えなさい。

a 仏教渡来の時は、塔と仏像と伎楽と、読経による音楽性をもって当時の知的青年を魅了した。

b このように新しいしらべが新しい人間の生涯をひらくのである。

c　元来、新しい思想の伝来するときは、必ず新しい音楽と造形美術を伴うもので
　　ある。思想はただ文書だけで伝播力をもつものではない。
d　新教もまた教会堂の塔と鐘のひびきと、賛美歌を伴った。ルネサンスの思想は
　　裸形のヴィーナスとともに渡ってきた。
e　あわせて言うなら共産主義もその伝来のときは、革命家の肖像とインターナ
　　ショナルの合唱を伴った。

A a-e-b-c-d　　　**B** a-b-c-e-d　　　**C** a-d-c-e-b
D c-d-a-e-b　　　**E** c-a-e-b-d　　　**F** c-a-d-e-b

問題4

次のa～eの文を正しい順に並べ替えなさい。
a　書かないと、手紙の書き方を忘れてしまう。
b　ことに、プライベートな手紙にその傾向は顕著だ。
c　そんな悪循環によって、手紙はやがて完全に消滅するかもしれない。
d　そして、書き方がわからないので、ついおっくうになってますます書かなくなる。
e　電話の普及とともに、手紙の必要性は大幅に減少した。

A a-b-e-d-c　　　**B** a-e-b-d-c　　　**C** a-d-c-e-b
D e-b-a-d-c　　　**E** e-a-b-d-c　　　**F** e-c-a-d-b

問題5

次のA～Fの文を正しい順に並べ替えなさい。
A　いずれにしても、「技術」といわれるものは、つねにこのような一定の形と強さを
　　持った機械を不可欠の要素としていることは、改めて言うまでもないであろう。
B　それは第一に形のあるものでなければならない。
C　道具や機械がどんなに進歩しようとも、それが手の延長であり、手によって操り
　　得るものである限りにおいて、ある種の制約を免れることはできないのである。
D　しかも、それは手で動かしても、容易に形が崩れたり壊れたりしないほどに丈
　　夫でなければならない。
E　複雑な機械となれば、単一な固体でなく、多くの固体が特定の仕方で連結され
　　ねばならぬことはもちろんである。
F　すなわち、物理学でいうところの「固体」でなければならない。

1 C-B-D-E-A-F　　**2** C-B-D-F-E-A　　**3** C-D-B-F-A-E
4 E-C-B-D-F-A　　**5** E-C-D-B-F-A

2語の関係

学習日：　　月　　日

与えられた2語の関係を見極める

① 2語の関係のパターンを素早く見抜く

② 2語の関係が左右逆のものに注意する

③ 正しい選択肢は1つとは限らない

④ 主な関係のパターンを覚えておく

　主な関係のパターン以外の出題も考えられる。その際は、(例)に示された2語の関係をその場で判断することになるが、解答の選択肢と合わせてしっかりと考えれば、関係性が把握できる。

わかる! 解法のテクニック

❶ 包含の関係

● AがBの一種である

<例>

化粧品：口紅	暖房器具：こたつ	三角定規：文房具
けん玉：玩具	ボールペン：筆記用具	

口紅は化粧品のなかに含まれる、こたつは暖房器具に含まれるなど、AがBの一種である関係。

❷ 部分の関係

●AがBの一部である。AはBの一部を構成している

<例>
近畿：本州 　　　　　　レンズ：眼鏡 　　　　モーター：洗濯機
フィラメント：電球 　　　仏像：台座

近畿は本州の一部であり、レンズは眼鏡を構成している一部であるなど、Aは
Bの一部である関係。

❸ 用途の関係

●AをBに用いる。BのためにAを使う

<例>
睡眠：ふとん 　　　照明：ランプ 　　　電子レンジ：解凍 　　　ボンド：接着

睡眠のためにふとんを用いる、解凍のために電子レンジを用いるなど、用途を
表す関係。「パズル：マッチ棒」の関係は、マッチ棒をパズルに使うこともある
が、本来は点火が目的なので、「用途」の関係にはならない。

❹ 原料の関係

●AがBの原料（材料）になる。BはAからつくる

<例>
アルミニウム：やかん 　　　たまご：マヨネーズ 　　　原油：ガソリン
サラダ油：菜種 　　　　　　屋根瓦：粘土

アルミニウムがやかんの原料であり、マヨネーズはたまごからつくられるなど、
AとBが原料と製品の関係。

❺ 仕事の関係

●AはBをする。Aの職業（本職）はBである

<例>
演奏：ピアニスト 　　　大工：建築 　　　野球選手：プレー

演奏はピアニストの仕事であり、大工の仕事は建築であるなど、AとBは職業
と仕事内容の関係。

例に示した2語と同じ関係になっている対を選びなさい。

問題1

(例) 裁判官：判決

ア　店員：販売　　イ　議員：口利き　　ウ　コック：調理

A アだけ　**B** イだけ　**C** ウだけ　**D** アとイ　**E** アとウ　**F** イとウ

問題2

(例) コンビニエンスストア：小売店

ア　警官：制服　　イ　パイナップル：果物　　ウ　冷蔵庫：家電製品

A アだけ　**B** イだけ　**C** ウだけ　**D** アとイ　**E** アとウ　**F** イとウ

問題3

(例) カメラ：レンズ

ア　操縦室：飛行機　　イ　電球：フィラメント　　ウ　野球場：バックネット

A アだけ　**B** イだけ　**C** ウだけ　**D** アとイ　**E** アとウ　**F** イとウ

問題4

(例) 魚類：マグロ

ア　楽器：トランペット　　イ　時代劇：映画　　ウ　電球：照明

A アだけ　**B** イだけ　**C** ウだけ　**D** アとイ　**E** アとウ　**F** イとウ

問題5

(例) サインペン：筆記

ア　はし：フォーク　　イ　保存：USBメモリー　　ウ　のこぎり：切断

A アだけ　**B** イだけ　**C** ウだけ　**D** アとイ　**E** アとウ　**F** イとウ

問題6

(例) サドル：自転車

ア　コーヒー：砂糖　　イ　秒針：目覚まし時計　　ウ　滑走路：空港

A アだけ　**B** イだけ　**C** ウだけ　**D** アとイ　**E** アとウ　**F** イとウ

問題7

(例)セメント：石灰石

　　ア　紙：パルプ　　　イ　大根：野菜　　　ウ　クリップ：事務用品

A アだけ　**B** イだけ　**C** ウだけ　**D** アとイ　**E** アとウ　**F** イとウ

問題8

(例)ネックレス：装飾品

　　ア　調剤：薬剤師　　　イ　米：もち　　　ウ　にんじん：農作物

A アだけ　**B** イだけ　**C** ウだけ　**D** アとイ　**E** アとウ　**F** イとウ

問題9

(例)ボタン：リモコン

　　ア　鏡：洗面台　　　イ　自動車：バックミラー　　　ウ　尾翼：飛行機

A アだけ　**B** イだけ　**C** ウだけ　**D** アとイ　**E** アとウ　**F** イとウ

問題10

(例)ワイン：ぶどう

　　ア　パン：小麦粉　　　イ　粘土：かわら　　　ウ　みそ：大豆

A アだけ　**B** イだけ　**C** ウだけ　**D** アとイ　**E** アとウ　**F** イとウ

問題11

(例)レンズ：眼鏡

　　ア　客船：甲板　　　イ　キーボード：パソコン　　　ウ　玄関：住宅

A アだけ　**B** イだけ　**C** ウだけ　**D** アとイ　**E** アとウ　**F** イとウ

問題12

(例)押し入れ：収納

　　ア　クーラー：冷房　　　イ　旅館：宿泊　　　ウ　うどん：小麦粉

A アだけ　**B** イだけ　**C** ウだけ　**D** アとイ　**E** アとウ　**F** イとウ

問題13

(例)自動車：タイヤ

　　ア　帽子：ネクタイ　　　イ　駅：切符売り場　　　ウ　テレビ：マスメディア

A アだけ　**B** イだけ　**C** ウだけ　**D** アとイ　**E** アとウ　**F** イとウ

問題14

(例) 切断：包丁

    ア　ドライヤー：乾燥　　　イ　ホテル：宿泊　　　ウ　防寒：マフラー

A アだけ　　**B** イだけ　　**C** ウだけ　　**D** アとイ　　**E** アとウ　　**F** イとウ

問題15

(例) チーズ：牛乳

    ア　チョウセンハマグリ：碁石　イ　かまぼこ：スケトウダラ　ウ　絹：木綿

A アだけ　　**B** イだけ　　**C** ウだけ　　**D** アとイ　　**E** アとウ　　**F** イとウ

問題16

(例) プリンター：OA機器

    ア　パソコン：インターネット　　　イ　トラ：哺乳類　　　ウ　板前：調理

A アだけ　　**B** イだけ　　**C** ウだけ　　**D** アとイ　　**E** アとウ　　**F** イとウ

問題17

(例) ゼラチン：ゼリー

    ア　うどん：だし汁　　　イ　小麦粉：クッキー　　　ウ　納豆：大豆

A アだけ　　**B** イだけ　　**C** ウだけ　　**D** アとイ　　**E** アとウ　　**F** イとウ

問題18

(例) 監査：公認会計士

    ア　調理：板前　　　イ　添乗員：案内　　　ウ　冒険：船乗り

A アだけ　　**B** イだけ　　**C** ウだけ　　**D** アとイ　　**E** アとウ　　**F** イとウ

問題19

(例) 歯科医：治療

    ア　杜氏：酒造　　　イ　大工：棟梁　　　ウ　議員：立法

A アだけ　　**B** イだけ　　**C** ウだけ　　**D** アとイ　　**E** アとウ　　**F** イとウ

問題20

(例) ウグイス：鳥類

    ア　マンション：住宅　　　イ　医師：診察　　　ウ　産業：農業

A アだけ　　**B** イだけ　　**C** ウだけ　　**D** アとイ　　**E** アとウ　　**F** イとウ

問題21

(例) スポーツ：サッカー

　　ア　教育機関：予備校　　　イ　マンション：住宅　　　ウ　カエル：両生類

A アだけ　　**B** イだけ　　**C** ウだけ　　**D** アとイ　　**E** アとウ　　**F** イとウ

問題22

(例) ジャズ：音楽

　　ア　週刊誌：書店　　　イ　心理学：学問　　　ウ　元素：酸素

A アだけ　　**B** イだけ　　**C** ウだけ　　**D** アとイ　　**E** アとウ　　**F** イとウ

問題23

(例) ヘリコプター：プロペラ

　　ア　パソコン：CPU　　　イ　ねじ：ドライバー　　　ウ　浴室：バスタブ

A アだけ　　**B** イだけ　　**C** ウだけ　　**D** アとイ　　**E** アとウ　　**F** イとウ

問題24

(例) マッチ：点火

　　ア　運動会：学校行事　　　イ　画家：ベレー帽　　　ウ　注射：治療

A アだけ　　**B** イだけ　　**C** ウだけ　　**D** アとイ　　**E** アとウ　　**F** イとウ

問題25

(例) 自転車：ハンドル

　　ア　電車：パンタグラフ　イ　ラジオ：スピーカー　ウ　モニター：パソコン

A アだけ　　**B** イだけ　　**C** ウだけ　　**D** アとイ　　**E** アとウ　　**F** イとウ

問題26

(例) 尾翼：飛行機

　　ア　包丁：調理　　　イ　受話器：電話機　　　ウ　相撲：土俵

A アだけ　　**B** イだけ　　**C** ウだけ　　**D** アとイ　　**E** アとウ　　**F** イとウ

問題27

(例) アボカド：果物

　　ア　ラジオ：テレビ　　　イ　北海道：スキー　　　ウ　草書：フォント

A アだけ　　**B** イだけ　　**C** ウだけ　　**D** アとイ　　**E** アとウ　　**F** イとウ

問題28

(例)スーツ：ポケット

　　　ア　燃料タンク：ジェット機　　イ　日本刀：つか　　　ウ　ニワトリ：とさか

A　アだけ　　B　イだけ　　C　ウだけ　　D　アとイ　　E　アとウ　　F　イとウ

問題29

(例)添乗員：案内

　　　ア　税務署員：公務員　　　イ　刑事：捜査　　　ウ　作家：執筆

A　アだけ　　B　イだけ　　C　ウだけ　　D　アとイ　　E　アとウ　　F　イとウ

問題30

(例)住宅：屋根

　　　ア　室内灯：自動車　　　イ　交通機関：地下鉄　　　ウ　拳銃：引き金

A　アだけ　　B　イだけ　　C　ウだけ　　D　アとイ　　E　アとウ　　F　イとウ

問題31

(例)掘削：パワーショベル

　　　ア　通信：手紙　　　イ　計測：ものさし　　　ウ　豆腐：田楽

A　アだけ　　B　イだけ　　C　ウだけ　　D　アとイ　　E　アとウ　　F　イとウ

問題32

(例)自然災害：洪水

　　　ア　公園：噴水　　　イ　鎮痛剤：薬品　　　ウ　兵器：ミサイル

A　アだけ　　B　イだけ　　C　ウだけ　　D　アとイ　　E　アとウ　　F　イとウ

問題33

(例)カーテン：遮光

　　　ア　消しゴム：修正　　　イ　宝くじ：当たり券　　　ウ　調理：フライパン

A　アだけ　　B　イだけ　　C　ウだけ　　D　アとイ　　E　アとウ　　F　イとウ

問題34

(例)イタリア語：言語

　　　ア　書籍：聖書　　　イ　すべり台：遊具　　　ウ　仏教：経典

A　アだけ　　B　イだけ　　C　ウだけ　　D　アとイ　　E　アとウ　　F　イとウ

問題35

(例)針葉樹：杉

　　　ア　椿：植物　　　イ　洗面所：新幹線　　　ウ　生物：人類

A　アだけ　　B　イだけ　　C　ウだけ　　D　アとイ　　E　アとウ　　F　イとウ

問題36

(例)地球：惑星

　　　ア　オキシドール：外用薬　　　イ　果物：オレンジ　　　ウ　フットサル：球技

A　アだけ　　B　イだけ　　C　ウだけ　　D　アとイ　　E　アとウ　　F　イとウ

問題37

(例)本：目次

　　　ア　サーモスタット：アイロン　　イ　エアコン：フィルター　　ウ　掃除機：ノズル

A　アだけ　　B　イだけ　　C　ウだけ　　D　アとイ　　E　アとウ　　F　イとウ

問題38

(例)ひなまつり：年中行事

　　　ア　ピアノ：鍵盤　　　イ　はちゅう類：ワニ　　　ウ　ツバメ：渡り鳥

A　アだけ　　B　イだけ　　C　ウだけ　　D　アとイ　　E　アとウ　　F　イとウ

問題39

(例)洗浄：たわし

　　　ア　ラッセル車：除雪　　イ　目覚まし時計：起床　　　ウ　輸送：フェリー

A　アだけ　　B　イだけ　　C　ウだけ　　D　アとイ　　E　アとウ　　F　イとウ

問題40

(例)すり身：かまぼこ

　　　ア　ゴム：タイヤ　　　イ　除虫菊：蚊取り線香　　　ウ　火薬：硝酸カリウム

A　アだけ　　B　イだけ　　C　ウだけ　　D　アとイ　　E　アとウ　　F　イとウ

問題41

(例)映画館：スクリーン

　　　ア　文房具：ゼムクリップ　　　イ　図書館：書庫　　　ウ　戸籍課：市役所

A　アだけ　　B　イだけ　　C　ウだけ　　D　アとイ　　E　アとウ　　F　イとウ

学習日： 月 日

本文を「論理的」に読解する

① 本文を通読する前に問題に目を通す

② 空欄補充の問題は、前後の文脈から考える

③ 指示語の示す内容は、
   その直前にあることが多い

④ 内容合致の問題は本文にあるものだけが正解

わかる！ 解法のテクニック

　長文問題の特徴としては、下記の点が挙げられる。
① ほとんどが記述式ではなく選択式である
② 問題のつくりは大学入試タイプに近いものと、SPI独自のものがある
　いずれも本文を正確に理解したうえで問題の解答をすることに差はないものの、やはりあらかじめそれぞれの解法パターンをよく知り、練習を重ねたうえで受験する方が有利といえる。
　1語ずつ丁寧に読み進めて、全体の趣旨を把握することはもちろん、細部に至るまで、そこに述べられている事柄を見逃さず、正確にとらえることが大切である。思い込みや、主観的で表面的な読み方で解くのではなく、問題で問われている箇所が、本文中のどの部分と対応するのか、素早く見抜かなければならない。大学入試ではあまり見られない、正解に該当する選択肢が複数ある問題もあるので、十分に注意が必要。また、解答時間が非常に短いので、短時間で解答する能力も求められる。
　文章・問題の意味を正確にとらえていく学習がおすすめだ。

練 習 問 題

解答&解説は別冊P.58〜60参照

問題1

次の文を読んで、（1）から（2）までの2問に答えなさい。

　情報には二種類あることを忘れてはならない。その一つは、その速度が情報の価値と密接に結びつくものである。例えば、天候不順による飛行機の欠航情報は、今まさに目的地に向かおうとする乗客にとっては最大の関心事である。これが三日前、いや一時間前のものなど、何ら価値を持たない。いま一つは、文学や思想についての古典的資料などは、情報の伝達速度によってその価値が変化することはほとんどない。これまで、この両者は「情報」と「知識」という言葉で区切られていた。

　だが、今日ではあらゆるものを「情報」という言葉で［　　　］にして使用する人が増えている。とくに、ネットワーク上に蓄積されるものなどについては、一瞬だけの価値を有する飛行機の航行情報も、数千年に及ぶ悠久の古典の内容も「情報」としてまとめられ、かつての区別はほぼ跡形もなく消え去ろうとしている。

　情報に速度を付加させた価値基準を設けている現代人にとっては、長い時間をかけて修得した、つまり「身につけた」学問や教養、容易に忘れることのない知識も、スイッチを入れれば耳に入る即時的なお知らせも、脳内では同じ比重にしている。むしろ、時間がかかること、遅延が発生することを、タイムラグとしてネガティブにとらえる習慣を身につけさせられてしまったともいえよう。スピードこそ、貴重で豊かで正義であると思い込んでしまったのである。無駄な時間をできる限り省き、残った時間を豊かに過ごそうとしながら、その残った時間も効率よく過ごすことに腐心することになる。ただ、慌ただしくなっただけで、どこにも豊かさなど体得していないことに思い当たる。

（1）文中の［　　　］に入れる言葉として最も適切なものは、次のうちどれですか。

A ひとりじめ　　　　**B** ひとつなぎ　　　　**C** ひとくくり
D ひとくだり　　　　**E** ひとさかり

（2）現代人の特徴について、文中に述べられていることと合致するものは、次のうちどれですか。

　　ア　情報の習得においても、知識への接し方にも、個性を尊重する
　　イ　スピードこそ、貴重で豊かで正義であると思い込んでしまった
　　ウ　私的な時間を充実して過ごすことがしだいに可能になっている

A アだけ　　**B** イだけ　　**C** ウだけ　　**D** アとイ　　**E** アとウ　　**F** イとウ

157

問題2

次の文を読んで、（1）から（2）までの2問に答えなさい。

　私の好んで日和下駄を曳きずる東京市中の廃址はただ私一個人にのみ郷愁を催させるばかりで容易にその特徴を説明することのできない平凡な景色である。たとえば砲兵工場の煉瓦塀にその片側を限られた小石川の富坂をばもう降り尽そうという左側に一筋の溝川がある。その流れに沿うて蒟蒻閻魔の方へと曲って行く横町なぞ即ちその一例である。両側の家並は低く道は勝手次第にうねっていて、ペンキ塗の看板や模造西洋造りの硝子戸なぞは一軒も見当らぬところから、折々氷屋の旗なぞの閃く外には横町の眺望に色彩というものはひとつもなく、仕立屋芋屋駄菓子屋提灯屋なぞ昔ながらの職業に其の日の暮らしを立てている家ばかりである。私は新開町の借家の門口によく何々商会だの何々事務所なぞという木札のれいれいしく下げてあるのを見ると、何ということもなく新時代のかかる企業に対して不安の念を起すと共に、その主謀者の人物についても甚しく危険を感ずるのである。それに引きかえてこういう貧しい裏町に昔ながらの貧しい渡世をしている年寄を見ると同情と悲哀とに加えてまた尊敬の念を禁じ得ない。

（永井荷風の文章による）

（1）作者の好むものを2つあげるとすれば、その組み合わせとして適切なものは、次のうちどれですか。

　　ア　市区改正以前の旧道
　　イ　眺望に色彩というものはひとつもない横町
　　ウ　ペンキ塗の看板や模造西洋造りの硝子戸
　　エ　蒟蒻閻魔に通じる横町

A　アとイ　　　B　アとウ　　　C　アとエ　　　D　イとウ　　　E　イとエ　　　F　ウとエ

（2）この文章の表題として適切なものは、次のうちどれですか。

A　日和下駄　　　　　　B　市中の廃址　　　　　　C　平凡な風景
D　貧しい裏町　　　　　E　風情と悲哀

問題3

次の文を読んで、問いに答えなさい。

　物を観るということによって、自己の革命を企て、新しい進路を開いて行った人は少なくない。不断の努力を続けた観察者の生涯に対しては、われらはすくなからぬ尊敬の念を持つ。そして、そういう態度を持ち続けることのいかに難しいものであるかを想わざるを得ない。

　われらの諸器官は生活に必要な程度において発達している。かくも矛盾の多い、複雑な、条理のないことで満たされたような人生の中にあって、絶えず物を観つつ進むということは容易でない。そういう風にして訓練されて行った精鋭な器官は、どういう生活を営むに適するであろうか。そこを思って見ねばならぬ。われらは、美しいことも、醜いことも、愚かしいことも、すべてありのままに来て影を投ずる明るい鏡のような心を持ちたい。これは難しいことだ。なぜというに、一度われらに映じた影は、鏡のごとく拭い去られるものではないからである。

　先入主に成った考えを離れて物を観ようというような態度を押し詰めて行ったら、その人はどうなるだろう。冷然として自己の破壊に対する観察者の運命こそは傷ましい。あるいは一種の社会観を作って、自己の観察を統一せずにはいられないような人も出来て来るのではあるまいか。

（島崎藤村『観ることと書くこと』）

【問】文中の下線部「一種の社会観を作って、自己の観察を統一せずにはいられない」の説明として適切なものは、次のうちどれですか。

A　その場その場で観察することにあきたらず、統一的な物の見方を模索すること

B　矛盾の多い、不条理な世の中に対して、統一的な社会観を対置しようとすること

C　社会に対する見方をあらかじめ決めておくことで、自己を見る苦しさから逃れること

D　自己の観察を統一することで、自己の破壊に冷然として対する勇気を得ること

E　人間の持つ相異なる本能の発展に従って、各自の生を認識する世界観を作ること

問題4

次の文を読んで、問いに答えなさい。

　りんごの味がどんなものであるかを知るには、りんごを食べることが先決で、食べもせずにその味について語ることは観念の遊びである。古典についても同様で、まずそれを自ら読むという実行こそが基本である。近ごろでは、解説書や参考文献がやたらと増え、むしろその選択に迷い、それを追いかけているうちに初心を忘れてしまうという事態も珍しくない。実行よりは観念が、経験よりは知識が重視されすぎている。古典の勉強が一種の暗記ものとされ、一種の技術と見なされている点に、現代の古典教育の大きな欠陥がある。古典の知識は、試験や昇進の役には立つかも知れないが、真に古典を解する足しにはならない。古典を解しようと思うならば、ただちにその享受へと向かわねばならない。

　何を選んで読むかということもよく問題にされるが、これにはあまりこだわる必要はない。自分の出合った作品、興味を覚えたものから読み始めればいいわけで、これを読むと良いと外から決めつけられるのは好ましくない。人間には各人固有の共感線というものがあり、それを外れると、どんなに世間で評判の作品でも面白いとは感じない。例えば、「源氏物語」と「奥の細道」、「万葉集」と「平家物語」を同時に面白いと感じるのではなく、そのどちらか一方に心ひかれるという形で古典との出合いが始まるのである。各時代の名作といわれるものを峰伝いに読み移っていくことより、かりにイワシの頭であっても、自分の共感線に手ごたえのあるところを軸にして、そこから坑道を掘るような具合に読み進む方が、ずっと身についた勉強になるに違いない。

【問】 筆者は、古典を解するにはまず何が大切だと述べているか、選択肢から選びなさい。

A 古典知識を積み重ねること

B どの作品をどう読むか、十分に検討すること

C 自分の経験や好みにこだわらないこと

D 作品そのものを読むこと

E 自分の好みを客観化すること

問題5

次の文を読んで、問いに答えなさい。

　私は知己を百代の後に待とうとしているものではない。

　公衆の批判は、常に正鵠を失しやすいものである。現在の公衆は元より云うを待たない。歴史は既にペリクレス時代のアゼンスの市民や文芸復興期のフロレンスの市民でさえ、如何に理想の公衆とは縁が遠かったかを教えている。既に今日及び昨日の公衆にしてかくの如くんば、明日の公衆の批判といえども、また推して知るべきものがありはしないだろうか。彼等が百代の後よく砂と金とを弁じ得るかどうか、私は遺憾ながら疑いなきを得ないのである。

　よし又理想的な公衆があり得るにした所で、果して絶対美なるものが芸術の世界にあり得るであろうか。今日の私の眼は、唯今日の私の眼であって、決して明日の私の眼ではない。と同時に又私の眼が、結局日本人の眼であって、西洋人の眼でない事も確かである。それならどうして私に、時と処とを超越した美の存在などが信じられよう。成程ダンテの地獄の火は、今も猶東方を聳子して戦慄せしむるものがあるかも知れない。けれどもその火と我々との間には、十四世紀の伊太利なるものが雲霧の如くにたなびいているではないか。

　いわんや私は尋常の文人である。後代の批判にして誤らず、普遍の美にして存するとするも、書を名山に蔵する底の事は、私のなすべき限りではない。私が知己を百代の後に待つものでない事は、問うまでもなく明かであろうと思う。

　時々私は二十年の後、あるいは五十年の後、あるいは更に百年の後、私の存在さえ知らない時代が来ると云う事を想像する。その時私の作品集は、堆い埃に埋もれて、神田あたりの古本屋の棚の隅に、空しく読者を待っている事であろう。いや、事によったらどこかの図書館に、たった一冊残ったまま、無残な紙魚の餌となって、文字さえ読めないように破れ果てているかも知れない。

（芥川龍之介『後世』）

【問】文中の下線部「書を名山に蔵する」の説明として適切なものは、次のうちどれですか。

A　自分の作品が後代の批判に遭遇することを避けること

B　自分の作品を有名な寺院に所蔵すること

C　自分の著書への評価は変わるものだということ

D　自分の信念を永久に変えないこと

E　自分の著書の不滅を信じること

問題6

次の文を読んで、（1）から（2）までの2問に答えなさい。

　偉大な思想家の思想というものは、自分の考えが進むに従って異なって現れて来る。そして新たに教えられるのである。例えば、古代のプラトンとか近代のヘーゲルとかいう人々はそうと思う。私はヘーゲルをはじめて読んだのは二十頃であろう。しかし今日でもヘーゲルは私の座右にあるのである。はじめてアリストテレスの「形而上学」を読んだのは、三十過ぎの時であったかと思う。それはとても分からぬものであった。しかるに五十近くになって、にわかにアリストテレスが自分に生きて来た様に思われ、アリストテレスから多大の影響を受けた。私は思う、書物を読むということは、<u>自分の思想がそこまで行かねばならない</u>。一脈通ずるに至れば、暗夜に火を打つが如く、一時に全体が明らかとなる。偉大な思想家の思想が自分のものとなる。私はしばしば若い人に言うのであるが、偉大な思想家の書を読むには、その人の骨という様なものを摑まねばならない。そして多少とも自分がそれを使用し得る様にならなければならない。偉大な思想家には必ず骨という様なものがある。大なる彫刻家に鑿の骨、大なる画家には筆の骨があると同様である。骨のない様な思想家の書は読むに足らない。顔真卿の書を学ぶといっても、字を形を真似するのではない。

　例えば、アリストテレスならアリストテレスに、物の見方考え方というものがある。そして彼自身の刀の使い方というものがある。それを多少とも手に入れれば、そう何処までもくわしく読まなくとも、こういう問題は彼からはかくも考えるであろうという如きが予想せられる様になると思う。私は大体そういう様な所を見当にしている。それで私は全集というものをもっていない。カントやヘーゲルの全集というものをもたない。無論私はそれで満足というのでもなく、また決してそういう方法を人に勧めもせない。そういう読み方は真にその思想家の骨髄に達することができればよいが、しからざれば主観的な独断的な解釈に陥るを免れない。読書はどこまでも言語のさきざきまでも正確に綿密でなければならない。それはいうまでもなく万人の則るべき読書法に違いない。それかといってあまりにそういう方向にのみ走って、徒らに字句によって解釈し、その根柢に動いている生きものを摑まないというのも、膚浅な様で却って粗笨（＊）ということもできるであろう。

（西田幾多郎『読書』）

＊粗笨……おおまかで粗雑なこと。

162

（1）文中の下線部について、「自分の思想がそこまで行く」の説明として、最も適
　　切なものは、次のうちどれですか。

A 自分の叡智を磨き、対象とする思想家の高みや深さにまで達すること
B 対象とする思想家の持つ骨に匹敵できるものを自分の分野において獲得する
　　こと
C 数多くの偉大な思想家が遺した著書の内容を幅広く理解して実践すること
D ある一人の偉大な思想家に心酔し、その代表的著書を座右に置くこと
E 年齢を重ねるに連れて蓄積する自己の経験を偉大な思想家の思想に重ね合
　　わせること

（2）作者が全集を持っていない理由として、最も適切なものは、次のうちどれですか。

A 一人の思想家に深入りせず、できるだけ広範囲の思想に触れたいから
B その思想家を代表する著書を理解するだけでも多大な歳月を要するから
C 一人の思想家の全体像を明らかにすることに貴重な人生を費やしたくないから
D その思想家の骨が摑めれば、その思想家のおよその思考内容も摑めるから
E その思想家の骨以外のことに触れて、独断的な解釈に陥った体験があるから

問題7

次の文を読んで、（1）から（3）までの3問に答えなさい。

　刑事訴訟法250条に定められた公訴時効制度では、犯罪行為が終わった時点から一定期間が経過すれば、その後は犯人を起訴して処罰できないとされている。最も重い死刑になる可能性のある殺人や強盗殺人の時効は、2005年からそれまでの15年が25年に延長された。

　もともと時効制度の存在意義として、時間の経過によって「事件の証拠が散逸し犯罪の証明が困難になる」「社会や被害者遺族の処罰感情も薄れる」「犯人が処罰されないまま時間が経過した事実を尊重する」ことなどがあげられる。犯人も長い逃亡生活で「罪の意識」や「いつ捕まるか」という不安にさいなまれることですでに制裁が加えられているという説明もなされている。しかし、被害者や遺族にとって時効は犯人の「逃げ得」を公に認めた　　　　な制度でしかない。「親や子を殺害された家族の悲しみや苦しみは、どんなに時間が経っても消えるものではない」「草の根を分けても犯人を捕まえてほしい」。肉親を奪われた遺族の無念さに「時効」はないはずだ。このような感情に対して、近年時効を廃止する動きが顕著になっている。

　法務省が実施した一般からの意見公募でも7割以上の国民が殺人など凶悪犯罪の時効廃止に賛成だという。時効の見直しの背景には、DNA鑑定など科学捜査の進歩で血液や体液など犯人特定につながる証拠の長期保全が可能になったこともあるが、最大の要因はこうした国民感情への配慮といえる。

　人の命を奪う「生命侵害犯」のうち、殺人など特に重い刑罰については時効廃止、それ以外は時効延長の方向で見直される。これが実現すれば、殺人や強盗殺人の時効は廃止となる見通しだが、傷害致死や危険運転致死などはどうするのかは示されていない。犯罪や交通事故の被害者団体からは、重い後遺障害が残る傷害事件や悪質ひき逃げ事件なども時効を廃止してほしいという声が上がっている。他の犯罪とのバランスなどを考慮しながら、廃止の対象犯罪や延長年数などを検討することになる。原則として時効がない英国は別にして、米国の多くの州やドイツ、フランスなどでは殺人や謀殺、計画的殺人など重罪については時効を設けていない。生命を奪う犯罪を他の犯罪と切り離しており、法務省も同様の考えだ。

　一方で、日本弁護士連合会は、時の経過でアリバイ立証は困難になり冤罪が生まれやすくなるとして、時効廃止に反対している。日弁連が指摘するまでもなく、

時効がなくなっても事件解決が急に増えるわけではない。捜査が長期化すれば解決は遠のいていくのが普通だ。2004年からの4年間に時効となった殺人事件は193件にもなる。時効がなくなれば未解決事件は蓄積され、増えていく証拠の保全や限られた捜査員の配分も課題になる。

(1) 文中の [____] に入れる言葉として最も適切なものは、次のうちどれですか。

A 理想的　　B 理不尽　　C 不明瞭　　D あいまい　　E 実現不可能

(2) 時効の廃止について、文中に述べられていることと合致するものは、次のうちどれですか。

　　ア　あらゆる刑事犯罪についての時効廃止が検討される段階にある
　　イ　肉親を奪われた遺族からの訴えが議論を呼ぶきっかけになった
　　ウ　犯人を特定する証拠の長期保全が可能になったことも背景にある

A アだけ　　B イだけ　　C ウだけ　　D アとイ　　E アとウ　　F イとウ

(3) 時効の廃止反対について、文中に述べられていることと合致するものは、次のうちどれですか。

　　ア　冤罪が生まれやすくなる
　　イ　米国などでは時効がない
　　ウ　未解決事件が蓄積される

A アだけ　　B イだけ　　C ウだけ　　D アとイ　　E アとウ　　F イとウ

問題8

次の文を読んで、問いに答えなさい。

　わが国の憲法は、第15条3項で選挙は「成年者による普通選挙」と定めている。一方、民法は第4条で「年齢20歳をもって、成年とする」と規定している。したがって公職選挙法では20歳以上に選挙権を認めている。

　一方、2007年に成立した「日本国憲法の改正手続に関する法律」（国民投票法）は、原則18歳以上に投票権を与える内容である。そして同法の付則では、環境整備として2010年の施行までに、民法の成人年齢や公選法の投票年齢を見直す必要が明記されている。国民投票という性質上、未成年に投票させることは、憲法上許されないからである。

　日本で成年が20歳となったのは、1876（明治9）年の太政官布告に由来する。そして1896（明治29）年には現行民法が制定され、それ以来「はたち」は成人の代名詞となっている。世界の主要国の成人年齢は、イギリス・イタリア・ドイツ・フランスなどは18歳、アルゼンチン・エジプト・シンガポールでは21歳である。ただ、イギリスやドイツでは、1960年代～70年代にかけての学生運動を鎮める手段として、学生に選挙権を付与したことを受けて、成人年齢そのものも3歳引き下げて18歳にしたという経緯がある。

　内閣官房のまとめでは、国民投票法成立により年齢条項が見直し対象となる法令は308本に、さらに「成年」の文言を含む法律条文は約700にもなるという。公選法をはじめ未成年者飲酒禁止法、未成年者喫煙禁止法、さらに未成年者の公営ギャンブルを禁じる競馬法やモーターボート競走法など、それぞれに議論を呼びそうな法律は数多い。国民投票法には、諸条件が整うまでは投票権年齢を20歳以上に据え置く経過措置も盛り込まれている。「成人」の在り方は将来の国の在り方に直結するので国民の広範な議論が必要である。

【問】成人年齢の引き下げ問題について、文中に述べられていることと合致するものは、次のうちどれですか。
　　ア　将来の国の在り方にも直結する重要な問題である
　　イ　年齢条項の見直しを要する法令が多く、引き下げは容易ではない
　　ウ　世界各国の事情を考慮して、慎重に検討する必要がある

A　アだけ　　B　イだけ　　C　ウだけ　　D　アとイ　　E　アとウ　　F　イとウ

Chapter 3

ENG（英語）

英語の出題は中学～高校レベルのものです。
同意語や反意語、空欄補充問題、
長文読解などの種類が出題されます。
日ごろから英語雑誌や英字新聞などを読むなど、
時事英語を身につけておくことが大切です。

ENG（英語）

　英語の分野では、①会話力を見るもの、②作文力を見るもの、といった出題が多い可能性があります。さらに、③長文読解、④和訳、⑤文法なども頻出問題です。特に、時事英語を重点的に学習することが得点につながります。『新聞ダイジェスト』（新聞ダイジェスト社）や英字新聞、英語雑誌を読み、時事問題や時事単語に慣れておくようにしましょう。

1　長文読解のポイント

　長文読解の問題は、次のことに気をつけて解くといいでしょう。
①次にくる内容を予測しながら読んでいく。
②文章の頭から順に読んでいき、意味の切れ目でいったん区切る。
③一言一句日本語に訳そうとせず、できるだけ英語のまま理解することを心掛ける。

2　単語の意味が分からないときの対処法

　ときには意味が分からない単語が出てくることもあるでしょう。その場合は次のことに気をつけます。
①文中で、プラスのニュアンスで使われているのか、マイナスのニュアンスで使われているのか、見当をつける。
②その単語の品詞の見当をつける。
③単語中に知っている単語が含まれていないか、検討する。
　例）『beauty』が分からない場合　⇒　知っている『beautiful』という単語から、『beauty』を推測する

3　時事単語は常にチェックする

新しい時事単語をチェックし、ボキャブラリーを増やしておきましょう。
次のような言葉を確認しておきます。

●社会問題関連

温室効果ガス	greenhouse gas
酸性雨	acid rain
少子社会	society with a declining birthrate
核家族	a nuclear family

● 政治関連

六カ国協議	Six-Party Talks
主要国首脳会議	Group of Eight
閣議	a cabinet meeting
議院内閣制	a parliamentary cabinet system
選挙	election
制裁措置	sanction
世論調査	poll
多様化	diversification
難民	refugee
自治	autonomy

● 経済関連

消費税	a consumption tax
通貨危機	a monetary crisis
貿易摩擦	trade friction
株式市場	the stock market
景気後退	recession
予算	budget
変動する	fluctuate
国債	national debt

● 科学技術関連

原子力発電所	a nuclear power plant
安楽死	euthanasia
遺伝子治療	gene therapy
アレルギー	an allergy

同 意 語

例題

最初の単語に最も意味が近い単語を、AからEの中から1つ選びなさい。

●accomplish

A compete

B approve

C achieve

D require

E pollute

わかる! **解法のテクニック**

英語は、ロマンス語族とゲルマン語族の影響を受け、それぞれの語族の単語を由来として成立しているため、同意語が多いという特徴がある。そのため、同意語を問う問題がつくりやすい。英単語を覚える際は、同意語・反意語まで意識する。このタイプの問題は英単語の蓄積量がモノをいう。

●accomplish　　成し遂げる

A compete　　競争する

B approve　　賛成する

C achieve　　成し遂げる

D require　　必要とする

E pollute　　汚染する

解答

C

練 習 問 題

解答&解説は別冊P.60〜62参照

最初の単語に最も意味が近い単語を、AからEの中から1つ選びなさい。

問題1

● ignore

A blame **B** neglect **C** respect **D** recognize **E** agree

問題2

● destroy

A pretend **B** construct **C** break **D** produce **E** found

問題3

● comprehend

A despise **B** understand **C** criticize

D endure **E** extinguish

問題4

● edible

A approval **B** preferable **C** applicable

D enjoyable **E** eatable

問題5

● faith

A diligence **B** admiration **C** tolerance

D dignity **E** trust

問題6

● chance

A sacrifice **B** decision **C** time

D opportunity **E** moment

問題7

● interpreter

A pioneer　　**B** consider　　**C** translator

D character　　**E** manager

問題8

● authority

A mandate　　**B** criticism　　**C** ideal　　**D** delicacy　　**E** ultimate

問題9

● voluntary

A momentary　　**B** optional　　**C** obscene

D favorite　　**E** aggressive

問題10

● prohibit

A repeat　　**B** forbid　　**C** worship　　**D** discover　　**E** solve

問題11

● ability

A literacy　　**B** popularity　　**C** applause

D faculty　　**E** influence

問題12

● outcome

A result　　**B** explanation　　**C** calculation

D condition　　**E** caution

問題13

● persuade

A allow　　**B** suspect　　**C** arrest　　**D** convince　　**E** employ

問題14

● fortunately

A costly   **B** continuously   **C** purely

D respectively   **E** luckily

問題15

● suggest

A appreciate   **B** moderate   **C** propose

D integrate   **E** arrange

問題16

● sorrow

A glory   **B** madness   **C** satisfaction   **D** sadness   **E** regret

問題17

● praise

A despise   **B** admire   **C** deny   **D** invite   **E** equip

問題18

● barely

A exclusively   **B** crucially   **C** hardly

D phenomenally   **E** military

問題19

● former

A impression   **B** scandalous   **C** ambitious

D delicate   **E** previous

反 意 語

例題

最初の単語と反対の意味の単語を、AからEまでの中から1つ選びなさい。

● smooth
  A sharp
  B rough
  C similar
  D even
  E dull

わかる! 解法のテクニック

　このような問題は、英単語をどれだけ多く知っているかがポイントとなる。
　選択肢に書かれているすべての英単語を知らなかったとしても、まずは日本
語で考えてみる。選択肢の英単語を日本語にすると同じような意味のものが複
数含まれていて、選択肢を絞れることがある。選択肢に同意語が混ざっている
こともあるため、引っかからないよう注意する。

　● smooth 　　滑らかな
  A sharp 　　鋭い
  B rough 　　粗い　　　← 反意語
  C similar 　類似した
  D even 　　滑らかな　← 同意語
  E dull 　　鈍い

解答

練 習 問 題

解答&解説は別冊P.62～63参照

最初の単語と反対の意味の単語を、AからEまでの中から1つ選びなさい。

問題1

● present

A authentic　　**B** intensive　　**C** chaotic

D futuristic　　**E** absent

問題2

● defend

A offend　　**B** promise　　**C** create　　**D** attack　　**E** cooperate

問題3

● domestic

A hectic　　**B** foreign　　**C** maniac　　**D** critical　　**E** energetic

問題4

● lazy

A diligent　　**B** desperate　　**C** boring

D sophisticated　　**E** impolite

問題5

● loss

A profit　　**B** chore　　**C** bias　　**D** worth　　**E** purpose

問題6

● calm

A snowy　　**B** stormy　　**C** wintry　　**D** summery　　**E** negative

問題7

● peaceful

A quiet   B narrow   C passive   D joyful   E violent

問題8

● virtual

A memorial   B multiple   C real   D modern   E ignorant

問題9

● forgive

A dismiss   B suffer   C transfer   D punish   E purchase

問題10

● victory

A wisdom   B habit   C defeat   D advantage   E justice

問題11

● guilty

A gloomy   B mighty   C generous
D innocent   E impressive

問題12

● accept

A distinguish   B refuse   C refer   D apply   E insist

問題13

● cause

A effect   B case   C coincidence   D cost   E way

問題14

● pure

A complexity   B coarse   C mixed   D simple   E general

文章訳

文章を訳す問題にはいくつかのパターンがあります。どれに当てはまるか検討します。

1. 英語の文章から近い意味の英語の単語を解答する
2. 日本語の文章から近い意味の英語の文章（単語）を解答する
3. 英語の文章から近い意味の日本語の文章（単語）を解答する

例題

パターン1

次の英文の説明に最も意味が近い語を、AからEの中から1つ選びなさい。

To examine people or things to check their similarities and differences.

- **A** compare
- **B** avoid
- **C** describe
- **D** criticize
- **E** scream

パターン2

次の日本文の英訳として最も適切なものを、AからEの中から1つ選びなさい。

私は忙しすぎて旅行に行けない。

- **A** I am very busy to go on a trip.
- **B** I am so busy to go on a trip.
- **C** I am much busy to go on a trip.
- **D** I am too busy to go on a trip.
- **E** I am busier than going on a trip.

パターン3

次の英文の日本語訳として最も適切なものを、AからEの中から1つ選びなさい。

He never fails to keep his promise.

   A 彼は約束を守ったことがない。

   B 彼は決して約束を守らない。

   C 彼はいつも約束を破る。

   D 彼は必ず約束を守る。

   E 彼は決して約束をしない。

わかる! 解法のテクニック

パターン1

人や物事の似ている点や異なっている点を調べること。
つまり「比較する」。compare「比較する」、avoid「避ける」、
describe「描く」、criticize「非難する」、scream「抗議する」。
従って、**A** compare が最も近い。

解答 **A**

パターン2

"too … to〜" で「…すぎて〜できない」という意味。
従って、**D** I am too busy to go on a trip. が正しい。

解答 **D**

パターン3

"never fail to〜" は直訳すると「〜することを決して失敗しない」。転
じて「必ず〜する」という意味になる。
従って、**D**「彼は必ず約束を守る。」が正しい。

解答 **D**

練 習 問 題

解答&解説は別冊P.64参照

問題1

次の英文の下線部の日本語訳として最も適切なものを、AからEの中から1つ選びなさい。

With the right leadership and pro-growth policies, <u>the economy can weather this upheaval</u>.

A 経済は、天候にたとえることができる。

B 天候不順は、経済の混乱を引き起こすものだ。

C 経済は、この混乱を乗り切ることができる。

D 経済は、この混乱を教訓にすることができる。

E 経済の混乱は、天候によって引き起こされる。

問題2

次の日本文の英訳として最も適切なものをAからEの中から1つ選びなさい。

私の知る限りでは、彼はまだ結婚していない。

A As long as I know, he hasn't been married yet.

B As well as I know, he hasn't been married yet.

C As soon as I know, he hasn't been married yet.

D Unless I know, he hasn't been married yet.

E As far as I know, he hasn't been married yet.

練習問題／空欄補充

解答&解説は別冊P.64〜65参照

問題1

次の日本文に合う英文になるように、（　　）に入る語をAからEの中から1つ選びなさい。

MBAが何の略だかわかりますか。

Do you know what MBA (　　) for?

A holds　　**B** stands　　**C** brings　　**D** regards　　**E** carries

問題2

次の会話文の（　　）に入る最も適切なものを、AからEの中から1つ選びなさい。

Sachiko : I'm so sorry to be late.

Jack : (　　) The meeting hasn't started yet.

Sachiko : I'm glad to hear that.

A That's a pity.　　**B** That's all right.　　**C** You are too late.

D You are welcome.　　**E** That's not the issue.

問題3

次の英文の（　　）に入る最も適切な語句を、AからEの中から1つ選びなさい。

We had a lot of trouble with our house. (　　　　), we decided to move out.

A In the end　　**B** From the end　　**C** To the end

D On the end　　**E** For the end

問題4

次の日本文に合う英文になるように、（　　）に入る最も適切な語を、AからEの中から1つ選びなさい。

この問題を至急調査してください。

Please look (　　) this issue as soon as possible.

A after **B** into **C** for **D** back **E** down

問題5

次の英文の（　　）に入る最も適切な語を、AからEの中から1つ選びなさい。

（　　）is the money that you pay for a journey, for example, by bus, train, or taxi.

A Gold **B** Cost **C** Charge **D** Fee **E** Fare

問題6

次の英文の（　　）に入るのに最も適切な語を、AからEの中から1つ選びなさい。

Tom, (　　) is from America, is a good swimmer.

A that **B** who **C** whom **D** whose **E** which

問題7

次の英文の（　　）に入る最も適当な語を、AからEの中から1つ選びなさい。

When I first came to Chicago, I was still trying to (　　) out who I was.

A watch **B** fill **C** figure **D** put **E** rule

問題8

次の英文の（　　）に入る最も適切な語句を、AからEの中から1つ選びなさい。

He has two sisters. One is in America and (　　) is in China.

A another **B** the other **C** some **D** any **E** the others

問題9

次の会話文の（　　）に入る最も適切な語を、AからEの中から1つ選びなさい。

Masashi : In Japan people take their shoes off when they go into the house and put them on when they go out.

Tom : Do they (　　) shoes like ours?

Masashi : Yes, many Japanese do. They also (　　) a kind of wooden shoes that can be put on very easily.

A make **B** take **C** wear **D** buy **E** walk

問題1

(　　)内の語を意味が通じるように並べ替えるとき、3番目にくる語はどれか。最も適切なものを、AからEから1つ選びなさい。

(the, him, as, with, often, is, case), he was late.

A case　　**B** with　　**C** the　　**D** often　　**E** is

問題2

次の日本文と同じ意味になるように1から6を並べ替えたとき、AからEの中から正しいものを1つ選びなさい。

タクシーを1台呼んでくださいませんか。

1. to　　2. like　　3. call a taxi　　4. would　　5. you　　6. I

A 4　5　2　1　6　3　　　　**B** 4　5　2　6　1　3
C 6　4　2　5　1　3　　　　**D** 4　2　1　5　3　6
E 6　4　2　1　3　5

問題3

次の日本文と同じ意味になるように1から6を並べ替えたとき、AからEの中から正しいものを1つ選びなさい。

ダンスがなかったら、世界は退屈な場所になることでしょう。

1. be　　2. but for　　3. the world　　4. would
5. dance　　6. a boring place

A 3　4　1　5　2　6　　　　**B** 2　5　3　4　1　6
C 5　4　1　6　2　3　　　　**D** 6　4　1　3　2　5
E 2　3　5　4　1　6

練習問題／長文読解

解答&解説は別冊P.66～67参照

問題1

次の英文を読んで、後の問いに答えなさい。

The summer vacation was near. But I didn't feel happy. I didn't know what to do during the summer. I couldn't think of anything interesting to do. Then I started meeting some friends in town. That was not something I really wanted to do, but I did it. I came home very late every night.

My mother worried very much and said, "Tom, you must come home earlier and have dinner with us." I didn't listen to her. A week later, she suddenly told me to visit Uncle George and help him during the summer. His work was taking care of trees in the mountains. I didn't want to go, but my mother said that I had to go.

問　下線部の I didn't listen to her.の内容を次のように書き表すとき、[＿＿＿]に入る最も適切なものを、AからEの中から1つ選びなさい。

I didn't [＿＿＿＿＿＿].

A want to go to my uncle's place

B start meeting any friends in town

C know what to do during the summer vacation

D come home early to have dinner with my family

E live in a house in the mountains

問題2

次の英文を読んで、後の問いに答えなさい。

Let me tell you where I was when the terrorist attack occurred in New York on September 11th. I was on the subway on my way to work when the first plane hit the tower. I noticed groups of people standing on the corners looking south and a man ran past me and asked if I had heard what happened. I said I hadn't and he told me a jet crashed into the World Trade Center. I was shocked!

問　本文の内容に合致するように、下線部に入れるのに最も適切な文を、AからEの中から1つ選びなさい。

When the terrorist attack occurred, ＿＿＿＿＿＿＿＿＿＿＿.

A I was walking to the subway station

B I was going to the tower

C I was in the office

D I was going to work by subway

E I was looking south

問題3

次の英文を読んで、後の問いに答えなさい。

Many fast-food restaurants have red on their signs. Why do they use that color? You can see red from far away, so it is used for their signs. That is one reason. But the most important reason is this: red is a color which makes you hungry. Yellow and green, which can also make you hungry, are used for their signs, too. Please look at the sign of the fast-food restaurant when you go there next time.

問　本文の内容に合致し、かつ英文としても正しいものを、AからEの中から1つ選びなさい。

A People likes yellow and green.

B People think red is important.

C People become hungry when they see red.

D People become happy when they see yellow and green.

E People know many fast-food restaurants have red on their signs.

問題4

次の英文を読んで、後の問いに答えなさい。

Galileo was in the great church of the city of Pisa where he lived.

Watching the motion of a light hanging down on a long chain from the roof high above his head, he saw that as the light moved forward and back on its chain, it seemed to take the same time between turns, however far it went.

To see if he was right about the motion of the light, Galileo put his fingers on his wrist. He timed the motion of the light as it went forward and back on its chain, measuring it by his pulse rate. He was right. He had the proof. He could prove that the time was the same, however short or long the journey of the light through the air was. Galileo had made a great discovery about the motion of a pendulum. Above all this discovery made possible a better instrument for measuring time.

問　ガリレオの発見によって生まれた道具として最も適切なものを、AからEの中から1つ選びなさい。

A 血圧計　　**B** ぜんまい時計　　**C** 上皿てんびん
D ぶらんこ　　**E** 振り子時計

問題5

次の英文を読んで、後の問いに答えなさい。

If you have ever watched deaf people talking to one another, you know what sign language is. But what you probably don't know is that it is the fourth most common language in the United States today. In fact, sign language, in one form or another, has existed for thousands of years and is probably older than speech.

Sign language can be mere grimaces, shrugs, and gestures, or it can be highly complex with words spelled out in a hand alphabet. Throughout the years it has been used as a way for people of different language backgrounds to communicate.

Sign language is still used today between the people of parts of Australia, Africa, and North America. It is also a means by which the Japanese and Chinese communicate. Although their spoken language is very different, they have nearly the same characters.

They can draw characters in their hands and have a conversation.

　問　本文の内容と合致するものを、AからEの中から1つ選びなさい。

　A　手話は、合衆国の4つの州で使われ始めた。
　B　手話は、おそらく話し言葉よりも古い。
　C　手話は、単語の頭文字を組み合わせて作る。
　D　オーストラリア人やアフリカ人は手話が得意である。
　E　日本人と中国人の言語は似通っている。

問題6

次の英文を読んで、後の問いに答えなさい。

Did you know that Mother Teresa was born in a country called Macedonia in Europe? After teaching at a girls' school for 16 years in Calcutta, one day God spoke to her. God told her to serve the poorest people in the world. After that day, she worked very hard to help poor people.

I was so moved by her kind heart to help others and endless love for every person, that I, too, wanted to try the kind of work that she was doing. So with two friends I flew to Calcutta.

　問　上の文の内容と合致するものを、AからEの中から1つ選びなさい。

A　Mother Teresa was a teacher in Macedonia.
B　God told her to be a nurse for the poorest people.
C　The author moved to Europe.
D　The author got on a plane and went to Calcutta.
E　Mother Teresa walked very hard.

Chapter 4

構造的把握力検査

構造的把握力検査は、SPI 3で実施されている検査です。
実施形式はテストセンターのみで、
検査時間は約20分です。
非言語系と言語系の問題があります。
それぞれの解答手順を確認しておきましょう。

構造的把握力検査

このタイプの問題は、何の変哲もない5つの文章が提示され、それらを似た構造を持つ2つのグループに分類（グルーピング）していくというものです。文章の見た目に注目するのではなく、その文章がどのような構造になっているのかを判断していきます。

判断のポイントは、文章の構造をつかむことです。構造といわれてもピンとこないかもしれません。提示された文章の流れや前後関係、論理性、関連性など（これを「構造」という言葉で表現している）に着目し、どのような共通点があるのかを短時間で見抜きましょう。

例題

制限時間：**90秒**

次のア〜オを、指示に従ってP（2つ）とQ（3つ）に分けるとき、Pに分類されるものはどれか。下の選択肢A〜Jで答えなさい。

指示：ア〜オは、2つの事柄の関係についての記述である。その関係性の違いによって、PとQの2グループに分けなさい。

ア　オリンピックが終わったばかりなので、ブラジルへの旅行者は減るだろう。

イ　今夏は日照りが続き、各地で水不足が発生した。

ウ　これだけ運動したのだから、絶対ダイエットに成功するはずだ。

エ　店へのクレームに真摯に対応したため、売上が上昇し始めた。

オ　通勤時間帯に列車が増発され、ラッシュが緩和されてきている。

A アとイ	**B** アとウ	**C** アとエ	**D** アとオ	**E** イとウ
F イとエ	**G** イとオ	**H** ウとエ	**I** ウとオ	**J** エとオ

わかる! 解法のテクニック

POINT 実際に起こったか？　起こっていないか？

　本問は、「2つの事柄の関係の違い」を問われている。それぞれの文の前半と後半を読んで、関係を考えていく。

　それぞれの文章を読むと、まず、文の前半が原因や根拠を述べているということが分かる。次に文の構造を分析して、前半の文末の接続助詞などに注目すると、アは「ので」、ウは「から」、エは「ため」となっている。ただし、この3つをグルーピングし、残りのイとオを選んではいけない。

　後半の文末から、後半の文の性質をとらえる。

ア　減るだろう　→　推測（実際には起こっていない）

イ　発生した　　→　結果（実際に起こったこと）

ウ　成功するはずだ　→　推測（実際には起こっていない）

エ　上昇し始めた　→　結果（実際に起こったこと）

オ　緩和されてきている　→　結果（実際に起きたこと）

　以上から、イ、エ、オが事実を述べており、ア、ウは推測であることが分かる。

　そこで、Pに分類できるのはア・ウとなり、答えはBとなる。

解答
B

【原因・理由】

問題1   制限時間：**90秒**

次のア〜オを、指示に従ってP（2つ）とQ（3つ）に分けるとき、Pに分類されるものはどれか。下の選択肢A 〜 Jで答えなさい。

指示：ア〜オは、2つの事柄の関係についての記述である。その関係性の違いによって、PとQの2グループに分けなさい。

ア　インフルエンザ対策は万全であるから、今年は体調が悪くならないはずだ。

イ　俳優の迫真の演技により、観客によるスタンディングオベーションが沸き起こった。

ウ　難しい課題が出たから、図書館で資料を探すことになるだろう。

エ　駅からバスに乗らなかったので、交通費が節約できた。

オ　ハロウィンが終わり、そろそろクリスマスの準備が始まるころだ。

A アとイ	**B** アとウ	**C** アとエ	**D** アとオ	**E** イとウ
F イとエ	**G** イとオ	**H** ウとエ	**I** ウとオ	**J** エとオ

【因果関係】

問題2   制限時間：**90秒**

次のア〜オを、指示に従ってP（2つ）とQ（3つ）に分けるとき、Pに分類されるものはどれか。下の選択肢A 〜 Jで答えなさい。

指示：ア〜オは、2つの文からなっている。その関係性の違いによって、PとQの2グループに分けなさい。

ア　車のスリップ事故が起こりそうだ。道路が凍結している。

イ　季節はずれの大雨が降った。土砂崩れが起こるに違いない。

ウ　政府が本腰を入れて景気対策に着手した。景気が上昇しそうだ。

エ　とうとう道に迷ってしまった。地図の読み方を間違えた。

オ　ハワイに旅行に行った。チョコレートをおみやげに買った。

A アとイ	B アとウ	C アとエ	D アとオ	E イとウ
F イとエ	G イとオ	H ウとエ	I ウとオ	J エとオ

問題3 制限時間：90秒

次のア〜オを、指示に従ってP（2つ）とQ（3つ）に分けるとき、Pに分類されるものはどれか。下の選択肢A 〜 Jで答えなさい。

指示：ア〜オは、2つの文からなっている。その関係性の違いによって、PとQの2グループに分けなさい。

ア　明日の試合は欠場したほうがいい。足を捻挫したようだ。

イ　今日は長電話をしてしまった。携帯電話の電池が切れかかっている。

ウ　改装工事が終わった。博物館がリニューアルオープンする。

エ　袋の中で卵が割れてしまった。乱暴に自転車を運転したせいだ。

オ　植木に多めに水をやったほうがよさそうだ。今日は暑い一日だった。

A アとイ	B アとウ	C アとエ	D アとオ	E イとウ
F イとエ	G イとオ	H ウとエ	I ウとオ	J エとオ

【情報と判断】

問題4 制限時間：90秒

次のア〜オを、指示に従ってP（2つ）とQ（3つ）に分けるとき、Pに分類されるものはどれか。下の選択肢A 〜 Jで答えなさい。

指示：ア〜オは、情報とそれに基づく判断についての記述である。その判断のしかたの違いによって、PとQの2グループに分けなさい。

ア　鮭の漁獲量が減ったので、鮭製品の値段が上がりそうだ。

イ　今年は冷夏なので、ビールの仕入れを抑えよう。

ウ　天気予報によると降水確率は60％なので、このまま家にとどまることにしよう。

エ　地震が頻発しているから、断水に備えてミネラルウオーターを備蓄することにした。

オ　ひつじ雲が見える回数が増えたので、秋に近づいていると考えられる。

A アとイ	B アとウ	C アとエ	D アとオ	E イとウ
F イとエ	G イとオ	H ウとエ	I ウとオ	J エとオ

【仮定】

次のア〜オを、指示に従ってP（2つ）とQ（3つ）に分けるとき、Pに分類されるものはどれか。下の選択肢A〜Jで答えなさい。

指示：ア〜オは、2つの事柄の関係についての記述である。その関係性の違いによって、PとQの2グループに分けなさい。

ア　飛行機の出発時間に間に合わなかったら、会議に遅刻するだろう。

イ　フランス革命が起こらなかったとしたら、フランスはいまだに王政を続けていただろう。

ウ　もし私があの時間あの場所にいたら、事故に巻き込まれていたに違いない。

エ　今すぐご契約して頂ければ、通常よりもお値引きいたしますよ。

オ　あと数年すれば、日本全国が新幹線でつながるだろう。

A アとイ	**B** アとウ	**C** アとエ	**D** アとオ	**E** イとウ
F イとエ	**G** イとオ	**H** ウとエ	**I** ウとオ	**J** エとオ

次のア〜オを、指示に従ってP（2つ）とQ（3つ）に分けるとき、Pに分類されるものはどれか。下の選択肢A〜Jで答えなさい。

指示：ア〜オは、2つの事柄の関係についての記述である。その関係性の違いによって、PとQの2グループに分けなさい。

ア　今日のうちに株を買えば、大きな利益が見込めるだろう。

イ　あの時留学しなければ、僕は彼女と結婚できただろう。

ウ　もしたくさん仕事を引き受ければ、収入は上がるだろう。

エ　今日中に食べごろの苺をすべて収穫すれば、おいしいジャムが作れるだろう。

オ　もし政府が早く手を打っていたら、被害は拡大しなかったに違いない。

A アとイ	**B** アとウ	**C** アとエ	**D** アとオ	**E** イとウ
F イとエ	**G** イとオ	**H** ウとエ	**I** ウとオ	**J** エとオ

文章題の構造

　文章題の構造では、ア〜エで与えられた問題を解くときに、どのようなプロセスを通って答えにたどりつくかを考えます。

　このとき、それぞれの内容について「どちらも同じ名詞が出てくる」や「どちらも速さが聞かれている」などは一切関係ありません。答えに至るまでの考え方や、用いた計算方法が一致するかどうかを意識し、近しい2つを選び出します。

例題

制限時間：**90秒**

次のア〜エの中から、指示に従ってP（2つ）とQ（3つ）に分けるとき、Pに分類されるものはどれか。下の選択肢A〜Fで答えなさい。

指示：ア〜エは、2つの事柄の関係についての記述である。その関係性の違いによって、PとQの2グループに分けなさい。

ア　100円のアンパンと120円の牛乳を購入した。支払いはいくらか。

イ　150円のジュースを買うのに200円支払った。おつりはいくらか。

ウ　40人のクラスで、その60%が男子であった。男子の人数は何人か。

エ　昨年のテニス部の部員は20名だったが、今年は50名であった。部員は何人増えたか。

A　アとイ　　**B**　アとウ　　**C**　アとエ　　**D**　イとウ　　**E**　イとエ　　**F**　ウとエ

POINT それぞれの計算方法を考える

　まず、アとイはいずれも金額、ウとエはいずれも人数が聞かれている問題であるが、何が聞かれているかは文章題の構造には関係がないため、解答は導けない。

　そこで、それぞれの計算方法を考える。

ア　100+120=220

　「a+b=c」というように、足し算を使って答えを求めている。

イ　200−150=50

　「a−b=c」というように、引き算を使って答えを求めている。

ウ　40×0.6=24

　「a×b=c」というように、掛け算を使って答えを求めている。

エ　50−20=30

　「a−b=c」というように、引き算を使って答えを求めている。

　以上より、計算方法が一致しているイとエの構造が似ているといえる。

　よって、答えはEとなる。

解答
E

194

練 習 問 題

解答&解説は別冊P.69～70参照

【割合の計算】

問題1　制限時間：**90秒**

次のア～エの中から、問題の構造が似ているものを2つ選び、下の選択肢A～Fで答えなさい。

ア　あるクラスの男子と女子の人数比は4：3である。男子の半数が文系であったとすると、クラス全体の人数のうち、文系の男子が占める割合は何分のいくつか。

イ　容器Aに300ml、容器Bに500mlの水が入っている。容器Bから容器Aに300mlの水を移したとき、容器Aと容器Bに入っている水の量の比は何対何か。

ウ　1辺が10cmの立方体の体積は、1辺が2cmの立方体の体積の何倍か。

エ　水族館にいる生物のうち60%が海の生物であり、その8割が魚であった。魚でない海の生物は、全生物の何%を占めるか。

A アとイ　　**B** アとウ　　**C** アとエ　　**D** イとウ　　**E** イとエ　　**F** ウとエ

【確率の計算】

問題2　制限時間：**90秒**

次のア～エの中から、問題の構造が似ているものを2つ選び、下の選択肢A～Fで答えなさい。

ア　2枚のコインを投げたとき、どちらも表となる確率を求めよ。

イ　サイコロを2回振るとき、1回目と2回目の数字の和が10以上となる確率はいくらか。

ウ　1～6の数字が書かれた6枚のカードから1枚引き、カードを戻してよく混ぜたのちもう1枚引くとき、2回とも3以上が出る確率はいくらか。

エ　国語の試験の合格率が80%、数学の試験の合格率が30%であったとき、どちらの試験も合格する確率はいくらか。

A アとイ　　**B** アとウ　　**C** アとエ　　**D** イとウ　　**E** イとエ　　**F** ウとエ

【2量の等式】

問題3 制限時間：90秒

次のア～エの中から、問題の構造が似ているものを2つ選び、下の選択肢A～Fで答えなさい。

ア　45人のクラスでアンケートを取ったところ、野球が好きな人はサッカーが好きな人の2倍の人数であった。全員がどちらか一方のみが好きだと解答した場合、野球が好きな人は何人か。

イ　1本60円の鉛筆と1個100円の消しゴムをそれぞれいくつか買ったところ、代金は全部で600円になった。買った鉛筆の本数は何本か。

ウ　ある部屋に5人掛けの長椅子と6人掛けの長椅子が何台ずつかある。この部屋に50人の学生が入ったところ、全員が過不足なく座ることができた。5人掛けの長椅子は何台あるか。

エ　リンゴとミカンを合わせて10個買ったところ、代金は1000円以下となった。リンゴが1個120円、ミカンが1個60円だとすると、リンゴは最大で何個買えるか。

A　アとイ　　**B**　アとウ　　**C**　アとエ　　**D**　イとウ　　**E**　イとエ　　**F**　ウとエ

【1当たりの量】

問題4 制限時間：90秒

次のア～エの中から、問題の構造が似ているものを2つ選び、下の選択肢A～Fで答えなさい。

ア　時速40kmで走る車が、15分間で進む距離はいくらか。

イ　ある5人の生徒の身長の合計は856cmであった。このとき、5人の平均身長は何cmか。

ウ　所持金の1000円から、150円のペンと420円の本を買ったら残りは何kmか。

エ　20分間のジョギングを行ったところ、全部で1800m走ることができた。このときの分速を求めよ。

A　アとイ　　**B**　アとウ　　**C**　アとエ　　**D**　イとウ　　**E**　イとエ　　**F**　ウとエ

Chapter 5

模擬試験

本番形式の模擬試験問題で自分の実力を測りましょう。
言語能力問題と非言語能力問題
それぞれ2回分を収録しているので、
学習の締めくくりとして試験本番を
意識して問題を解いてみましょう。

模擬試験
言語能力問題

制限時間
30分

●(1)から(8)までの8問では、まず(例)で示された2語の関係を考え、これと同じ関係を示す対を選びなさい。

(例)のこぎり：切断

ア　通信：電話　　イ　金づち：大工道具　　ウ　電子レンジ：加熱

A アだけ	**B** イだけ	**C** ウだけ
D アとイ	**E** アとウ	**F** イとウ

　この例では、のこぎりは切断に用いるものであり、対の左側にあるのこぎりは右側にある切断の<u>用途</u>になるという関係にあります。これと同じ関係の対は、アの「通信：電話」とウの「電子レンジ：加熱」になりますが、アの「通信：電話」は、対の右側にある「電話」が左側にある「通信」の用途になるため、「のこぎり：切断」と同じ関係とはいえません。よって、Cを選ぶのが最も適切です。

　例にならって、以下の8問について、AからFの中から最も適切なものを1つずつ選びなさい。なお、各問いでは、(例)の二語の関係はさまざまであり、必ずしも上の例と同じものとは限らないことに注意しなさい。

(1)(例)自動車：工業製品

　　ア　ネクタイ：絹
　　イ　啓蟄：二十四節気
　　ウ　物理：入試科目

A アだけ	**D** アとイ
B イだけ	**E** アとウ
C ウだけ	**F** イとウ

(2)(例)まぐろ：背びれ

　　ア　地図：等高線
　　イ　カウンター：ラーメン店
　　ウ　ポスト：差し出し口

A アだけ	**D** アとイ
B イだけ	**E** アとウ
C ウだけ	**F** イとウ

(3)（例）調理：板前

　　ア　飛行機：パイロット
　　イ　俳優：演技
　　ウ　引率：添乗員

　　A アだけ　　　**D** アとイ
　　B イだけ　　　**E** アとウ
　　C ウだけ　　　**F** イとウ

(5)（例）記者：取材

　　ア　プロデューサー：番組制作
　　イ　板前：調理
　　ウ　大工：宮大工

　　A アだけ　　　**D** アとイ
　　B イだけ　　　**E** アとウ
　　C ウだけ　　　**F** イとウ

(7)（例）てんぐさ：ところてん

　　ア　ポップコーン：とうもろこし
　　イ　日本酒：米
　　ウ　いぐさ：たたみ

　　A アだけ　　　**D** アとイ
　　B イだけ　　　**E** アとウ
　　C ウだけ　　　**F** イとウ

(4)（例）口紅：化粧品

　　ア　星座：占い
　　イ　朗詠：漢詩
　　ウ　小皿：食器

　　A アだけ　　　**D** アとイ
　　B イだけ　　　**E** アとウ
　　C ウだけ　　　**F** イとウ

(6)（例）年中行事：クリスマス

　　ア　ホトトギス：渡り鳥
　　イ　はちゅう類：ワニ
　　ウ　果物：りんご

　　A アだけ　　　**D** アとイ
　　B イだけ　　　**E** アとウ
　　C ウだけ　　　**F** イとウ

(8)（例）カメラ：撮影

　　ア　電卓：計算
　　イ　扇風機：送風
　　ウ　調髪：ブラシ

　　A アだけ　　　**D** アとイ
　　B イだけ　　　**E** アとウ
　　C ウだけ　　　**F** イとウ

●(9)から(15)までの7問では、各問いのはじめにあげた下線部の語の意味を考え、AからEまでの中で下線部がこれと最も近い意味に使われているものを1つずつ選びなさい。

(9)本の山がくずれた

A 山のような荷物を運ぶ
B このドラマには山がない
C ねじ山がつぶれてしまった
D 遠くの山をぼんやり眺める
E 海の幸も山の幸もある旅館

(10)ずいぶん道がこんでいる

A その研究は完成の道が遠い
B すっかり道に迷ってしまった
C 人の道をはずれてはならぬ
D 剣の道一筋に生きる
E この道を横切るのは危険だ

(11)友達に用件を告げる

A 図書館に行って調べよう
B 部屋の真ん中にくぼみがある
C 私の顔は父に似ている
D 彼女の見舞いに行く
E 人によくなつく猫だ

(12)望みをつなぐヒットが出た

A 電車の後部に四両つなぐ
B ほえる犬を鎖につなぐ
C 電話を社長につなぐ
D 贈り物で彼女の心をつなぐ
E この薬だけで命をつなぐ

(13)僧侶が経を読む

A 選挙の票を読む
B 子供が絵本を読む
C 相手の手の内を読む
D 数手先まで読む
E 今秋の流行を読む

(14)雑草に行く手をはばまれる

A 鍋の手がはずれた
B 女手ひとつで育てた子
C 合いの手を入れる
D その手はもうくわない
E 舞台の上手から登場する

(15)新製品が発売されるそうだ

A 今にも泣きだしそうだ
B そうだ、映画に行こう
C 彼はいかにも頭がよさそうだ
D 電車は遅れるそうだ
E 長い梅雨もやっと明けそうだ

●(16)から(25)までの10問では、各問いのはじめにあげた言葉と意味が最もよく
合致するものを、AからEまでの中から1つずつ選びなさい。

(16) 素早く身をくらます
　　 こと

　A　放電
　B　帯電
　C　逐電
　D　荷電
　E　感電

(17) こびへつらうこと

　A　苦笑
　B　毅然
　C　追従
　D　追随
　E　追認

(18) 大声をあげて泣き
　　 叫ぶこと

　A　悲哀
　B　嗚咽
　C　形骸
　D　慳貪
　E　慟哭

(19) ある程度確実とい
　　 えること

　A　蓋然
　B　必然
　C　漫然
　D　茫然
　E　豁然

(20) 差し引きをして帳消
　　 しにすること

　A　相殺
　B　貸借
　C　減殺
　D　封殺
　E　扼殺

(21) 思いやりのある心
　　 配り

　A　感謝
　B　好意
　C　厚遇
　D　得心
　E　厚意

(22) 経済的に行き詰まっ
　　 て余裕のないこと

　A　悉皆
　B　懊悩
　C　困惑
　D　閉塞
　E　逼迫

(23) 差し出がましいこと

　A　おびただしい
　B　いやしい
　C　うやうやしい
　D　おこがましい
　E　やましい

(24) 傍観すること

　A　いぶかる
　B　こまねく
　C　おもねる
　D　おののく
　E　いさかう

(25) 心遣いが細やかであること

　A　ねんごろだ
　B　だしぬけだ
　C　つまびらかだ
　D　かたくなだ
　E　なおざりだ

●次の文を読んで、（26）から（30）までの5問に答えなさい。

　芸術家は、科学者に必要であるのと同程度、もしくはそれ以上の観察力や分析的の頭脳をもっていなければなるまいと思う。これはあるいは多くの芸術家自身には自覚していないことかもしれないが、事実はそうでなければなるまい。いかなる空想的夢幻的の製作でも、その　1　は鋭利な観察によって複雑な事象をその要素に分析する心の作用がなければなるまい。もしそうでなければ一木一草を描き、一事一物を記述するということは不可能である。そしてその観察と分析とその結果の表現のしかたによってその作品の芸術としての　2　が定まるのではあるまいか。

　ある人は科学をもって現実に即したものと考え、芸術の大部分は想像あるいは理想に関したものと考えるかもしれないが、この区別はあまり明白なものではない。広い意味における仮説なしには科学は成立しえないと同様に、厳密な意味で　3　を離れた想像は不可能であろう。科学者の組み立てた科学的系統は畢竟（ひっきょう）するに(*)人間の頭脳の中に築き上げ造り出した建築物製作品であって、現実そのものでないことは哲学者をまたずとも明白なことである。また一方において芸術家の製作物はいかに空想的のものでもある意味においてみな現実の表現であって、天然自然の法則の記述でなければならぬ。俗に絵そらごとという言葉があるが、立派な科学の中にも厳密に詮索すれば絵そらごとは数えきれないほどある。科学の　4　に用いられる方便仮説が現実と精密に一致しなくてもさしつかえがないならば、いわゆる絵そらごとも少しも偽造ではない。分子の集団から成る物体を連続体と考えてこれに微分方程式を応用するのが不思議でなければ、色の斑点を羅列して物象を表わすことも少しも不都合ではない。

　もう少し進んで科学は客観的、芸術は主観的のものであると言う人もあろう。しかしこれもそう簡単な言葉で区別のできるわけではない。万人に普遍であるという意味での客観性ということは必ずしも科学の全部には通用しない。科学が進歩するにつれてその取り扱う各種の概念はだんだんに人々の五感と遠ざかってくる。したがって普通人間の客観とは次第に縁の遠いものになり、いわば科学者という特殊な人間の主観になってくるような傾向がある。近代理論物理学の傾向がブランクなどの言うごとく次第に「人間本位の要素」の除去にあるとすればその結果は一面においておおいに客観的であると同時にまた一面においてはおおいに主観的なものともいえないことはない。芸術界におけるキュービズムやフツリズムが直接五感の印象を離れた概念の表現を試みているのとかなり類したところがないでもない。

（寺田寅彦『科学者と芸術家』）

＊畢竟するに……要するに、結局は

(26)文中の空欄1〜4に入る語として適切な組み合わせは、次のうちどれですか。

	1	2	3	4
A	実践	価値	理論	実証
B	実践	評価	現実	理論
C	実践	評価	理論	実証
D	基底	価値	現実	理論
E	基底	評価	理論	実証

(27)芸術家が必要とするものについて、文中に述べられていることと合致するもの
は、次のうちどれですか。

　ア　観察力や分析的頭脳
　イ　空想力に裏付けられた旺盛な創造意欲
　ウ　想像を現実に変換する表現力

A アだけ　　**B** イだけ　　**C** ウだけ　　**D** アとイ　　**E** アとウ　　**F** イとウ

(28)絵そらごとについて、文中に述べられていることと合致するものは、次のうち
どれですか。

　ア　科学の中にも存在する
　イ　必ずしも偽造とはいえない
　ウ　分子の集団から成る物体を連続体と考えてこれに微分方程式を応用する
　　　ことである

A アだけ　　**B** イだけ　　**C** ウだけ　　**D** アとイ　　**E** アとウ　　**F** イとウ

(29) 文中の下線部「そう簡単な言葉で区別のできるわけではない」とあるが、その理由に当てはまらないものは、次のうちどれですか。

A 万人に普遍であるという意味での客観性ということは必ずしも科学の全部には通用しないから

B 科学の進歩につれて、その取り扱う概念は人々の五感と相通じたものになる傾向があるから

C 科学で扱われる概念は、もっぱら科学者という特殊な人間の主観に収束されていく傾向があるから

D 近代理論物理学の傾向が「人間本位の要素」の除去にあるならば、主観的なものといえるから

E 芸術界においても、キュービズムなどは直接五感の印象を離れた概念の表現を試みているから

(30) 本文の内容に合致するものは、次のうちどれですか。

A 芸術家は本来、科学者以上に絵そらごとを創出する能力を持ち合わせていなければならない

B ある作品が芸術的といえるかどうかは、ひとえに鋭利な観察力や分析力に負うものである

C 科学が成立するには仮説を必要とするが、芸術では現実をとらえたうえでの想像力を必要とする

D 絵そらごとにも、理論に基づき仮説を構築したものがあり、それが科学の成果を生み出す

E 芸術家にとっては、分子の集団を連続体ととらえる仕事は、絵そらごとの一つと考えられる

●次の文を読んで、（31）から（35）までの5問に答えなさい。

　一般に、私たちの日常においては、言葉は [＿＿] 「代用」の具に供されている。例えば、私たちが風景について会話を交わす、と、本来は話題の風景を事実に当って相手のお目にかけるのが最も分かりいいのだが、(1)その便利がないために、私たちは言葉を借りて説明する。この場合、言葉を代用して説明するよりは、一葉の写真を示すにしかず、写真に頼るよりは目のあたりに実景を示すに越したことはない。

　かように、代用の具としての言葉、すなわち、単なる写実、説明としての言葉は、文学とは称しがたい。なぜなら、写実よりは実物の方が本物だからである。単なる写実は実物の前では意味をなさない。単なる写実、単なる説明を文学と呼ぶならば、文学は、よろしく音を説明するためには言葉を省いて音譜をはさみ、蓄音機をはさみ、風景の説明にはまた言葉を省いて写真をはさみ、そしてよろしく文学は、トーキーの出現とともに消えてなくなれ。単に、人生を描くためなら、(2)地球に表紙をかぶせるのが一番正しい。

　言葉には言葉の、音には音の、そしてまた色には色の、おのおの代用とは別な、もっと純粋な、(3)絶対的な領域があるはずである。

　と言って、純粋な言葉とは言うものの、もちろん言葉そのものとしては同一で、言葉そのものに二種類あるというものではなく、代用に供せられる言葉のほかに、純粋な言葉があるはずのものではない。要するに、言葉の純粋さというものは、まったく一に、言葉を駆使する精神の高低によるものであろう。高い精神から生みだされ、選び出され、一つの角度を通して、代用としての言葉以上に高揚せられて表現された場合に、これを純粋な言葉と言うべきものであろう。

（坂口安吾『FARCEについて』）

（31）文中の に入れる言葉として最も適切なものは、次のうちどれですか。

A ときおり　　**B** 偶然　　**C** もっぱら　　**D** いちおう　　**E** 常に

（32）文中の下線部(1)「その便利がない」の本文中における意味として最も適切なものは、次のうちどれですか。

A 重要性が感じられない　　　　　**B** 非常に不都合なことだ
C 方法や手段が存在しない　　　　**D** 交通機関がない
E 何の役にも立たない

(33) 文中の下線部(2)「地球に表紙をかぶせる」の説明として最も適切なものは、次のうちどれですか。

 A 地球は、そのままでは文学にならないということ
 B 現実のあるがままのものを網羅して提示すること
 C 地球を保護するために、特別な対策を講じること
 D 地球を特別なものとして、崇拝の対象と考えること
 E 地球が、そこに住む人々と運命をともにすること

(34) 文中の下線部(3)「絶対的な領域」について、文中に述べられていることと合致するものは、次のうちどれですか。

 ア 素人には理解できない専門的境地
 イ その分野だけが持つ特性
 ウ 高揚した精神の世界

A アだけ **B** イだけ **C** ウだけ **D** アとイ **E** アとウ **F** イとウ

(35) この文の主旨を表す題として最も適切なものは、次のうちどれですか。

 A 写真と実景 **B** 説明としての言葉
 C 純粋な言葉 **D** 精神の高低
 E 文学の重要性

●次の文を読んで、(36)から(40)までの5問に答えなさい。

 国際社会が初めて環境問題を取り上げたのは、1972年の国連人間環境会議(「ストックホルム会議」)である。この会議は、先進国であるスウェーデンの呼び掛けがきっかけとなって開催された。同国では、当時、遠く西欧諸国の石炭火力発電所などが排出するばい煙によって引き起こされる酸性雨などの公害被害が顕在化しており、このような問題は他の先進国の間でも重大な社会問題となっていた。この時期から、先進国の間では、工業化による公害や開発による自然破壊は、地球環境に深刻な影響を及ぼすと認識されるようになった。他方、開発途上国では、未開発や貧困などが最も重要な人間環境の問題であると認識されており、その解決には一層の開発が必要であると主張し、先進国と鋭く対立した。ストックホルム

会議は、環境問題が国際問題であるとの認識を国際社会が初めて示したものではあったが、南北格差が地球環境問題においても深い影を落とすことを浮き彫りにした形となった。

　このころの社会的な背景には、地球を「宇宙船地球号」と呼ぶような、人口、資源など地球上ではあらゆる要素が複雑微妙に相互依存しており、これを一体のものととらえて協力して守っていかなければならないといった考え方があった。このような考え方を背景として、人間環境宣言（ストックホルム宣言）や環境国際行動計画が採択された。しかし、これらの宣言等では先進国と開発途上国のそれぞれの主張が並列的に盛り込まれることになった。

　環境政策と開発戦略を統合する枠組みを提供する考え方として提唱されたのが、1987年、ブルントラント委員会最終報告書「我ら共通の未来」における「　　　　開発」という考え方であった。「将来の世代のニーズを満たす能力を損なうことがないような形で、現在の世代のニーズも満足させるような開発」という、この考え方は、その後の地球環境保全のための取り組みの重要な道しるべとなっている。

　この考え方は、ストックホルム会議から20年を経た1992年の、のちに「地球サミット」と呼ばれる環境と開発に関する国際連合会議で採択された環境と開発に関するリオデジャネイロ宣言（リオ宣言）や、その具体的行動計画、さらにその10年後の2002年に開かれた持続可能な開発に関する世界首脳会議（ヨハネスブルグサミット）においても、受け継がれてきている。

(36)スウェーデンが会議の開催を提唱した理由として最も適切なものは、次のうちどれですか。

A 環境問題と、南北格差を一挙に解決することの困難さを広く国際的な共通認識にする必要があった

B 国連人間環境会議の提唱国としての責務を果たし、合わせて公害問題を世界に訴えようとした

C 酸性雨について、他の先進被害国と共同歩調をとって、加害国に解決を要求しようと企図した

D スウェーデンは、火力発電によるばい煙排出のために降る酸性雨の対策を提案する準備が整った

E 当時、スウェーデンは他国を原因とする公害に悩み、同様の問題を抱える先進国も存在していた

(37)ストックホルム会議について、文中に述べられていることと合致するものは、
　　　次のうちどれですか。

　　　ア　南北格差の深刻さを露呈した
　　　イ　開発途上国には先進国に譲歩せざるをえない事情があった
　　　ウ　環境問題の重要性を国際的にアピールすることに成功した

A　アだけ　　B　イだけ　　C　ウだけ　　D　アとイ　　E　アとウ　　F　イとウ

(38)開発途上国の主張について、文中に述べられていることと合致するものは、
　　　次のうちどれですか。

　　　ア　未開発や貧困について、先進国の援助が不可欠である
　　　イ　自然破壊からの地球環境保護は最優先の問題とはいえない
　　　ウ　環境政策と開発戦略を統合する枠組みをまず作るべきだ

A　アだけ　　B　イだけ　　C　ウだけ　　D　アとイ　　E　アとウ　　F　イとウ

(39)文中の　　　　　に入れる言葉として最も適切なものは、次のうちどれですか。

　　A　持続可能な　　　　　　B　忍耐を伴う
　　C　生存を保障する　　　　D　相互理解に基づく
　　E　相互依存に基づく

(39)本文の主題として最も適切なものは、次のうちどれですか。

　　A　国連人間環境会議の抱える課題
　　B　地球サミットの果たす重要な役割
　　C　スウェーデンの環境意識の先進性
　　D　相いれぬ環境政策と開発戦略
　　E　見えぬ南北格差問題解決の糸口

模擬試験

非言語能力問題

制限時間 **40**分

●次の説明を読んで、（1）と（2）の2問に答えなさい。

総額8000円で、同じ商品を何個か仕入れた。全部の商品を1個40円で売ると、全体で20%の利益があるが、全商品の何%かを1個40円で売り、残りの商品を1割引きで売ったため全体で17%の利益になった。

（1）商品は、全部でいくつありますか。

A 200個	**B** 210個	**C** 220個	**D** 230個	**E** 240個
F 250個	**G** 260個	**H** 270個	**I** 280個	**J** 300個

（2）1個40円で売った商品は全体の何%ですか。

A 20%	**B** 35%	**C** 40%	**D** 50%	**E** 55%
F 60%	**G** 75%	**H** 80%	**I** 85%	**J** 90%

●次の（3）と（4）の2問に答えなさい。

男子7人、女子4人からなる合計11人のグループの中から4人の委員を選ぶとき、次の各問に答えなさい。

（3）委員の中に女子が少なくとも1人入る選び方は何通りありますか。

A 198通り	**B** 200通り	**C** 220通り
D 231通り	**E** 245通り	**F** 295通り

（4）男子が2人、女子が2人の同数になる選び方は何通りありますか。

A 59通り	**B** 98通り	**C** 126通り
D 134通り	**E** 177通り	**F** 210通り

●次の(5)と(6)の2問について、それぞれ答えなさい。

(5) X町からY町まで行くのに、3つの区間に分けられており、各区間の距離は等しいとする。区間イは上りの区間で速さ毎時3km、区間ロは平らな区間で毎時9km、区間ハは下りの区間で毎時18kmで行くとすると、3つの区間の平均の速さはいくらですか。

A 6km/h　　　**B** 6.5km/h　　　**C** 7.2km/h　　　**D** 8km/h
E 8.4km/h　　**F** 9km/h　　　　**G** 10km/h　　　**H** AからGとは違う値

(6) 流速が毎時2kmの川で、4km離れた2地点間を船で往復する。下るときは、上るときより30分早く到着するとすれば、この船の静水中での速さは次のうちどれですか。

A 5km/h　　**B** 5.5km/h　　**C** 6km/h　　**D** 6.5km/h
E 7km/h　　**F** 8.4km/h　　**G** 9km/h　　**H** AからGに正解なし

●次の説明を読んで、(7)から(9)の3問に答えなさい。

あるスーパーでは、ある商品について、現在の在庫数のほかに毎日50個の商品を入荷しています。これを毎日一定の個数ずつ売り続けると、40日でちょうど売り切れます。もしも、1日当たりの販売数が50%増えると、20日でちょうど売り切れてしまいます。

(7) 現在の在庫数はいくつありますか。

A 1000個　　**B** 1500個　　**C** 2000個　　**D** 2500個　　**E** 3000個　　**F** 3500個

(8) 1日当たりの販売数が10%減少したら、何日でちょうど売り切れますか。

A 30日　　**B** 32日　　**C** 40日　　**D** 45日　　**E** 50日　　**F** 55日

(9) 1日当たりの販売数が25%増えたとしても、40日間で売り切れるようにするには、毎日の入荷数を現在の何%増しにすればいいですか。

A 25%　**B** 30%　**C** 36%　**D** 40%　**E** 48%　**F** 50%　**G** 56%

●次の説明を読んで、（10）と（11）の2問に答えなさい。

ある会社が土地を購入するに当たり、購入総額の $\frac{1}{4}$ を手付金として支払いました。受け渡し時に残額の $\frac{1}{5}$ を支払いました。なお、分割に対する利息などは考慮しない。

（10）この時点での支払い残高は購入総額のどれだけに当たりますか。

A $\frac{1}{4}$　　B $\frac{1}{2}$　　C $\frac{3}{10}$　　D $\frac{13}{20}$　　E $\frac{3}{5}$　　F $\frac{17}{20}$　　G $\frac{9}{10}$

（11）支払い残高を10回の均等払いにした場合、4回目を支払った後、今までの支払い総額は購入総額のどれだけに当たりますか。

A $\frac{1}{50}$　　B $\frac{4}{25}$　　C $\frac{11}{50}$　　D $\frac{19}{50}$　　E $\frac{2}{5}$　　F $\frac{19}{50}$　　G $\frac{16}{25}$　　H $\frac{47}{50}$

●次の説明を読んで、（12）と（13）の2問に答えなさい。

ある企業では採用から n 年後のパートの時給 $k(n)$ を次のように計算している。
$k(n)=k(n-1)+50n$ 　　　$(k>0)$
採用時 $n=0$ のとき、$k(0)=a$ として計算する。(a＝採用時の時給)

（12）採用時の時給が1000円のとき、2年後の時給はいくらですか。

A 1000円　　　B 1100円　　　C 1150円　　　D 1200円

E 1250円　　　F 1300円　　　G 1350円　　　H 1400円

（13）Xは、2年前に時給900円で働き始めている。今回、新しく入り、時給1000円で働き始めたYの時給と、Xの時給が400円以上の差になるのはYの採用から何年後ですか。

A 1年後　　　B 2年後　　　C 3年後　　　D 4年後

E 5年後　　　F 6年後　　　G 7年後　　　H AからGのいずれでもない

●次の(14)について答えなさい。

(14)小学生にある携帯ゲームの保有率を調査したところ、37%は持っていた。小
　　学生全体のうち男子は55%であり、男子の保有率は40%だった。女子の保有
　　率は何%ですか（必要なときは、最後に小数第2位を四捨五入しなさい）。

A 32%　　　　**B** 33.3%　　　**C** 34.6%　　　**D** 35.6%

E 37.5%　　　**F** 38%　　　　**G** 38.6%　　　**H** 39.5%

●次の(15)と(16)の2問に答えなさい。

あるホテルは修学旅行の生徒に割引を実施している。通常料金は1泊8000円だ
が、人数が100人以下の場合は通常料金の1割引き、100人を超えた人数分は2割
引きになる。

(15)180名の団体で宿泊する場合の1泊の総額はいくらですか。

A 890000円　　　**B** 980000円　　　**C** 1000000円　　　**D** 1020000円

E 1123000円　　**F** 1232000円　　**G** 1344000円　　**H** 1600000円

(16)この割引制度を利用して1泊したところ、1人7040円の均一料金で利用でき
　　た。何人で宿泊したでしょうか。

A 90人　　　　**B** 125人　　　**C** 130人　　　**D** 150人

E 155人　　　**F** 160人　　　**G** 165人　　　**H** 180人

●次の(17)について答えなさい。

(17)O、P、Q、Rの4人の数学のテストの順位について、以下のことが分かって
　　いる。

Ⅰ）QはOよりも順位がよかった

Ⅱ）Rの点数はOとPの点数の平均点と同じである

Ⅲ）同じ点数の者はいない

次の中で、Qの順位として必ずしも誤りとはいえないものはどれですか。

1　1番	2　2番	3　3番	4　4番
A　1だけ	**B**　2だけ	**C**　3だけ	**D**　4だけ
E　1と3	**F**　2と4	**G**　1と2と3	**H**　1と3と4

●次の(18)について答えなさい。

(18) a〜fの6チームが、下図のトーナメントで試合を行った。そのとき次のことが
　　 分かっている。

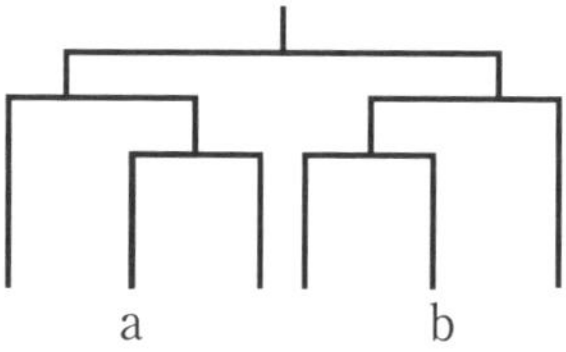

・aはdに勝った
・fはcに勝った
・eは準優勝だった

次のうち確実にいえることはどれですか。

A　aは2勝した	**B**　bは2勝した	**C**　cはeと対戦した
D　dは2勝した	**E**　eはbと対戦した	**F**　fは優勝した

●次の説明を読んで、(19)と(20)の2問に答えなさい。

下の表はS、T、Uの3つの都市の人口密度（1km²当たりの人口）を示している。
S市の面積はU市の面積の $\frac{1}{2}$、T市の面積はSの面積の $\frac{2}{3}$ である。

市	人口密度
S	500人/km²
T	750人/km²
U	500人/km²

(19)次の推論ア、イの正誤を考えて適切なものを1つ選びなさい。

　　ア　U市の人口はS市の人口の2倍である
　　イ　S市とT市を合わせた地域の人口はU市の人口と等しい

A　アもイも正しい
B　アは正しいが、イはどちらともいえない
C　アは正しいが、イは誤り
D　アはどちらともいえないが、イは正しい
E　アはどちらともいえないが、イは誤り
F　アもイもどちらともいえない
G　アは誤りであるが、イは正しい
H　アは誤りであるが、イはどちらともいえない
I　アもイも誤り

(20)次の推論ウ、エの正誤を考えて適切なものを1つ選びなさい。

　　ウ　T市とU市を合わせた地域の人口密度はS市の人口密度より大きい
　　エ　3市を合わせた地域の人口密度は550人より大きい

A　ウもエも正しい
B　ウは正しいが、エはどちらともいえない
C　ウは正しいが、エは誤り
D　ウはどちらともいえないが、エは正しい
E　ウはどちらともいえないが、エは誤り
F　ウもエもどちらともいえない
G　ウは誤りであるが、エは正しい
H　ウは誤りであるが、エはどちらともいえない
I　ウもエも誤り

●次の説明を読んで、（21）から（23）までの3問に答えなさい。

(21)A〜Fの6人が水泳大会決勝に出場し、Eが優勝した。同着はいなかった。以下
　　のことが分かっているとき、Dの順位として考えられるすべてを選びなさい。
①AはCより先にゴールし、両者の間に1人いた。
②Bの後にCがゴールした。

③FはEの次にゴールした。

1 1位	2 2位	3 3位	4 4位	5 5位	6 6位

A 1だけ	**B** 3だけ	**C** 5だけ	**D** 6だけ
E 1と3	**F** 3と5	**G** 1と3と6	**H** 3と5と6

(22) A～Eの5人のテスト結果において、以下のことが分かっているとき、Dの順位
　　として考えられるすべてを選びなさい。同点はいなかった。

①BはAより良かった。

②CはDより良かった。

③EはBより悪く、Aより1順位良かった。

1 1番	2 2番	3 3番	4 4番	5 5番

A 1だけ	**B** 2だけ	**C** 3だけ	**D** 4だけ
E 5だけ	**F** 2と5	**G** 2と3と5	**H** 3と5と6

(23) A～Dの4人の数学のテストの順番について、以下のことが分かっているとき、
　　Cの順番として考えられるすべてを選びなさい。

①CはAよりも順番が良かった。

②Dの点数はAとBの点数の平均点と同じである。

③同じ点数の者はいない。

1 1番	2 2番	3 3番	4 4番

A 1だけ	**B** 2だけ	**C** 3だけ	**D** 4だけ
E 1と3	**F** 2と4	**G** 1と2と3	**H** 1と3と4

●次の説明を読んで、(24)と(25)の2問に答えなさい。

インターネット接続業者のX社とY社の1カ月当たりの利用料金は、利用時間によって下の表のようになっている。ただし、利用時間は分を単位とし、1分未満は切り上げるものとする。

X社	利用時間1分につき4円(基本料金は0円)。
Y社	1カ月の利用時間が150分以下のときには、500円の基本料金のみ。1カ月の利用時間が150分を超えたときには、超えた時間1分につき、3円を基本料金に加算。

(24) 1カ月の利用時間の増加に伴う利用料金の変化の様子をグラフに表したとき、Y社に当てはまるものを、A～Eから選びなさい。ただし、横軸は利用時間、縦軸は利用料金を表すものとする。

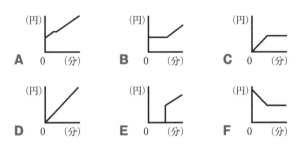

(25) Y社の利用料金がX社の利用料金より安くなるのは、1カ月の利用時間が何分を超えるときからですか。

A 115分　**B** 120分　**C** 125分　**D** 130分　**E** 135分　**F** 140分

●ある薬品をつくるに当たり、薬品A、Bのグラム数について、次のように定めた。
(26)と(27)の2問に答えなさい。

　条件ア　Aの量は10g以上にすること
　条件イ　Aの量は30g以下にすること
　条件ウ　Bの量は10g以上にすること
　条件エ　Bの量は30g以下にすること
　条件オ　AとBの合計は55g以下にすること

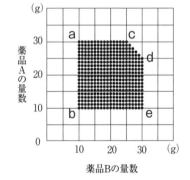

　右図は、Aの量数を縦軸にBの量数を横軸
にとって図示したものである。
　図点は上記条件のすべてを満たす
組み合わせを表す。

(26) 点cと点dでつくる直線は、上記条件のどれを示しますか。

A ア　　**B** イ　　**C** ウ　　**D** エ　　**E** オ　　**F** すべて違う

(27) 薬品の1グラム当たりの価格が下記のとき、点a、点b、点c、点d、点eのうち価格が300円以上になるのはどれですか。

薬品A ＠5円　　薬品B ＠8円

A 点aと点b　　　**B** 点bと点c　　　**C** 点bと点e
D 点cと点d　　　**E** 点bと点cと点e　　　**F** 点cと点dと点e

●次の説明を読んで、(28)から(30)までの3問に答えなさい。

S、Tを含む9人で買い物に行く2人を決めるため、9本のうち当たりくじが2本入っているくじを引くことにした。引く順番は最初にSが、2番目にTが引くことにした。

(28) くじを順番に引き、引いたくじを戻さないとき、SとTがともに当たる確率はいくつですか。

A $\frac{1}{36}$　**B** $\frac{1}{18}$　**C** $\frac{5}{36}$　**D** $\frac{7}{36}$　**E** $\frac{2}{9}$　**F** $\frac{5}{18}$　**G** $\frac{4}{9}$　**H** $\frac{7}{9}$

(29) くじを順番に引き、引いたくじを戻さないとき、SかTどちらか一方だけが当たる確率はいくつですか。

A $\frac{1}{36}$　**B** $\frac{1}{18}$　**C** $\frac{1}{9}$　**D** $\frac{7}{36}$　**E** $\frac{2}{9}$　**F** $\frac{11}{36}$　**G** $\frac{7}{18}$　**H** $\frac{7}{9}$

(30) くじを順番に引き、引いたくじを戻さないとき、2番目に引くTが当たる確率はいくつですか。

A $\frac{1}{36}$　**B** $\frac{1}{18}$　**C** $\frac{7}{36}$　**D** $\frac{3}{7}$　**E** $\frac{2}{9}$　**F** $\frac{1}{3}$　**G** $\frac{7}{18}$　**H** $\frac{2}{3}$

模擬試験

第2回 言語能力問題

制限時間
30分

●(1)から(8)までの8問では、まず(例)で示された2語の関係を考え、これと同じ関係を示す対を選びなさい。

(例)格闘技：相撲

ア　文字：ひらがな　　　イ　天気：曇り　　　ウ　将棋：ゲーム

A アだけ	**B** イだけ	**C** ウだけ
D アとイ	**E** アとウ	**F** イとウ

　この例では、相撲は格闘技の一種であり、対の左側にある格闘技が右側にある相撲を<u>含む</u>という関係にあります。これと同じ関係の対は、アの「文字：ひらがな」とイの「天気：曇り」になります。ウの「将棋：ゲーム」は、対の左側にある「将棋」が右側にある「ゲーム」に<u>含まれる</u>ため、「格闘技：相撲」と同じ関係とはいえません。よって、Dを選ぶのが最も適切です。

　例にならって、以下の8問について、AからFの中から最も適切なものを1つずつ選びなさい。なお、各問いでは、(例)の2語の関係はさまざまであり、必ずしも上の例と同じものとは限らないことに注意しなさい。

(1)(例)消防士：鎮火

　　ア　看護師：国家試験
　　イ　絵かき：芸術家
　　ウ　船員：航海

A アだけ	**D** アとイ
B イだけ	**E** アとウ
C ウだけ	**F** イとウ

(2)(例)時計：秒針

　　ア　シャツ：ポケット
　　イ　扇風機：タイマー
　　ウ　冷蔵庫：保存

A アだけ	**D** アとイ
B イだけ	**E** アとウ
C ウだけ	**F** イとウ

(3) (例)ボールペン：筆記

    ア 自転車：移動
    イ 自動車：シートベルト
    ウ 運搬：キャリーバッグ

  A アだけ   **D** アとイ
  B イだけ   **E** アとウ
  C ウだけ   **F** イとウ

(4) (例)一円玉：貨幣

    ア にがうり：野菜
    イ 文房具：消しゴム
    ウ ライフル銃：射撃

  A アだけ   **D** アとイ
  B イだけ   **E** アとウ
  C ウだけ   **F** イとウ

(5) (例)鎮痛剤：薬品

    ア 図書館：書庫
    イ 掃除機：家電製品
    ウ 電子レンジ：解凍

  A アだけ   **D** アとイ
  B イだけ   **E** アとウ
  C ウだけ   **F** イとウ

(6) (例)噴水：公園

    ア 銀行：金融機関
    イ キャタピラー：ブルドーザー
    ウ ベランダ：マンション

  A アだけ   **D** アとイ
  B イだけ   **E** アとウ
  C ウだけ   **F** イとウ

(7) (例)ダイヤル：ラジオ

    ア 開閉ボタン：エレベーター
    イ 浴室：シャワー
    ウ レンズ：カメラ

  A アだけ   **D** アとイ
  B イだけ   **E** アとウ
  C ウだけ   **F** イとウ

(8) (例)のり：接着

    ア 柔道：オリンピック種目
    イ 望遠鏡：天体観測
    ウ 冷房：エアコン

  A アだけ   **D** アとイ
  B イだけ   **E** アとウ
  C ウだけ   **F** イとウ

●(9)から(11)までの3問では、各問いのはじめにあげた言葉と意味が最も近いものを、(12)から(14)までの3問では意味が反対になるものを、AからEまでの中から1つずつ選びなさい。

(9)博愛

A 偏愛
B 打算
C 純愛
D 背信
E 別離

(10)有名

A 功名
B 美名
C 俗名
D 襲名
E 著名

(11)狡猾

A 鈍感
B 愚直
C 正統
D 背反
E 容認

(12)露骨

A 婉曲
B 丁寧
C 推察
D 遠戚
E 無骨

(13)吉報

A 風水
B 快調
C 速報
D 朗報
E 悲報

(14)いとけない

A しらじらしい
B しおらしい
C がんぜない
D しどけない
E いたたまれない

●(15)から(19)までの5問では、各問いのはじめにあげた言葉と意味が最もよく合致するものを、AからEまでの中から1つずつ選びなさい。

(15)食傷

A 食べ物が腐敗して食べられない
B 突然の事態に対処できない
C 慣れないものを食べて腹をこわす
D 同じことの繰り返しでうんざりする
E 相手の心変わりに痛手を負う

(16)白眉

A すっかり年老いた状態
B 同類の中で抜きん出ること
C 降伏の意思を表明すること
D 温厚な性格のこと
E 雪山が見えること

(17) おもはゆい

  A　初めてなので緊張する
  B　相手が立派なので圧倒される
  C　勘違いをしてしまう
  D　顔を合わせるのが照れくさい
  E　腰をあげるのが面倒だ

(18) やぶさかでない

  A　専門家とはいえない
  B　迷惑をかけない
  C　常識がない
  D　物事をよく知らない
  E　努力を惜しまない

(19) 仄聞

  A　うわさなどを小耳にはさむ
  B　何度聞いても覚えられない
  C　根掘り葉掘り質問する
  D　全くの他人事として聞く
  E　概略だけを聞いて判断する

● (20)から(25)までの6問では、各問いのはじめにあげた文と意味が最もよく合致する言葉を、AからEまでの中から1つずつ選びなさい。

(20) 日ごろ健康な人が珍しく病気になること

  A　柳に風
  B　鬼の矢幹
  C　柳の雪折れ
  D　鬼の霍乱
  E　鬼の念仏

(21) いつまでも変わらないこと

  A　鷹揚
  B　有情
  C　普遍
  D　普及
  E　不易

(22) 他人の心中を推察すること

  A　邪心
  B　忖度
  C　節介
  D　忸怩
  E　慇懃

(23) 自由を束縛すること

  A　震撼
  B　桎梏
  C　慷慨
  D　浩瀚
  E　翻意

(24) 集団の中心になる人

  A　領袖
  B　先達
  C　先人
  D　泰斗
  E　監督

(25) 物の具合や調子

  A　割愛
  B　悉皆
  C　平坦
  D　塩梅
  E　怪訝

●次の文を読んで、（26）から（30）までの5問に答えなさい。

　外来語の整理、統制ということには反対の意見もある。第一の反対理由は、我々の日常使用している言語の大部分は外来語であるから今更、外来語を不浄扱いして排斥しないでもよかろうというのである。これは一理あるようであるが、漢語や梵語の輸入された時代の日本と現代の日本との文化の程度の相違ということを考慮に入れるならば決して一律には論じられないと思う。原始的状態にあった昔の日本が外来語を入れたからといって、現代の日本も外来語に対して無抵抗主義を取れという理窟は立たない。まして東洋と西洋ということには文化的に大きい相違がある。東洋語としての日本語の統体が欧米語によって煩わされること今日のごとく甚しい場合に、我々の日用語が大部分外来語だといって無関心をきめ込むのは識見においていささか欠けるところがありはしないだろうか。

　第二の反対理由は、特殊な語感が日本語では出ない場合があるという点である。たとえば「デー」は「日」よりも、「ゴー・ストップ」は「進め、止まれ」よりも語感が強くて効果的である。「テロ」を「恐怖手段」といい、「ギャング」を「殺人強奪隊」といっては感じが出ない。外国の文化が新しくはいってくれば、外国語もそれに伴ってはいるのが当然である。西洋文明に対して広く門戸を開いている日本の現状では外来語の排斥は到底できないというのである。この理由はかなり強い反対理由である。殊にある種の語は特殊の情調を備えていて外来語として受け入れるより他に方法のないと考えられるものもある。私といえども一切の外来語を全部排斥せよなどと極端なことをいうのではない。そのようなことはいってみたところで決して行われ得ることではない。

　第三の反対理由は言語の世界にも適者生存の自然淘汰が行われている、人為的な強制などでは、言語の改廃は困難であるというのである。ガラスだのベルだのコップだのは生活上の必要から言馴れてもうすっかり落ついてしまったではないか。便利が中心であるから外来語でもほっておけば完全に同化されてしまう。また社会民衆は賢明であるから不用な外来語は時の経過と共に廃滅する。こういうのである。この言語学上の事実は私もある程度において認めはするが、この事実を理由として外来語の統制に反対する自由主義の立場に賛意を表することは私にはできない。

　いったん、外来語が社会的識閾へ上って常識化されてしまうと便利であるから誰しも使うようになる。それ故に常識化されるまでに一般的通用を阻止することに全力をそそがなくてはならない。そして不幸にも既に言語の通貨となりすましてしまっ

たならば贋金を根絶することに必死の努力を払うべきである。失望するには当らない。「オードゥーヴル」は「前菜」に殆ど駆逐されたかたちである。「ベースボール」は「野球」に完全に駆逐されてしまった。これらの事実は我々に勇気と希望とを与える。新しい言語内容に関して外国語をそのまま用いればなるほど一番世話はない。好奇心を満足させることも事実である。しかしそれではあまりにも自国語に対する愛に欠けている。

　生活と密接な具体的関係にある言葉は雰囲気の情調を満喫していて他国語への翻訳が困難であるには相違ないが、それも程度の問題であって、□□□□へ向って出来得る限りの努力が払われなくてはならない。知識階級が全面的に誠意ある努力をこの点に払うならば必ず社会民衆が納得して使用するような新鮮味ある訳語が出来てくると信ずる。　　　　　　　　　　　　　（九鬼周造『外来語所感』）

(26)本文冒頭に「外来語の整理、統制ということには反対の意見もある」とあるが、これに対する作者の考えや本文の構成と合致するものは、次のうちどれですか。

　A　「反対の意見」にほぼ全面的に賛同して論を展開している
　B　「反対の意見」とは逆の立場をとって論を展開している
　C　「反対の意見」も参考にしつつ自己の意見を固めようとしている
　D　「反対の意見」を土台にして、よりレベルの高い論を展開している
　E　「反対の意見」を基にして異なった話題への転換を図っている

(27)漢語や梵語の輸入された時代の日本について、文中に述べられていることと合致するものは、次のうちどれですか。

　ア　言語的には原始的状態にあった時代
　イ　日本語の統体が煩わされていた時代
　ウ　外来語を不浄扱いして排斥していた時代

A アだけ　　**B** イだけ　　**C** ウだけ　　**D** アとイ　　**E** アとウ　　**F** イとウ

(28) 自由主義の立場について、文中に述べられていることと合致するものは、次の
うちどれですか。

　　ア　賢明な社会民衆は不用な外来語は時の経過と共に廃滅すると考える
　　イ　言語の世界にも適者生存の自然淘汰が行なわれていると考える
　　ウ　贋金を根絶することに必死の努力を払おうとする

A アだけ　　**B** イだけ　　**C** ウだけ　　**D** アとイ　　**E** アとウ　　**F** イとウ

(29) 新鮮味ある訳語として適切なものは、次のうちどれですか。

　　ア　恐怖手段　　　　イ　前菜　　　　ウ　野球

A アだけ　　**B** イだけ　　**C** ウだけ　　**D** アとイ　　**E** アとウ　　**F** イとウ

(30) 文中の ☐ に入れる言葉として最も適切なものは、次のうちどれですか。

　　A 外来語の全面排斥
　　B 新しい日本語の創出
　　C 日本語の国際化
　　D 日本人の言語再教育
　　E 外来語の国訳

●次の文を読んで、(31)から(35)までの5問に答えなさい。

　少子化の流れが変わり、出生率が上昇に転じたとしても、その効果が人口の増
加として現れるまでには時間が必要であり、当面我が国の人口が減少することは
避けられないものといわざるをえない。これからの我が国は、人口減少・少子高齢
化に伴い労働力が減少し、☐ 中で、社会の活力を維持し、豊かな生活がおく
れる社会を実現し、安定的な未来へとつなげていかなければならない。
　一方、世界に目を転じると、全体として人口増大の基調が続く中、環境問題、
食糧問題、資源・エネルギー問題などの地球規模の課題は、我々に20世紀型の
大量生産・大量消費・大量廃棄の文明からの転換を迫っている。
　このような課題の解決に、科学技術はどのように関わるのであろうか。
　天然資源に乏しく国土の狭い我が国はこれまで、教育水準の高い人的資源と

それに支えられた高い技術力で豊かさを実現してきた。今後は、国際競争が一層激化する中で、人口構造の変化に対応しつつ、国民の生活水準の維持向上と、精神的なものも含めた豊かさを実現するとともに、国際的な競争力を維持しつつ付加価値の高い製品やサービスを世界に向けて提供していく必要がある。また、地球環境問題など地球規模の問題の解決にも積極的に貢献していくことが求められており、科学技術が果たすべき役割はますます大きくなるものと考えられる。

科学技術の発展を支える基盤は、まず何よりも科学技術に携わる「人」の力である。グローバル化が進展する中で、各国とも科学技術関係人材の確保に向けた取り組みを強めており、世界的な人材獲得競争ともいうべき様相を呈している。我が国では、経済成長や産業構造の変化によっては、研究者・技術者が2030年ごろには100万人以上不足する可能性があるとの試算もあり、人口減少・少子高齢化が進行する中で、科学技術関係人材の量と質の確保のための取り組みを今後一層進める必要がある。また、知識基盤社会を迎えるとともに、科学技術が生活のあらゆる場面に影響を及ぼすようになる中で、人々の科学技術に対する理解・関心、共感と信頼を醸成していくことが必要である。

人口減少・少子高齢化という状況の中で、「人間力」の向上、「科学技術創造立国」は、我が国の進むべき道を示すものとして一層重大な意義を持つに至っているのである。

国際的な競争が激化する中で、国力の源泉ともいえる人口の減少に直面することは、我が国にとって大きな課題である。しかしながら、上に述べた地球規模の課題への対応にはもはや時間的猶予はなく、また、先進諸国やアジアの諸国を中心に他の国々も近い将来人口減少に直面することが予測されている。

このような時期に当たり、我が国が人口減少・少子高齢化への対応を未来社会に向けた挑戦の機会ととらえ、世界に先駆けて課題解決に取り組むことにより、人口減少・少子高齢化に対応した新たな社会システムを実現し、豊かで持続可能な社会の姿を世界に示すことができるならば、今後同様の課題に直面する国々に対してモデルを提示できる機会ともなる。

さらに、豊かで安定的な社会を築くことは、人々が将来に希望を持ち、子どもを生み育てることに夢を持てる社会を実現することにもつながり、少子化の流れを変えることにも資するものと考えられる。もとより社会の変化は、各種の社会制度や個人の考え方など様々な要素が関わっており、科学技術はその一部に過ぎないが、しかし、重要な一部である。

（2006年度版『科学技術白書』）

(31) 文中の ▢ に入れる言葉として最も適切なものは、次のうちどれですか。

    A 外国人労働者への依存率が高まる

    B 経済危機の克服が急務とされる

    C 子どもや若者の人口が減少していく

    D 高齢者の福祉対策整備が急がれる

    E 自然保護と開発の両立が求められる

(32) 科学技術の発展を支える基盤にあげられているものは、次のうちどれですか。

    ア 人々の科学技術に対する理解・関心や共感と信頼

    イ 生活のあらゆる場面に利便性を発揮する技術の開発

    ウ 科学技術関係人材の確保

A アだけ   **B** イだけ   **C** ウだけ   **D** アとイ   **E** アとウ   **F** イとウ

(33) 我が国の直面している大きな課題としてあげられているものは、次のうちどれですか。

    ア 人口の減少

    イ 環境問題、食糧問題などの地球規模の問題

    ウ グローバル化のさらなる進展

A アだけ   **B** イだけ   **C** ウだけ   **D** アとイ   **E** アとウ   **F** イとウ

(34) 人口減少の対策として提示されているものは、次のうちどれですか。

    A 各種の社会制度や様々な個人の考え方などの合意

    B 同様の課題に直面する国々に対してモデルを示すこと

    C 国際競争を勝ち抜くだけの高い技術力を持つ人材の養成

    D 先進諸国やアジアの諸国との人口問題の共同研究

    E 豊かで安全的な社会を築いていくこと

(35)この文の主旨を表す題として最も適切なものは、次のうちどれですか。

    A 科学技術発展の果たす世界的意義
    B 少子高齢化への対応と科学技術の役割
    C 科学技術普及への具体的プラン
    D 人口減少対策の具体的提案
    E 少子高齢化の世界的潮流

●次の文を読んで、(36)から(40)までの5問に答えなさい。

　地球温暖化対策として、日本政府の二酸化炭素削減目標とその実施案が経済産業省と環境省のそれぞれから相次いで発表されている。

　経済産業省は、温暖化ガスの排出を2020年までに、2005年と比較して15%減らす中期目標の達成に向けた具体策を発表した。2005年の二酸化炭素の国内排出量は約13億5000万トンで、15%減の達成のためには約2億トンを減らす必要がある。経産省の対策案は、住宅やビルの省エネで3800万トン、ハイブリッド車などの次世代自動車の普及で2100万トン、省エネ家電の普及で1700万トンを削減するというものである。具体的には、最も厳しい省エネ基準の新築住宅の割合を現在の4割前後から8割に引き上げ、今後消費者が購入する家電をすべて省エネ機器にすることなどを示した。しかし、こうしたすべての対策を取り入れると、追加負担は一世帯あたり500万円前後に達すると試算されている。

　一方、環境省は、温室効果ガスを2050年に2005年比80%以上削減するための政策ビジョンを発表した。2009年7月の主要国首脳会議（G8サミット）で「先進国全体で80%以上削減」との長期目標に合意したのを受け、環境相の私案として提示したものである。わが国では、欧州各国と異なり、途上国から購入する排出枠を自国分の削減率に加える制度は使わない。純粋に国内の削減努力で達成を目指す考えで、環境省は「見劣りしない数値」としている。ここでは、太陽光発電容量の大幅増やエコカーへの全面切り替えなどにより、経済成長を続けながら目標達成は可能と結論づけた。

　ビジョンでは、電力などエネルギー産業で技術革新を推し進め、二酸化炭素の排出を減らす「経済発展・技術志向型」と、太陽光など自然エネルギーの利用促進に重点を置く「地域重視・自然志向型」の二つのシナリオを検証した。どちらのシナリオも人口は自然減などを加味して1億人程度と仮定している。2050年80%減を達

成するために、すべての住宅やビルを高断熱化し、すべての自動車を電気やバイオ燃料を使うエコカーに切り替えるとしている。また、電車など公共交通機関の利用が約10%増えると想定している。

さらに「経済発展型」では、すべての火力発電所や鉄鋼生産の高炉に二酸化炭素を地中に封じ込める設備など最新技術を導入する。「地域重視型」では、木材利用などを増やすことで鉄鋼の生産量を約40%減らし、□□□ の供給割合は40%に増えるとした。

2050年の削減量について政府は2008年7月に「現状から60〜80%減」の目標を閣議決定している。環境相は「この目標を80%減以上に修正する必要がある」と主張したが、そのためには「国内排出量取引制度や環境税の導入などの政策誘導が必要」と述べている。

(36) 経済産業省における中期目標達成のための具体案として、文中に述べられていることと合致するものは、次のうちどれですか。

　　ア　住宅新築の抑制
　　イ　次世代自動車の普及
　　ウ　低消費電力家電の推進

A アだけ　　　　　**B** イだけ　　　　　**C** ウだけ
D アとイ　　　　　**E** アとウ　　　　　**F** イとウ

(37) 二酸化炭素などの温室効果ガスの削減目標について、文中に述べられていることと合致するものは、次のうちどれですか。

　　ア　経済産業省は、2020年に2005年比50%以上の削減を目指す
　　イ　主要国首脳会議では、先進国全体で80%以上削減の中期目標に合意した
　　ウ　環境省は、2050年に2005年比80%以上の削減を目指す

A アだけ　　　　　**B** イだけ　　　　　**C** ウだけ
D アとイ　　　　　**E** アとウ　　　　　**F** イとウ

(38) 環境省の二酸化炭素削減案として、文中に述べられていることと合致するものは、次のうちどれですか。

　　ア　すべての自動車をハイブリッド車にする
　　イ　自然エネルギーの利用を促進する
　　ウ　エネルギー産業における技術革新を進める

A アだけ　　　　　**B** イだけ　　　　　**C** ウだけ
D アとイ　　　　　**E** アとウ　　　　　**F** イとウ

(39) 文中の下線部「ここ」の指すものとして最も適切なものは、次のうちどれですか。

A 見劣りしない数値　　**B** 環境省　　　　**C** 国内の削減努力
D 主要国首脳会議　　　**E** 政策ビジョン

(40) 文中の ☐☐☐ に入れる言葉として最も適切なものは、次のうちどれですか。

A 二酸化炭素　　　　**B** 電力　　　　　**C** バイオ燃料
D 自然エネルギー　　**E** 国内排出量取引

模擬試験

非言語能力問題

制限時間
40分

●次の説明を読んで、（1）と（2）の2問に答えなさい。

ある人が本を読み始めた。1日目に全体の $\frac{1}{4}$ を読み、2日目には残りの $\frac{2}{5}$ を読み、3日目に207ページを読んだら、本を読み終えることができた。

（1）2日目までに読んだページは全体のどれだけに当たりますか。

A $\frac{1}{6}$ 　　B $\frac{3}{10}$ 　　C $\frac{8}{15}$ 　　D $\frac{11}{20}$ 　　E $\frac{3}{5}$

F $\frac{10}{30}$ 　　G $\frac{2}{3}$ 　　H $\frac{18}{25}$ 　　I $\frac{3}{4}$ 　　J AからIのいずれでもない

（2）この本は全部で何ページありますか。

A 388ページ　　B 398ページ　　C 410ページ　　D 436ページ

E 443ページ　　F 460ページ　　G 485ページ　　H 502ページ

I 530ページ　　J AからIのいずれでもない

●次の（3）と（4）の2問について、それぞれ答えなさい。

（3）3000円で仕入れた品物に、仕入れ値の20%の利益を見込んで定価をつけたが、売れないので定価の20%引きで販売することにした。いくらで売ることになりますか。

A 2880円　　B 2920円　　C 3000円　　D 3060円　　E 3120円　　F 3240円

（4）原価1200円の品物を定価の15%引きで売ると、95円の損になる。定価はいくらですか。

A 1200円　　B 1300円　　C 1400円　　D 1500円　　E 1600円　　F 1700円

●次に示した資料を使って、(5)から(7)までの3問に答えなさい。

<資料>

		専門の得点					
		5点	6点	7点	8点	9点	10点
教養の得点	5点	1					
	6点		7		2		
	7点			7	4	2	
	8点		1	4	3	2	
	9点			2	5	3	2
	10点			1	3		1

上記表はあるクラスの学生50人の教養と専門のテスト結果の相関表です。

(5)専門の成績が教養の成績より良かった学生は何人ですか。

A 12人   E 25人
B 16人   F 28人
C 20人   G 29人
D 22人

(6)教養と専門の合計得点の最頻値(最も多い値)は何点ですか。

A 10点   E 15点
B 11点   F 16点
C 12点   G 17点
D 14点   H 18点

(7)教養で8点以上とった学生の専門の平均点は何点ですか。
（必要であれば小数第3位を四捨五入する）

A 6.00点   E 8.00点
B 6.90点   F 8.07点
C 7.92点   G 8.29点
D 7.93点   H 8.34点

●次に示した資料を使って、(8)から(10)までの3問に答えなさい。

下図において、例①のように、右に1つ移動することをx、右に1つ上に1つ移動することをy、右に1つ上に2つ移動することをzで表すことにする。同じ方向に進む場合にはその回数をx、y、zの前に付けて表し、逆方向に進む場合には−（マイナス）を付ける。例えば、例②において、点Pから点Qへの移動は、$2y$あるいは$x+z$という形で表される。

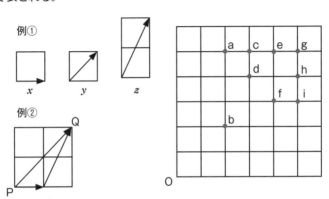

(8) 座標平面上を、点bを出発点として移動するとき、最終到達点が同じになる組み合わせは、次のどれですか。

　　ア　$2z-y+2x$ と $2y-z+x$
　　イ　$-2x+3y$ と $2z-y$
　　ウ　$z+2x-y$ と $2z-3y+3x$

A ア　　　　　**B** イ　　　　　**C** ウ　　　　　**D** アとイ　　　　　**E** アとウ
F イとウ　　　　　**G** アとイとウ　　　　　**H** どれも同じにならない

(9) 原点Oを出発点として$2y-x+2z-y+x$と移動すると最終到達点はどの点ですか。

A 点a　　　　**B** 点b　　　　**C** 点c　　　　**D** 点d
E 点e　　　　**F** 点f　　　　**G** 点g　　　　**H** 点h

(10) 点iから点aに移動する式で正しいのはどれですか。

$$ア \quad -z -2x+4y-4x$$
$$イ \quad -3x+z+y-x$$
$$ウ \quad z-4y+2z-y$$
$$エ \quad -y+2z-3x-y$$

A ア   **B** イ   **C** ウ   **D** エ   **E** アとイ
F アとエ   **G** イとエ   **H** アとイとウ

●次の説明を読んで、(11)と(12)の2問に答えなさい。

サッカーチームを新たにつくるためメンバーを募集したところ45人が集まりました。今まで経験のあるすべてのポジションを複数調査した結果は以下の通りです。また未経験者が4人いました。

ゴールキーパー	12人
ディフェンダー	31人
フォワード	17人

そのうち、

3つのポジションの経験者は	2人
ゴールキーパーとディフェンダーの2カ所のみ経験がある者は	5人
フォワードとゴールキーパーの2カ所のみ経験がある者は	3人

(11) ディフェンダーとフォワードの2カ所のみ経験がある者は何人ですか。

A 2人   **B** 3人   **C** 5人   **D** 7人   **E** 12人   **F** 13人

(12) ゴールキーパーのみ経験のある者は何人ですか。

A 0人   **B** 1人   **C** 2人   **D** 3人   **E** 4人   **F** 5人

●次の説明を読んで、（13）と（14）の2問に答えなさい。

このフローチャートは与えられた2数X、Yについてある計算を実行している。

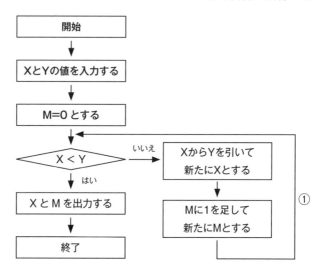

（13）X=80、Y=12としたとき、①のところは何回通りますか。

A　2回
B　3回
C　4回
D　5回

E　6回
F　7回
G　AからFのいずれでもない

（14）（13）のX、Yについて、出力されたXとMの数値の組み合わせで正しいものは
　　　どれですか。

	X	M
A	6	6
B	6	8
C	6	10
D	8	6
E	8	8
F	8	10
G	10	6

●次の(15)と(16)の2問について、それぞれ答えなさい。

ある商品を購入する際、契約時に購入総額の $\frac{1}{10}$ を支払った。また納品時には購入総額の $\frac{1}{3}$ を払った。

(15)今月末に残りを全額支払う場合、その額は購入額のいくらに相当しますか。手数料、利息は考えないこととする。

A $\frac{1}{15}$ **B** $\frac{2}{15}$ **C** $\frac{13}{30}$ **D** $\frac{17}{30}$ **E** $\frac{2}{3}$ **F** $\frac{4}{5}$

(16)今月末に残りの $\frac{1}{2}$ を支払う場合、その後の残額は購入額のいくらに相当しますか。

A $\frac{1}{12}$ **B** $\frac{1}{10}$ **C** $\frac{7}{30}$ **D** $\frac{17}{60}$ **E** $\frac{1}{3}$ **F** $\frac{43}{60}$

●次の(17)と(18)の2問について、それぞれ答えなさい。

O、P間をバイクで往復するとき、行きは時速 x km、帰りは時速 y kmで走ったとき、往復での平均時速 z kmは次の式で表せる。

$$\frac{1}{z} = \frac{1}{2} \left(\frac{1}{x} + \frac{1}{y} \right)$$

(17)O、P間を行きは時速30kmで走り、また往復の平均時速は24kmだった。帰りは時速何kmで走ったか。

A 12km   **B** 15km   **C** 20km   **D** 25km   **E** 30km
F 32km   **G** 35km   **H** 40km   **I** 45km   **J** 50km

(18)O、P間を2往復した。行きは1往復目が時速20km、2往復目が時速40kmで、また帰りはどちらも時速80kmで走った。2往復全体での平均時速は何kmですか。

A 32km   **B** 38km   **C** 40km   **D** 45km   **E** 50km
F 52km   **G** 55km   **H** 58km   **I** 59km   **J** 60km

●次の説明を読んで、（19）と（20）の2問に答えなさい。

（19）a～fの6人兄弟が、自分たちの関係を以下のように語っている。

　　　a：私の下には弟が1人と妹が2人いる
　　　b：私の上には兄が3人いる
　　　c：私たち兄弟で一番下は女である
　　　d：私の下には弟が3人と妹が2人いる
　　　e：私の上には兄が3人と姉が1人いる
　　　f：私の上には兄が1人いる
以上より正しくいえるものは、次のうちどれですか。

　　　A　年代順に並べるとd、f、c、a、e、bとなる
　　　B　この6人兄弟は男女とも3人ずつである
　　　C　aはこの兄弟の上から3番目で長女である
　　　D　bのすぐ上とすぐ下の兄弟は2人とも男である
　　　E　fは次女で弟が3人と妹が1人いる
　　　F　eはこの兄弟の上から4番目で4男である

（20）a～gの7人が横に1列に並び同じ方向を向いている。

　　　・aの左2人目はbである
　　　・bの左2人目はcである
　　　・dの左3人目はeである
　　　・fの左4人目はgである
以上のことから確実にいえることはどれですか。

　　　A　fはaの隣である　　　　　　**B**　dはcの隣である
　　　C　eはgの隣である　　　　　　**D**　bはeの隣である
　　　E　gはbの隣である　　　　　　**F**　aはgの隣である

●次の（21）と（22）の2問について、それぞれ答えなさい。

（21）ある小学校において塾通いを調査したところ、通っている生徒が60%であり、その通っている生徒の男女比率は5：4だった。塾に通っている男子生徒数は40人であり、塾に通っていない生徒の男女の比率は2：1である。女子生徒のうち通っている割合は何%ですか。なお、必要なときは、最後に小数点以下第2位を四捨五入しなさい。

A 28.9%	**B** 30.7%	**C** 33.3%	**D** 44.4%
E 49.6%	**F** 52.6%	**G** 66.7%	**H** 72.3%

（22）あるクラスでは、アンケートを取ったところ「携帯電話を持っている人はパソコンを持っていない」、「携帯電話を持っていない人は、ゲーム機を持っている」ことが分かった。このことから、確実にいえるのは、次のうちどれですか。

　A　ゲーム機を持っていない人はパソコンを持っている

　B　パソコンを持っている人はゲーム機を持っている

　C　パソコンを持っていない人はゲーム機を持っていない

　D　ゲーム機を持っている人は携帯電話を持っていない

　E　携帯電話を持っている人はパソコンを持っている

　F　携帯電話、パソコン、ゲーム機のうち1つは必ず持っている

●次の説明を読んで、（23）と（24）の2問に答えなさい。

（23）次の連立不等式が表す領域はどれですか。

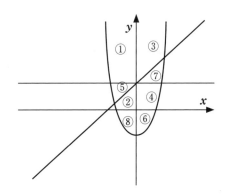

ア $y > x^2 - 2$
イ $y < x + 2$
ウ $y < 2$

A ①と③　　　**B** ②と④　　　**C** ③と④　　　**D** ①と②と③と④
E ②と④と⑥と⑧　　　**F** ②と④と⑤と⑦

（24）次の連立不等式が表す領域はどれですか。

$$\begin{cases} y < -x + 6 \\ y > \dfrac{1}{2}x \\ y < 2x \end{cases}$$

A ①
B ②
C ⑥
D ②と⑥
E ②と③
F ⑥と⑦

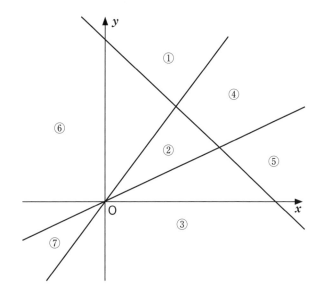

●次の説明を読んで、（25）から（27）までの3問に答えなさい。

ある水槽を満たすには、X管1本では20分、同様にY管では30分かかります。

（25）X管とY管の両方でこの水槽を満たすにはどれだけかかりますか。

A 6分	**B** 6.7分	**C** 8.6分
D 9分	**E** 10.3分	**F** 12分
G 16.3分	**H** AからGのどれでもない	

（26）X管で4分間水を入れ、その後Y管を加え2本で水槽に水を入れました。この水槽を満たすにはどれだけ時間がかかりますか。

A 9.6分	**B** 13.6分	**C** 20.1分
D 22分	**E** 34分	**F** 38.6分
G 58分	**H** AからGのどれでもない	

（27）Y管で何分か水を入れ、その後X管に替えて入れると、25分で満水になりました。Y管とX管を入れ替えたのは入れ始めから何分後ですか。

A 8分	**B** 10分	**C** 12分
D 13分	**E** 15分	**F** 17分
G 20分	**H** AからGのどれでもない	

●次の説明を読んで、（28）から（30）までの3問に答えなさい。

ある商品が複数の会社を経由して納品される物の流れを表す場合、O社が出荷した商品が比率aでP社に入荷された場合、これを次の図1のように示す。

$$a$$
$$O \longrightarrow P \qquad 図1$$

この場合、O社とP社が取り扱う商品数をそれぞれO、Pとすると、式P＝aOが成り立つ。同様にO社がQ社に比率aで出荷し、R社がQ社に比率bで出荷した場合を次ページの図2のように示す。

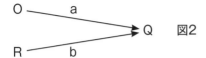

この場合、式Q＝aO＋bRが成り立つ。

また、O社からP社に比率aで出荷したもののうちP社を経由して、さらにQ社に比率bで出荷された場合、これを次の図3のように示す。

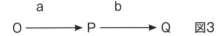

この場合、式Q＝bPが成り立ち、またPはaOで計算できるから、

Q＝b（aO）＝abOとも表す。

また、式は、例えば（a＋b）O＝aO＋bO、

c（a＋b）O＝acO＋bcOのような演算は成り立つとする。

（28）上記の条件で右の図を表す式として適切なのはどれですか。

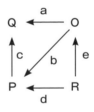

ア　Q＝cP＋aO

イ　Q＝c（dR＋bO）＋aO

ウ　Q＝cdR＋cbeR

A ア　**B** イ　**C** ウ　**D** アとイ　**E** アとウ　**F** イとウ　**G** すべて

（29）前問（28）の図において、a、b、eが0.3、c、dが0.5である場合、O社から出荷された商品のうちQ社に納品されるのは何％ですか。

A 15%　**B** 25%　**C** 30%　**D** 42.5%　**E** 45%　**F** 50%　**G** 55.5%

（30）前問（29）の割合において、R社からQ社に納品される商品のうち、P社を経由しないものは、P社を経由するものの何％ですか。（必要であれば小数第2位を四捨五入する）

A 30.5%　**B** 32.7%　**C** 40.6%　**D** 52.9%　**E** 69.8%　**F** 78.4%

Chapter 6

性格検査

性格検査では、「行動的側面」「意欲的側面」
「情緒的側面」「職務適応性」が測定されます。
ペーパーテスティングでは350問、
テストセンターでは293問あります。
自分の本心や実際の姿とかけ離れた理想像を
見せようとせず、回答全体の「整合性」を
あまり考えず答えることが大切です。

性格検査

性格検査とは

Ⅰ　性格について

　性格（character）とは、個人の行動や意欲の傾向の違いを表しています。日本語ではパーソナリティー（personality）「人格」と分けずに使うことが多いのですが、パーソナリティーには性格にプラスして、知識や価値観、社会的な内容も含まれると考えられています。

Ⅱ　性格検査の目的と有用性

　性格検査とは、人間の行動や意欲の傾向の特徴を組み合わせ、個人のパーソナリティーを把握しようとするもので、人を客観的に理解するために非常に役立つものです。日本では非常に多くの企業が、採用試験の際に志望者を多面的にとらえ、自社に有益な人材を選ぶために、面接などの試験と共に性格検査を実施しています。そのため、毎年膨大な性格検査のデータが企業に蓄積されて、人材の入社後を追って行けば、データの活用と共により高い精度でその企業のニーズに合った人材を選抜することが可能になると言われています。

Ⅲ　性格検査を受ける際の心構えと注意点

　上記にもあるように、「性格」とは生まれつきのものではなく、その人が置かれた環境や社会的な立場などが変われば変化が起こる場合が多くあります。そのため、人生の節々、その時々に検査を受け、違いを把握することも役立ちます。

　また、場所や自分の心境など環境の違いにより、検査はいつも同じ傾向が出るとは限りません。あまり緊張せず普段の自分、平常心で受けるようにしましょう。意識していないときの、その人の行動や意欲の傾向をより理解することを目的としているため、検査を受ける際は深く考えたりせず、思ったまま、直感で答えを選択していくことが重要です。

採用試験での性格検査とは

Ⅰ　採用試験用性格検査（採用性格検査）の実施方法

就職試験で使われている性格検査は、次の2種類の方法で実施されています。

①テストセンター（約30分）

能力検査予約と同時に自宅や学校のパソコンで受検

②ペーパーテスト（約40分）

能力検査と一緒に企業などで受検

Ⅱ　採用性格検査の設問の方法

AとBの2つの選択肢があり、自分の行動や価値観、思考や感情に近いものを選び回答する形式と、その記述が当てはまるかどうかを選んで回答する形式のものがあります。

例 1　A　気が合うのは挑戦する人だ
　　　　B　気が合うのは思慮深い人だ

○Aに近い

○どちらかと言えばAに近い

○どちらかと言えばBに近い

○Bに近い

例 2　あまり深く考えないほうだ

○あてはまらない

○どちらかと言えばあてはまらない

○どちらかと言えばあてはまる

○あてはまる

性格検査での評価

I 検査項目の種類

検査は、大きく分けて「行動的側面」「意欲的側面」「情緒的側面」「社会関係的側面」の4つの側面から測定され、さらに次のような細かい分類になっています。

行動的側面	社会的内向性	対人関係面で積極的、社交的かどうか
	内省性	物事を深く考えるかどうか
	身体的活動性	動いて気軽に行動するのを好むかどうか
	持続性	粘り強く頑張り続けるかどうか
	慎重性	慎重に事を進めようとするかどうか
意欲的側面	達成意欲	高い目標を持ち達成しようとするか
	活動意欲	すぐ行動や判断し、意欲的かどうか
情緒的側面	敏感性	神経質で周りに敏感かどうか
	自責性	不安を感じ悲観的になりやすいかどうか
	気分性	気分や感情に左右されやすいかどうか
	独自性	独自の考えを重視するかどうか
	自信性	自尊心が高く強気かどうか
	高揚性	調子がよく楽天的かどうか
社会的関係側面	従順性	人の意見に左右されやすいかどうか
	回避性	リスクや困難を避けようとするかどうか
	批判性	自分と違う意見に批判的かどうか
	自己尊重性	自身の考えに沿って事を行うかどうか
	懐疑思考性	物事を疑い、人と距離を置こうとするか

II 回答の際に注意すべき点

設問の中には、「落ち込んだことは一度もない」といったほとんどの人が当てはまらない内容のものも含まれています。これは、回答の信憑性を測る「ライスケール」といわれる設問で、その人が率直に自分について答えているかどうかを見ているものです。

また「こうすべきでは?」「こうしたほうがいいのでは?」と作為的に回答すると似たような内容の複数の回答で矛盾が生じがちになります。ありのままの自分で回答したほうが自分の良さを相手に伝えることができます。

この測定で矛盾が生じた部分、特徴的な傾向の部分について、企業は結果を

参考に面接で直接応募者に質問をし、その行動や思考の傾向について深堀りします。事前に検査内容を理解し自分の特徴を知っておくと、面接担当者のチェックポイントをある程度把握することができるでしょう。

Ⅲ 4つの側面の測定で分かる傾向

検査項目の4つの側面は、質問の回答によって次のように評価されます。

■行動的側面

社会的内向性：自分から積極的に人間関係を築こうとするかどうか
- YES →人見知り
- NO →自己主張が強い
【設問例】○知らない人と打ち解けるのに時間がかかる
○人に会うのが億劫なときがある

社会的内向性：物事に取り組むときによく考えてから行動するか、計画性や取り組み方
- YES →決断や行動に時間がかかる
- NO →あまり深く考えず行動する
【設問例】○何かをするときいろんな面から考えるのが好きだ
○決断するのにじっくり時間をかけるほうだ

身体活動性：身体を動かして機敏に行動するか
- YES →活発で行動的、すぐ手を出す
- NO →消極的、1つに集中する
【設問例】○スポーツで身体を動かすのが好きだ
○思いついたらすぐ行動するほうだ

持続性：最後までやり抜くか、粘り強いか
- YES →粘り強い、柔軟性が低い
- NO →飽きっぽい、新しいことに興味を持つ
【設問例】○結果を出すには地道な努力が大切だ
○一度失敗しても頑張り続けることができる

慎重性：計画性や冷静さ、慎重度
- YES →計画的、心配症
- NO →行動が速い、慎重さに欠ける
【設問例】○迅速さより事前の準備を重視するほうだ
○行動する前にもう一度確認することが多い

■意欲的側面

達成意欲：仕事への意欲や高い達成意欲

`YES` →意欲的、地道な事を避ける

`NO` →意欲が低い、地道に努力する

【設問例】○チャレンジしがいがあるとやる気になる

○人よりも上に行きたい気持ちが強い

活動意欲：バイタリティーや活動の機敏さ

`YES` →バイタリティーがある、強引

`NO` →姿勢が消極的、失敗は少ない

【設問例】○すぐに決断するほうだ

○自分から手を挙げてリーダーになるほうだ

■情緒的側面

敏感性：些細なことを気にしすぎないか

`YES` →傷つきやすい、感受性が高い

`NO` →無神経、図太い

【設問例】○他人にどう思われているか気になる

○失敗を引きずってしまうほうだ

自責性：責任感が強いか、憂鬱な傾向はどうか

`YES` →責任感が強い、自責の念が強い

`NO` →楽観的、無責任

【設問例】○自分が悪いとすぐ考えてしまう

○よく後悔するほうだ

気分性：物事に取り組む気分のむらや安定性

`YES` →感情豊か、気分の浮き沈みがある

`NO` →冷静、気分の揺れが少ない

【設問例】○嫌なことがあると顔に出やすい

○特に何もないのにうきうきすることがある

独自性：周囲と合わせられるか

`YES` →粘り強い、柔軟性が低い

`NO` →飽きっぽい、新しいことに興味を持つ

【設問例】○結果を出すには地道な努力が大切だ

○一度失敗しても頑張り続けることができる

自信性：自分の意見に自信を持って発言するか
　YES　→堂々としている、傲慢
　NO　→控えめ、意見を言えない
【設問例】○人から意見を言われるのは好きではない
　　　　　○自分に自信があるほうだ

高揚性：楽観的か、興奮しやすいか
　YES　→明るい、軽率
　NO　→落ち着きがある、地味な印象
【設問例】○対立するとかっとなることがある
　　　　　○楽しいことやイベントが大好きだ

■社会関係的側面

従順性：強い意見を持たず指示に従うほうか
　YES　→受容的、依存的で流されやすい
　NO　→自分の意見がある、他人の指摘を受け入れない
【設問例】○人から言われることに左右されるほうだ
　　　　　○人の意見をよく受け入れる

回避性：対立や困難を避けようとするか
　YES　→リスクを避ける、苦手なことから逃げる
　NO　→課題に向き合う、折り合いをつけにくい
【設問例】○大変なことは避ける傾向がある
　　　　　○危険なことはしないほうがよい

批判性：問題意識が強いか、批判傾向があるか
　YES　→問題意識がある、人に批判的
　NO　→寛容に受け止める、言うべきことが言えない
【設問例】○何が問題か気づくほうだ
　　　　　○すぐにマイナス面を見てしまう

自己尊重性：自分の考えに基づいて物事を進めるか
　YES　→自分なりの考えを大切にする、自己中心的
　NO　→人を尊重する、他人の目を気にする
【設問例】○自分なりの見方で意見を言うほうだ
　　　　　○自分がしたくないことは勧められてもしないほうだ

懐疑思考性：警戒心が強いか、人に心を開かないか
　YES　→人を信頼しない、警戒心を持っている
　NO　→人に心を開く、人を安易に信用する
【設問例】○世の中の人の多くは信用できない
　　　　　○自分の個人的な話はめったにしないほうだ

編 集	有限会社ヴュー企画（野秋真紀子）
カバーデザイン	掛川竜
本文デザイン／DTP	有限会社プールグラフィックス

内定獲得のメソッド

SPI 解法の極意

···

問題作成	日本キャリアサポートセンター
編 者	マイナビ出版編集部
発行者	滝口直樹
発行所	株式会社マイナビ出版
	〒101-0003
	東京都千代田区一ツ橋2-6-3 一ツ橋ビル2F
	電話　0480-38-6872（注文専用ダイヤル）
	03-3556-2731（販売部）
	03-3556-2735（編集部）
	URL　http://book.mynavi.jp
印刷・製本	大日本印刷株式会社

※価格はカバーに表示してあります。
※落丁本、乱丁本についてのお問い合わせは、TEL0480-38-6872（注文専用ダイヤル）、
　電子メール sas@mynavi.jpまでお願いします。
※本書について質問等がございましたら、往復はがきまたは返信切手、返信用封筒を同封のうえ、
　㈱マイナビ出版編集第2部までお送りください。
　お電話でのご質問は受け付けておりません。
※本書を無断で複写・複製（コピー）することは著作権法上の例外を除いて禁じられています。
©日本キャリアサポートセンター
©Mynavi Publishing Corporation
Printed in Japan